サービス・マーケティング概論

神原 理 編著

ミネルヴァ書房

は　じ　め　に

　本書の目的は，サービス・マーケティングに関する基礎的な概念や理論について包括的（Holistic）な視点から学んでいくことにある。本書の特徴である包括的な視点とは，以下の点にある。
① サービスの生産から消費に至る一連の時間軸を念頭において，サービスのデザイン（設計），デリバリーシステム（提供体制），クオリティ・マネジメント（品質管理），リレーションシップ，経験価値，リカバリー（苦情対応）といった概念について論じていること
② 営利組織だけでなく，非営利組織のサービス・マーケティングについても取り上げることで，利潤動機にもとづくサービスと，社会的使命にもとづくサービスとの双方について議論をしていること
③ 感情労働という，これまでのサービス・マーケティング研究ではほとんど取り上げられていなかった，ヒューマン・サービスの従事者の心理的な側面についても取り上げていること
④ ①～③で取り上げた，すべての概念に対応するケースとして，外食サービスやスポーツビジネス，非営利組織のサービスなどをとおしてサービス・マーケティングの事例研究を行っていること
　以上の点を図示すると，次頁上図のようになる。
　また，各章末に記している「練習問題」では，サービス・マーケティングに関する様々な概念や理論を現実のビジネスや日常の消費生活にあてはめてみた場合，どのような気づきや問題意識などが得られるのか，その思考方法を修得できるよう工夫することで，アクティブラーニング形式の講義にも対応できるようにしている。買い物やアルバイト，日々の業務といった日常の経済活動をとおして，現代のサービス経済の仕組みとサービス・マーケティングの役割を理解するとともに，自分なりの考察（課題発見や分析）ができるようになること

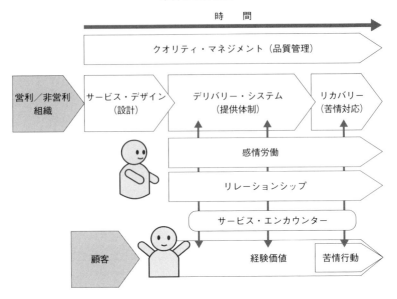

を読者には期待している。本書をとおして、サービス研究の面白さを感じたり、実務的な示唆を得たりする人が1人でもいてくれれば本望である。

本書の構成は以下のようになっている。

「第Ⅰ部 サービス・マーケティングの基礎的概念」では、サービス・マーケティングの基礎的概念と、サービス経済の諸特性、およびサービスの概念について論じていく。「第1章 サービス・マーケティングとは」では、サービス、マーケティング、市場、マーケティングの4P・7P、STPといった基礎的な概念をとおしてサービス・マーケティングの全体像を明らかにしていく。「第2章 サービス経済の諸特性」では、サービス・マーケティングを論じる上での背景となるサービス経済の諸特性についてみていく。「第3章 サービスの概念」では、様々な組織が提供するサービスの概念について、触知不可能性や生産と消費の同時性といった特性をとおして理解を進めていく。

「第Ⅱ部 サービス・マーケティングの研究アプローチ」では、サービス・マーケティングに関する基礎的な研究アプローチについて取り上げていく。

「第4章　サービス・デザイン」では，企業と顧客との接点や相互作用をどのようにデザインし，サービスの提供体制（デリバリー・システム）を構築していくのか，顧客同士の相互作用も含めて論じていく。「第5章　サービス・クオリティ・マネジメント」では，サービスの品質とは何か，品質の調査方法，および品質の標準化を図るための方法について論じていく。「第6章　サービスの経験価値」では，顧客によるサービスの利用経験に焦点をあて，その概念や測定手法について述べていく。「第7章　サービス・リカバリー」では，企業によるサービスの失敗からリカバリーを受けて顧客満足などが回復するまでを時系列に沿って整理し，適切なサービス・リカバリーを可能にするための方策について検討していく。「第8章　ヒューマン・サービスにおける感情労働」では，サービス業のなかでも顧客との直接的な接触度が高く，一定の感情操作が求められる「ヒューマン・サービス（医療，教育，福祉，レジャー関連のサービス）」に焦点をあて，その特徴と感情操作の課題について論じていく。「第9章　非営利組織のサービス・マーケティング」では，官公庁などの公的機関や，病院，大学，市民団体など，非営利組織が提供するサービスの特性とその課題について論じていく。

　「第Ⅲ部　サービス・マーケティングのケーススタディ」は，第Ⅰ部と第Ⅱ部で取り上げたサービス・マーケティングの概念や理論にもとづいた事例研究となっている。「第10章　飲食業におけるサービス・マーケティング」では，外食サービス業におけるサービス・デリバリー・システムやクオリティ・マネジメント，リレーションシップ・マネジメントなどについて取り上げている。「第11章　保険業におけるサービス・マーケティング」では，生保・損保業におけるサービス・デリバリー・システムやクオリティ・マネジメント，リレーションシップ・マネジメントの諸特性と課題について論じている。「第12章　スポーツビジネスにおけるサービス・マーケティング」では，顧客と選手・球団とのリレーションシップ・マネジメント，観客にとっての経験価値といった観点からサービス・マーケティングの諸特性について論じていく。「第13章　小売業におけるサービス・マーケティング」では，我々にとって身近な存在である小売業を取り上げ，サービス・リカバリーと感情労働について論じていく。

「第14章　コミュニティにおける外食サービスのマーケティング」では，地域の活性化に取り組むカフェの事例をとおして，顧客とのリレーションシップ構築の重要性と，その手法（試み）について紹介していく。「第15章　非営利のサービス・マーケティング」では，非営利組織におけるサービス・マーケティングの特徴と課題について論じていく。

　最後に編著者として，各章の執筆にあたって下さった福冨先生，大平先生，北村先生，涌田先生，武谷先生には，心から御礼を申し上げたい。それぞれの大学での多忙な「教育サービス」と，ご自宅での「家庭サービス」などの時間をやり繰りしながら本書の執筆に労力を注いでくれたことを心からありがたく思っております。また，第11章の執筆にあたっては，京都産業大学経営学部教授，諏澤義彦先生から用語についてご教示を頂きましたこと，お礼申し上げます。そして，ミネルヴァ書房の本田康広さまには，本書の構想段階からお世話になり，本当にありがとうございました。本田さまとのきっかけを与えて下さった松野弘先生（千葉大学客員教授）にもお礼を申し上げます。

　末筆ながら，「無償の家庭サービス（愛情）」をとおして，ここまで育ててくれた我々執筆者の家族全員に心から感謝申し上げます。

　　　2019年1月

　　　　　　　　　　　　　　　　　　　　　　　　　　　　神原　理

サービス・マーケティング概論

目　次

はじめに

第Ⅰ部　サービス・マーケティングの基礎的概念

第1章　サービス・マーケティングとは………2
1　サービスの概念………2
2　マーケティングと需要，市場………4
3　マーケティングの4P・7P………6
4　サービス・マーケティングの全体像………8
5　サービス・マーケティングのSTP………10

第2章　サービス経済の諸特性………14
1　サービス経済（Service Economy）………14
2　サービス経済化の要因………18

第3章　サービスの概念………26
1　モノとサービス………26
2　サービスの本質的要素………30
3　商品としてのサービス特性………31
4　サービスの可視化・触知化………36

第Ⅱ部　サービス・マーケティングの研究アプローチ

第4章　サービス・デザイン………40
1　サービス・デザインの概念………40
2　マルチユーザー型サービス・システム………43
3　サービスのコンセプト………45
4　サービス・デリバリー・プロセスの設計と管理………46
5　サービスの価値連鎖………49

目次

第5章　サービス・クオリティ・マネジメント …………………… 53
　1　サービス・クオリティの特徴と調査上の課題 ………………… 53
　2　サービス・クオリティの調査手法 ………………………………… 56
　3　サービス・クオリティ・マネジメントの方法 ………………… 66

第6章　サービスの経験価値 ……………………………………………… 70
　1　経験価値とは何か ……………………………………………………… 70
　2　経験価値の測定 ………………………………………………………… 73
　3　経験価値のマネジメント …………………………………………… 78

第7章　サービス・リカバリー …………………………………………… 83
　1　サービスの失敗と顧客の苦情行動 ………………………………… 83
　2　サービス・リカバリーの方法と効果 ……………………………… 88
　3　サービス・リカバリーの実践を支える組織的取り組み …… 92

第8章　ヒューマン・サービスにおける感情労働 ………………… 97
　1　ヒューマン・サービスと感情労働 ………………………………… 97
　2　感情労働の研究手法 ………………………………………………… 101
　3　感情労働のマネジメント ………………………………………… 104

第9章　非営利組織のサービス・マーケティング ……………… 109
　1　非営利組織とは ……………………………………………………… 109
　2　非営利組織とサービス ……………………………………………… 114
　3　非営利組織のサービス・マーケティング …………………… 118

第Ⅲ部　サービス・マーケティングのケーススタディ

第10章　飲食業におけるサービス・マーケティング …………… 124
　1　日本の飲食業の概要 ………………………………………………… 124

2　飲食業のサービス・デリバリー・システム……………………128
　　3　飲食業のセグメンテーション………………………………132
　　4　飲食サービスの機械化・工業化……………………………136

第11章　保険業におけるサービス・マーケティング……………139
　　1　保険業のしくみ……………………………………………139
　　2　保険業の概要………………………………………………142
　　3　保険の複雑性………………………………………………145
　　4　バックヤードのアクチュアリー……………………………151

第12章　スポーツビジネスにおけるサービス・マーケティング……155
　　1　浦和レッドダイヤモンズの経営状況………………………155
　　2　観客に焦点化したサービス・デザイン……………………161
　　3　サービス・デリバリーに合わせた組織……………………162
　　4　ファンのマネジメント……………………………………164
　　5　カスタマー・ジャーニー・マップの活用…………………166
　　6　ファンへのクレーム対応…………………………………166
　　7　駒場から埼玉へ……………………………………………167
　　8　スポーツにおけるクオリティのジレンマ…………………168

第13章　小売業におけるサービス・マーケティング……………171
　　1　なぜ，サービス・リカバリーに着目するのか……………171
　　2　小売業におけるサービス・リカバリーの事例……………172
　　3　小売業における苦情の実態………………………………176

第14章　コミュニティにおける外食サービスのマーケティング……183
　　1　リレーションシップ・マーケティング……………………183
　　2　カフェの起源と役割………………………………………186
　　3　ダブリューズカンパニー流のカフェづくり………………187

4　CAFE；HAUSの開発事例……………………………………………188
　　5　カフェビジネスによるコミュニティづくりの仕組み………………194

第15章　非営利のサービス・マーケティング……………………………203
　　1　地球環境問題と再生可能エネルギー…………………………………203
　　2　北海道グリーンファンドによるエネルギー問題解決のための
　　　　サービス・マーケティング……………………………………………207
　　3　少子化と育児問題………………………………………………………213
　　4　フローレンスによる育児問題解決のための
　　　　サービス・マーケティング……………………………………………218

おわりに……225
索　　引……227
執筆者紹介

第 I 部

サービス・マーケティングの基礎的概念

　第 I 部では，サービス・マーケティングを学ぶ上で必要となる基礎的な概念と，サービス・マーケティングの前提となるサービス経済について論じていく。
　ファストフードやファミリーレストランは，接客をし，料理を作って提供するという「サービス（Service：行為）」を提供していることから，サービス業のなかの外食サービスとしてみなされている。他方，自動車メーカーや家電メーカーは，車や家電品といった「モノ（物体）」を中心に作っているので製造業として区別される。
　ファストフードで提供される料理はモノなのに，なぜサービス業に分類されるのか。サービスは，モノとどのような違いがあるのだろうか。サービスを提供するときには，どのような仕組みで提供され，モノを作るときとどう違うのだろうか。外食やレジャー，宅配や情報通信など，様々なサービス業が発展している現代社会には，どのような特徴があるのだろうか。これらの点について，サービス・マーケティングの基礎的な概念をとおして議論していく。

第1章

サービス・マーケティングとは

　サービス・マーケティングとは,「サービス（売り手の行為）の交換（売買）を実現するための仕組みづくり」をいう。以下では,サービスや市場といった基礎的な概念をとおして,サービス・マーケティングの全体像を明らかにしていく。

　キーワード：サービス・マーケティング,マーケティングの4P（プロダクト,プライス,プロモーション,プレイス）,マーケティング・ミックス,STP（セグメント,ターゲット,ポジショニング）

1　サービスの概念

　サービスとは,人々が他者（相手）に対して提供する様々な「行為」を意味する。レストランでの接客や小売店での販売だけでなく,休日にお父さんが子供たちと遊んだりする家庭サービスや,テニスのサーブやサービスも,語源としては同じ「サービス」である。レストランが提供するサービスはお金を払わないと利用できないが,お父さんと遊ぶために子供がお金を払うようなことはしないだろうし,テニスの試合でサーブを打つたびに選手はお金を払ったりはしない。同じ「サービス」と称される行為でも,お金を払って「商品」として取引されている有償のサービスと,お金を払わない無償のサービスとがある。

　同じ料理（例えばカレーライス）でも,家でお母さんが作ってくれるとき,家族はお母さんにお金を払うようなことはしないが,レストランでシェフに作ってもらうためにはお金を払わなければならない。子供たちがお父さんと遊ぶときにはお父さんにお金を払わなくてもよいが,テーマパークで動物のマスコッ

トを身にまとったスタッフに遊んでもらうためには，お金を払わなければならない。お母さんが料理を作ったり，お父さんが子供たちを遊びに連れて行ったりするために費やす労力（サービス）は，家族としての関係を維持するための社会・文化的な活動であり，お金儲けのためにしている訳ではない。お母さんやお父さんが提供するサービスは，家族間の愛情や信頼にもとづいて交換されるので，社会的交換という。他方，レストランのシェフやテーマパークのスタッフが費やす労力は，調理や演技に関する専門的な技能（パフォーマンス）を発揮して収入を得るための行為であり，彼らが所属する企業の収益を獲得するための経済的な活動である。これらはサービスを提供する対価として金銭を得ているので経済的交換という。テニスのサーブやサービスは，スポーツという社会・文化的な活動（ゲーム）として行われており，対戦する選手同士が商取引をしている訳ではない。しかし，そのゲームをハイレベルの「パフォーマンス（見世物としての行為）」として観客に「有料で見せる」ことで，プロテニスのゲームはビジネス（経済活動）になる。

このように，サービスには，社会・文化的な活動として提供されるサービスと，経済的な活動として提供されるサービスとがある。サービス・マーケティングは，ビジネスという経済活動の枠組みのなかで行われているものなので，本書でいうサービスとは，お金を払って利用するサービス，即ち「商品（取引対象）としての売り手（営利／非営利組織）の行為」に限定される。

売り手であるサービスの提供主体（組織）には，経済活動を中核とする組織と，社会・文化的活動を中核とする組織とがある。

ファミリーレストランでは，丁寧な接客や美味しい料理，快適な空間づくりといった「サービス（行為）」を提供することで顧客の満足度を高め，より多くの顧客に来てもらうことで収益を上げ，社会的な評価を高めている。このように，利潤の獲得を目的として様々なサービスを提供している企業を営利組織（営利のサービス組織）という。

サービスを提供しているのは営利組織だけではない。病院では，医師や看護師が患者のケガや病気を治療するという「サービス（行為）」を提供し，患者は治療費を支払う。この点で，病院は収益を上げているが，地域住民の健康な

生活を支援するという「社会的使命（ミッション）」を果たすことが病院にとっては第一に優先されるので，非営利組織（非営利のサービス組織）という。他にも，大学などの教育機関や，動物園や博物館といった文化的機関も非営利組織に属する。こうした非営利組織のサービスについては，第9章と第15章で詳しく述べているので，そちらを参照してもらいたい。

このように，営利・非営利の様々な組織が有償のサービスを提供しており，顧客は代金を支払ってそれらを利用している。したがって，サービスとは「商品（取引対象）としての売り手（営利・非営利組織）の行為」といえる。

2　マーケティングと需要，市場

マーケティング（Marketing）とは「Market（市場）＋ing（活動）」，即ち「市場に対する様々な組織的活動」をいう。より詳しく言うなら，「取引の成立に向けて，営利・非営利組織が市場に対して展開する様々な活動」である。以下では，このことばの詳しい意味について述べていく。

取引を成立させるためには，売り手は買い手を，買い手は売り手を探さなければならない。新しい服を買いにショッピングモールへ出かけるとき，我々（買い手）は，自分が欲しいと思っている服を売っているお店（売り手）を探しに出かけているのである。逆に自分が服を売りたいときには，ネットオークションなどに出品して買い手を探す。自分の服を売るときは，購入者が1人だけ見つかれば問題ないが，企業が自社商品やサービスを売る場合，それを買いたいと思っている人たちを数多く見つけなければ収益が成り立たない。この「お金を払ってでも欲しい＝買いたい」と思う人たちがたくさんいる状況，即ち「購買力に裏付けられた欲求」を「需要」という。

駆け出しのシェフが作る料理にはまだ大きな需要はないだろうが，有名なシェフの料理には大きな需要がある。だから，彼のレストランは繁盛し，多店舗化したり，彼が監修したデザートなどがコンビニエンスストアに並んだりする。駆け出しのシェフは，自分の料理を好んでくれそうな人たち，即ち潜在顧客が集まりそうな場所を探して出店したり，彼らが好みそうな店の雰囲気づく

りをしたり，趣向を凝らしたメニューを用意したりして来客を待つ。それが，オフィス街だったり，郊外の駅前だったり，ジャズの流れる薄暗い店内だったり，ヘルシーメニューだったり，旬のデザートだったりする。有名シェフも，自身がまだ無名だった頃は同じように試行錯誤を繰り返したであろう。

このように，売り手が需要を見つけ出したり，需要をつくり出したりすることを「需要の創造」という。つまり，「取引の成立に向けて，営利・非営利組織が市場に対して展開する様々な活動」というのは，言い換えれば「需要を創造するための諸活動」であることから，「マーケティングは需要創造である」ともいえる。

取引を成立させるためには，相手を見つけると同時に，取引当事者である売り手と買い手が出会う「場」が必要になる。これが「市場」であり，「売り手と買い手が出会い，商取引（商品の売買）が行われる場所や範囲」，及び「売り手と買い手の集まり（集合）」をいう。

築地などの卸売市場は，水産物などの売り手と買い手が集まり商取引をする場所である。商店街やショッピングモールは，食料品や衣料品などを販売する小売業者と消費者が出会い，商取引をする場所である。その中にあるレストランは，接客や調理といったサービスを提供する企業と，それを利用する消費者が出会い，商取引（サービスの売買）をする場所である。フリーマーケットは，主に個人間で家財などを取引する場所である。インターネットの通販サイトやオークションサイトは，商品やサービスを取引するバーチャルな場所である。

地理的な範囲（広がり）でいえば，商店街は主に地域の商店主と住民とが取引をする場であり，取引の範囲が特定の地域に限られているため地域市場の典型例といえる。また，特定の市区町村や都道府県，地方のみで事業展開しているスーパーやレストランも，取引の範囲は地域市場になる。一方，全国展開しているスーパーやレストランのように，取引当事者が国内の企業と消費者に限られる場合，取引範囲は国内市場となる。世界中に展開しているファストフードのチェーン店や，コーヒーやバナナの生産者や輸入販売業者のように，国内外の企業と消費者が取引に関わる場合は国際市場となる。

「市場」は，こうした場所や範囲だけでなく，「売り手と買い手の集まり（集

合)」も意味する。例えば外食市場は，ファミリーレストランの店舗のように外食企業と消費者が出会う場所というよりも，外食サービスを提供する企業と，それを利用する消費者全体を主に意味する。したがって「外食市場の動向」という場合は，外食企業各社の売上高や店舗数の推移，客単価や外食需要の変化，外食業界の市場規模や競争環境の変化など，外食サービスに関わる企業と消費者の集まりと，そこにおける取引関係の変化を指す。

　営利・非営利のサービス組織は，全国のチェーン店でポイント還元セールを行ったり，地域限定で即日配送サービスを提供したり，交通が不便な地域に向けた買い物支援サービスを展開するなどして「場所や範囲としての市場」への様々な活動を展開している。また，消費者の嗜好の変化や競争環境の変化に対応するために新しいサービスを開発するなどして，「集合としての市場」への様々な活動も繰り広げている。また，市場の変化に対応するためだけでなく，市場を変革していくための様々な活動も行っている。市場の変化に対応するための活動とは，高齢化する日本の社会で，高齢者をターゲットとするサービスを拡充させるといった方法である。市場を変革していくための活動とは，映像や音楽をインターネット経由でデジタル配信していくことで，今までとは違った映像や音楽サービスの楽しみ方を提案し，既存の映像や音楽市場を変えていくといった方法である。

3　マーケティングの4P・7P

　こうした市場に対する諸活動は，「①製品（Product）」「②価格（Price）」「③プロモーション（Promotion）」「④流通（Place）」の4つの領域に大別できることから，「マーケティングの4P」と呼ばれている。[1]「①製品」は，商品のコンセプト，品質，デザイン，パッケージ（容器・包装），ブランドなどに関する既存の商品の見直しや新商品開発をさす。「②価格」は商品購入に要する価格（対価）の設定をいう。1,980円や2,980円といった端数価格は，日常的に目にする価格設定のひとつである。「③プロモーション」は，テレビコマーシャルや店頭でのプロモーション，イベントやキャンペーンなどをとおして商品の価

値を訴求し，購入へとつなげる活動をいう。「④流通」は，商品を顧客に届けるまでの経路をいい，スーパーやコンビニエンスストア，通信販売といった商品の販売チャネルをさす。

　サービス・マーケティングの場合，中核的な商品がサービスであることを前提に4Pのあり方を考えていくことになる。「①製品」は，サービスのコンセプト，品質，パッケージやブランドなどに関する既存のサービスの見直しや新サービスの開発などをさす。サービスのパッケージとは，複数のサービスを1つにまとめて販売することをいう。例えば，旅行代理店がテーマパークへの旅行プランとして，予め設定された日程で往復の交通機関や宿泊施設の手配を行い，様々な優待サービスの付いた入場チケットなどをセットにして販売するようなケース，いわゆるパック旅行（パッケージツアー）をいう。「②価格」は，サービスを利用するために支払う価格（対価）の設定で，モーニングセット490円，ランチセット590円といった端数価格の設定はよく見かけるだろう。「③プロモーション」は，テレビコマーシャルやキャンペーンなどをとおしてサービスの価値を訴求し，サービスの利用へとつなげる活動をいう。「④流通」は，サービスを提供する場所（店舗の立地や多店舗化，アクセス性など）を意味する。

　サービス・マーケティングにおいては，提供されるサービスの特性上，上記の4Pだけでは不十分であるため，さらに「⑤人材（People）」「⑥提供過程（Process）」「⑦物的環境（Physical Evidence）」の3要素を追加した7Pが提唱されている。[2]「⑤人材」とは，顧客にサービスを提供するすべての人（従業員，パート・アルバイト，関連会社のスタッフなど）をさす。料理が美味しくても接客の悪いレストランは評価が低くなるように，スタッフの態度や姿勢はサービスへの満足度に大きな影響をもたらす。「⑥提供過程」はサービスを提供する手順や方法をいう。レストランでは，顧客にとっての利便性や満足度，業務の効率性などを考えて，ビュッフェスタイルやセルフサービスのドリンクバーを取り入れたり，料金を支払う順番（先払い／後払い）を変えたりしている。回転寿司では，今まで人が行っていた料理の受注や調理，料理の提供などを機械化している。「⑥物的環境」は，建物や設備，内外装，スタッフの服装，メニュー

といった物理的な要因をいう。料理の美味しいレストランでも、トイレやテーブルが汚れたままだったり、スタッフの制服がシワシワだったりしたら、お客の満足度は低下するだろうから、物理的な要因への配慮も重要になる。

　上記の3Pは、マーケティングの4Pと並列関係で提唱された考えではあるが、3つとも「①製品」のあり方に関わってくることから、「①製品」のサブカテゴリーとみなすこともできる。いずれにせよ、これらの4P・7Pは個別バラバラに展開されるのではなく、有機的に機能するよう計画・実施されなければならない。若者向けの外食サービスを提供するのであれば、彼らの好みに合わせた料理を考え、彼らが利用しやすい価格帯を設定し、同年代のタレントをCMなどに起用し、彼らがよく出かける場所に店を構え、同年代のスタッフを雇用し、若者の好みそうな内外装を施し、彼らが馴染みやすいサービスの提供方法を考えるのが基本的なスタンスになるだろう。このように4P・7Pが有機的に機能するように組み合わせたものを「マーケティング・ミックス」という。

4　サービス・マーケティングの全体像

　これまでの議論をまとめると、マーケティングとは「取引の成立に向けて、営利・非営利組織が市場に対して展開する様々な活動」であり、それは、自らが提供する商品やサービスを欲しい（買いたい）と思う人たちを増やしていくこと、即ち「需要の創造」である。そのための具体的なツールとして「マーケティングの4P・7P」があり、それらが有機的につながった「マーケティング・ミックス」が展開できるような統一された「仕組み（構造）」をつくっていくことがマーケティングの具体的なアプローチとなる。

　サービス・マーケティングの場合、取引の対象は営利・非営利組織が有償で提供する「サービス（行為）」であり、そのサービスの取引成立に向けて市場に展開する諸活動は、サービスに対する「需要創造」である。具体的に言えば、サービス・マーケティングとは「サービスを売るための仕組みづくり」なのである。

第1章　サービス・マーケティングとは

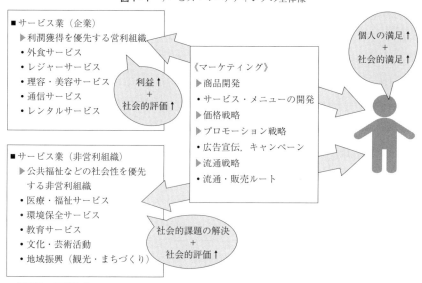

図1-1　サービス・マーケティングの全体像

（出所）　筆者作成

　マーケティングの最終的な目的は，商品と代金との「交換（取引）の成立」である。外食サービスやレジャーサービスを提供する営利組織（企業）も，医療サービスや教育サービスを提供する非営利組織も，マーケティング・ミックスを効果的に展開していくことで利潤を獲得したり，社会的使命を達成したり，社会的な評価（組織やブランドの認知度や満足度）を高めたりすることができる。他方，顧客は商品の購入と利用をとおして満足を得るとともに，より多くの顧客が満足し，社会的な課題が解決されれば，社会全体の満足度も高まる。

　サービス・マーケティングにおいては，主体である営利・非営利組織が，客体である顧客に対してマーケティング・ミックスにもとづく仕組みづくりを行うことで，営利・非営利組織には利潤や社会的使命の達成と，社会的評価の向上がもたらされ，顧客や社会全体にはサービスをとおした満足（価値実現）がもたらされる。これらの関係をまとめたのが図1-1である。

5 サービス・マーケティングの STP

マーケティングの基礎的なアプローチの1つに「STP」がある。これは，「S（セグメンテーション，Segmentation）」「T（ターゲティング，Targeting）」「P（ポジショニング，Positioning）」の頭文字をとって並べた言葉である。以下では，これらの手法について詳しく述べていく。

セグメンテーションとは市場細分化のことで，年齢や性別，職業，顧客のニーズなどに合わせて市場を細かく分けていくことをいう。セグメントとは分割することをいい，セグメンテーションは切り分けた部分をいう。セグメンテーションは「市場は一様ではない」という前提にもとづいている。顧客はみな同じ好みをもっている訳ではないのだから，多様な嗜好をもつ顧客（市場）をできるだけ同質なグループに細分化することで，自分たちがターゲットとする顧客（潜在顧客）が誰なのかを見極めていく必要がある。

セグメンテーションの基準には，年齢や性別，職業，居住地，世帯構成，所得層，学歴といったデモグラフィック変数（人口統計学的変数）や，価値観，ライフスタイル，性格，好みやニーズといったサイコグラフィック変数が一般的に用いられる。例えば，年齢層や性別でファストフードへの好みを分けたり，都市と地方で自動車の保有台数と利用状況を区別したり，ヘルシー志向の人とそうでない人を区別して食生活を調べたりする際に，セグメンテーションは有効である。

ターゲティングとは，先のセグメンテーションによって細分化されたグループのなかから，メインターゲットやサブターゲットとなる客層を設定していくことをいう。これによって，ターゲットに対する効果的・効率的なマーケティングを展開することができ，経営資源（人，モノ，お金，時間など）の「選択と集中」を図ることができる。

例えば，駅前でレストランや居酒屋のチラシを配布するとき，誰彼構わず配布するのはあまり得策とは言えないだろう。自分のお店が中高年のビジネスマンをメインターゲットにしているのなら，改札から出てくるスーツ姿の中高年

第1章 サービス・マーケティングとは

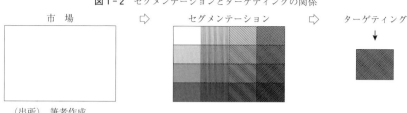

図1-2 セグメンテーションとターゲティングの関係

(出所) 筆者作成

男性だけにチラシを配った方が配布効果（来店率）は高くなる。若者向けのお店なら，若者だけを狙って配布すべきだろう。つまり，本当に来てくれそうな客層（見込み客）だけを選び，そこに経営資源（チラシや，スタッフの時間と労力）を集中して投じることで，来てくれそうにもない客層にチラシを配布するムダな時間や労力と，受け取ってくれても捨てられるだけの運命にあるチラシを削減し，メインターゲットに向けてより効率的・効果的にお店を宣伝することができる。こうした意味で，セグメンテーションとターゲティングは，マーケティングにおいて重要な役割を果たしている。両者の関係を図示したのが**図1-2**である。

　ポジショニングとは，競合他社との明確な差異をつけると同時に，ターゲット層の心の中（マインドマップ）に，独自の「価値づけされた場所（ポジション）」を占有するよう自社商品やブランドを位置づけることをいう。それによって，競合他社よりも優位に立つことができたり，他社との無用な競争を避けて棲み分けができたりするようになる。具体的には，自社サービスの特性から縦横2軸のポジショニングマップを作成し，そこに自社と競合他社のサービスがどこに位置づけられるか記入しながら他社との類似点や相違点を見つけ出し，自社サービスの魅力を高めていくための方法，即ち差別化戦略を考えていく（**図1-3**参照）。

　同じようなハンバーガーショップでも，子供から大人まで広範な年齢層をターゲットとし，低価格帯で提供する企業もあれば，大人をメインターゲットとし，素材にこだわった個性的なハンバーガーを高価格帯で提供する企業もある。それによって，顧客の心の中では，「家族で行くならあのお店……」「ちょっと高いけど，こだわりのハンバーガーを食べるならこっちのお店……」

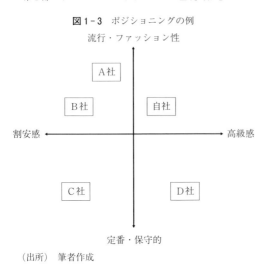

図1-3 ポジショニングの例
(出所) 筆者作成

と認識してもらうことができる。**図1-3**は，価格帯（高級感―割安感）と商品特性（流行・ファッション性―定番・保守的）を軸に，アパレル企業のポジショニングを示したものである。

ポジショニングマップを作成する上で気をつけなければならない点は，類似した特性を異なる軸に設定しないようにすることである。例えば，価格と品質はほぼ比例するため，高価格帯であれば高品質のサービスと同じことを意味する。価格を1つの軸に設定したら，それと異なる特性の軸を設定する必要がある。また，自社の属する業界なり競合関係をうまく整理できるような2軸を設定することも重要である。

ポジショニングで大切なのは，ターゲット層や価格帯，サービス特性などで他社との明確な差別化ができていることと，顧客と自社の双方に対して価値をもたらすポジションを占有していることである。他社と同じ広範な年齢層をターゲットにしていたとしても，そのなかで特に重視するのは，小さな子供のいるヤングファミリーなのか，女性客なのか，できるだけ独自のメインターゲットを設定できることが望ましい。また，ポジショニングを行う際には，自社の強みや弱みを考慮した上で，自社の特徴が生かせるようなポジションを見つけ出さなければならない。これまで低価格帯で料理を提供していたレストランが急に高価格帯の料理を並べ始めても，顧客は戸惑うだけでなく，低価格帯に魅力を感じて利用していた顧客層が離れていく可能性もある。こうした場合，顧客にも自社にも魅力的な価値をもたらさなくなってしまう。また，競合他社が参入していない領域があったとしても，自社の経営資源や強みが生かせないような領域については慎重に検討する必要があるだろう。

推薦図書

近藤隆雄（2010）『サービス・マーケティング』第2版，生産性出版．
沼上幹（2008）『わかりやすいマーケティング戦略』有斐閣アルマ．
松井彰彦（2018）『市場って何だろう』ちくまプリマー新書．

練習問題

(1) 具体的な営利／非営利組織をひとつずつ挙げて，サービス・マーケティングの4P・7Pがどのような要素から成り立っているか説明しなさい．

組織名	営利：	非営利：
4P ①製　品 ②価　格 ③プロモーション ④流　通		
7P ⑤人　材 ⑥提供過程 ⑦物的環境		

(2) 具体的な組織（営利／非営利組織）を1つだけ例に挙げて，図1-2と1-3を参考にしながら，その組織のSTPがどのようになっているか説明しなさい．

組織名	
セグメンテーション	
ターゲティング	
ポジショニング	

注

(1) McCarthy, Jerome (1960), *Basic Marketing: A Managerial Approach*, R. D. Irwin（粟屋義純監訳，浦郷義郎訳『ベーシック・マーケティング』東京教学社，1978年）．
(2) Kotler, Philip. Hayes, Thomas J. and Bloom, Paul N. (2002), *Marketing professional services*, 2nd Edition, Prentice Hall（白井義男，平林祥訳『コトラーのプロフェッショナル・サービス・マーケティング』ピアソン・エデュケーション，2002年）．但しこの本では，医療機関や会計事務所，法律事務所，経営コンサルタントといった専門的なサービスを対象としたマーケティングの手法が論じられている．

第 2 章
サービス経済の諸特性

　この章では，サービス・マーケティングを論じる上での背景となるサービス経済の概念について学んでいく。はじめに，様々な統計データからサービス経済化が進展している状況を確認していく。次に，サービス経済化の要因について明らかにしていく。

　キーワード：サービス経済，サービス経済化（経済のサービス化），ペティ＝クラークの法則，サービスの工業化，家計の外部化，外部経済の内部化

1　サービス経済 (Service Economy)

　サービス経済とは，サービスの生産や取引，消費といった経済活動をさし，サービス・マーケティングを議論する上での前提条件となる経済環境である。経済活動の中で，サービスの生産や取引，消費の割合が高くなっていくことをサービス経済化（経済のサービス化）という。

　サービス経済化には2つの側面があり，ひとつは産業（生産）のサービス化といって，外食やレジャー，金融といった第三次産業における就業人口と名目生産額の増加と，第一次，第二次産業におけるサービス部門への投資額（就業人口や生産額）が増えることをいう。産業とは，同じような種類の経済活動を営む営利・非営利組織（事業所）の総称である。第一次産業とは農林漁業をさし，私たちの生活にとって最も基礎的な生産物の生産（自然からの資源の採集）に関わる産業をいう。第二次産業とは鉱業，製造業，建設業をさし，採取・生産した資源を加工して富（商品）をつくり出す産業をいう。第三次産業は上記以外の産業で，電気，ガス，水道，運輸，通信，小売・卸売，飲食，金融，保

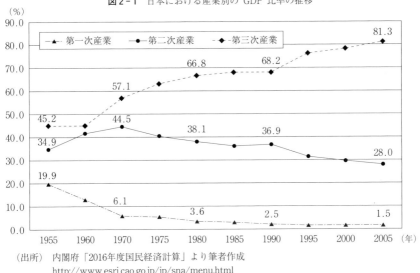

図2-1 日本における産業別の GDP 比率の推移

(出所) 内閣府「2016年度国民経済計算」より筆者作成
http://www.esri.cao.go.jp/jp/sna/menu.html

険,不動産,レジャー,公務(主に公務員の職務)といった広義のサービス業をいう。第一次,第二次産業におけるサービス部門への投資額の増加とは,具体的にいうと,農林漁業者らがロードサイドなどに出店して地域の特産品(農林水産物)を販売したりレストランを運営するといったことや,機械メーカーが自社製品の販売からメインテナンスまでを手がけたり,家電メーカーがインターネット事業やエンタテインメント事業,金融・保険サービス業などに新規参入したりすることをいう。

サービス経済化のもう1つの側面は消費のサービス化で,第三次産業で提供されるサービスに対する消費者の需要(消費性向)が高まるとともに,先に示した農林漁業者が提供するサービスや,メーカーが提供する様々な新規サービスなど,第一次,二次産業で提供されるサービスへの需要も高まることをいう。

図2-1は,日本における1955年から2005年までの各産業の GDP(国内総生産)に対する比率の推移を示したものである。これをみると,1960年代以降,第三次産業の発展,即ちサービス経済化が進んでいることがわかる。1970年代以降は外食サービスや小売業の台頭があり,1900年代以降は情報通信サービスの進展によってサービス経済が発展してきている。図2-2は2016年度の GDP

第Ⅰ部　サービス・マーケティングの基礎的概念

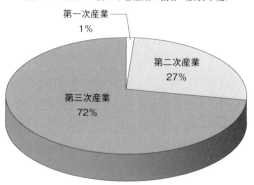

図2-2　GDPに占める各産業の割合（2016年度）

（出所）　内閣府「2016年度国民経済計算」より筆者作成
http://www.esri.cao.go.jp/jp/sna/menu.html

に占める各産業の割合を示したものである。これによると，第三次産業はGDPの70％以上を占めていることが解る。図2-3は，1951年から2017年までの産業別にみた就業者数の推移である。これによると，1951年には就業者数が最大（1668万人）であった第一次産業の就業者数は年々減少傾向にあり，第二次産業は1995年の2125万人をピークに減少しているのに対し，第三次産業は増加傾向の一途にある。2017年時点では，就業者数全体（約6530万人）に占める第三次産業の就業者数は約72.8％（4756万人）となっている。

　サービス経済化が進展し，農林漁業や製造業もサービス部門に力を入れるようになると，すべての産業がサービス生産へのウエイトを高めることになる。結果的には，程度の差こそあれ，あらゆるビジネスはサービス業に携わっていることになる。そうなると，これまでの第一次，第二次産業はモノ（耐久財，半耐久財，非耐久財）を生産し，第三次産業はサービスを生産するという分類基準が曖昧になる。特に，農家が収穫した作物を自分たちで加工して販売するような場合，収穫（一次産業）〜加工（二次産業）〜販売（三次産業）と，すべての産業をまたぐ事業活動になることから，6次産業（1＋2＋3次産業）とも呼ばれている。なお，耐久財とは自動車や家電品のように予想される耐久年数が1年以上で比較的高額な商品をさし，半耐久財とは衣類や靴，鞄，スポーツ用品のように予想耐久年数が1年以上だが耐久財ほど高額ではない商品，非耐久財

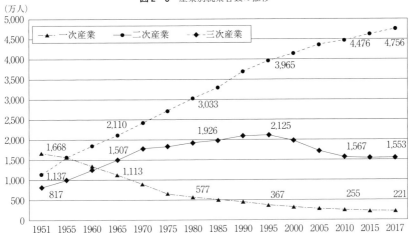

図2-3 産業別就業者数の推移

(出所) 総務省統計局「労働力調査」より筆者作成
http://www.stat.go.jp/data/roudou/index.html

とは食品や化粧品のように予想耐久年数が1年未満の商品を指す。

　他方，消費生活においては，外食やレジャーといった既存のサービスだけでなく，先にも述べた農林漁業者や製造業者が提供するサービスへの消費性向も高まっていく。**図2-4**は1970年～1998年までの家計消費の推移，**図2-5**は2016年の家計消費の内訳を示したものである。この図が示すとおり，家計の内訳はモノの購入よりもサービス消費の方が年々高くなっており，家計のサービス化が進んでいることが解る。近年では，ネットショッピングが普及し，自動車や自転車のシェア（レンタル）サービスも広まってきていることなどから，消費生活におけるサービスの割合は一層高まっていくと考えられる。但し，サービス経済化の進展によって，農林漁業や製造業の役割が低下する訳ではない。良質な食材が揃わなければ質の高い外食サービスは提供できないし，高性能なバスや電車がなければ交通サービスは発展しない。どの業種であれ，質の高いサービスを提供するためには，質の高い素材を用いた機能性の高い機材とその管理システムは不可欠である。

第Ⅰ部　サービス・マーケティングの基礎的概念

図2-4　家計消費の推移

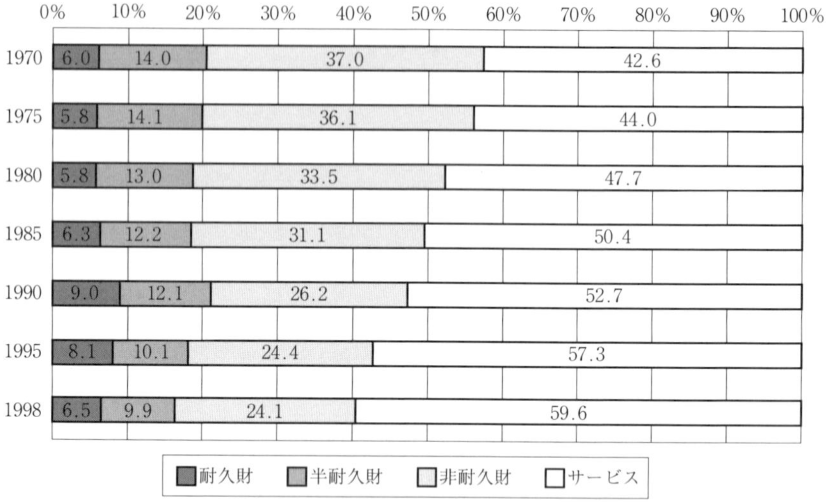

年	耐久財	半耐久財	非耐久財	サービス
1970	6.0	14.0	37.0	42.6
1975	5.8	14.1	36.1	44.0
1980	5.8	13.0	33.5	47.7
1985	6.3	12.2	31.1	50.4
1990	9.0	12.1	26.2	52.7
1995	8.1	10.1	24.4	57.3
1998	6.5	9.9	24.1	59.6

（出所）　内閣府「1998年度国民経済計算」より筆者作成
http://www.esri.cao.go.jp/jp/sna/menu.html

図2-5　家計消費の内訳

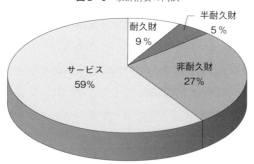

耐久財 9％
半耐久財 5％
非耐久財 27％
サービス 59％

（出所）　内閣府「2016年度国民経済計算」より筆者作成
http://www.esri.cao.go.jp/jp/sna/menu.html

2　サービス経済化の要因

　第1節でみてきたように，1960年代以降の日本ではサービス経済化が進んでいる。ではなぜ，時代の変化とともにサービス経済化は進んできたのだろうか。ここでも，産業のサービス化と消費のサービス化という2つの側面から，その

要因を明らかにしていく。産業がサービス化する要因は，大別すると，経済成長にともなう産業構造の変化（高度化）と，サービスの工業化・大衆化，サービスの経済的価値の上昇の3つにある。消費のサービス化は，家計の外部化の進展によって起こり，家計の外部化は，外部（企業）のサービスを利用するコストが判断基準となって生じる。以下，順に説明をしていく。

(1) 産業のサービス化要因

17世紀，Petty, William は，当時のオランダが他のヨーロッパ諸国よりも1人当たりの所得が高かった理由について，オランダの人口の大部分が製造業や商業に雇用されているためだと考え，経済が発展している国ほど農業労働者の比率は低く，製造業や商業における就労人口が高いという経験則（仮説）を導き出した。その後 Clark, Colin（1951）は，世界各国の産業別就労者の割合を分析した結果，経済進歩の相異なる水準は労働人口の分布の割合と非常に緊密に結びついており，経済の発展にともなって産業構造の中心は第一次産業から第二次，第三次産業へとシフトしていくことを確認した。これを「ペティ＝クラークの法則」という。つまり，経済成長にともなって一国の産業構造が変化（高度化）し，サービス経済化へと至るのである。その原因は，消費者の需要の相対的な変化と，労働者1人当たりの平均的な産出量が急速に増加（あるいは緩やかに減退）しつつある産業からの労働力の移動にある。[2]

Regan, William J. は，サービス業の発展（サービス経済化）について，産業構造の変化の他に，①ビジネス・チャンスとしてのサービス，②サービスの工業化（industrialization），②サービスの大衆化，③物的サービスの増加，という4つの要因を挙げている。[3]

①ビジネス・チャンスとしてのサービス

有形財（モノ）の国内市場が飽和化した結果，企業は事業拡大の機会，即ちビジネス・チャンスをサービスの分野に求めるようになった。電子・情報機器メーカーが事業を多角化していくなかで，製造業におけるサービス分野だけでなく，医療機器を中心とするヘルスケアサービスや，金融や保険サービスなどへ参入するケースは，国内外でも多数見られる。

②サービスの工業化

これは，製造業で用いられてきた大量生産の技術がサービスの分野でも採用されることで生産性は高まり，サービスの大量生産による低価格化が実現することをいう。これによって，より多くの人々がサービスを利用できるようになり，サービス経済化は進んでいく。例えば，ファストフードショップでは，一度に大量の調理ができる機械や調理・接客マニュアルを導入することで大量生産の仕組みを確立し，低価格の料理を大量に提供できるようになった。現在の外食サービスでよくみられる，タッチパネルで料理を注文したり，調理機械で大量に料理を作ったり，ベルトコンベアで料理をテーブルまで運ぶといった仕組みも，元は店員が行っていた作業（サービス）を工業化した典型例といえる。

③サービスの大衆化

これは，サービスの工業化によって低価格サービスの大量供給システムが確立されることで，これまでは高価格で一部の人しか利用できなかったサービスも，より多くの人々が利用できるようになることをいう。今でこそ私たちは日常的に外食をしたり旅行に行ったりしているが，割安な外食サービスや旅行サービスが台頭するまでは非日常的なものであり，一部の人に限られた贅沢な消費行動であった。

④物的サービスの増加

これは，いままで人が行っていたサービスに代えて機械（設備）を投入することで，定型化・標準化されたサービスを大量かつ安定的に提供できるようになることをいう。銀行の ATM，駅の券売機や自動改札機は，元は銀行員や駅員が行っていた業務（人的サービス）を機械化したものである。つまり，人が提供していたサービスを大量生産・大量販売できるように機械化・工業化し，標準化されたサービスを割安な価格で提供できるようになったことでサービスは大衆化し，サービス経済化は進展していったのである。職人が握る高級な寿司屋しかなかった時代と，オートメーション化された割安な回転寿司屋が席巻する現在とを比較すれば，容易に理解できるだろう。

サービス経済化は，既存のサービスの工業化や専門化（高度化）によって進展するだけなく，これまで取引対象としてあまり注目されていなかった人々の

行為をビジネスとして有償化(商品化)することでも進展している。つまり,社会・経済的変化にともない,ビジネス・チャンスとしてサービスの経済的価値が高まることもサービス経済化の要因といえる。この点は,上記①と重なる部分もあるが,必ずしも大企業が新市場を開拓する目的でサービス分野に参入するケースだけでなく,中小企業(スタートアップ)が手がけた小さなサービスが1つの産業にまで発展していったケースも含めて論じている。例えば,現在では身近な警備保障サービスは,1964年の東京オリンピックや1970年の日本万国博覧会(大阪万博)などでの警備をきっかけに成長していったが,創業当初はビジネスとしての必要性はあまり理解されていなかった。介護サービスは,人口の高齢化が進み,その重要性が広く認識されるようになったことで成長していった。女性の社会進出が進んだことで,託児所などの育児サービスへの需要は高まっていった。これらのサービスが普及する以前は,自身の生命や財産を守るためには警察(公共サービス)に頼るか自己防衛するぐらいしかなかったし,介護や育児はほとんど家庭内で行われていた。これらの行為(サービス)は,どちらかといえば経済活動の周縁的な存在であり,自給自足で賄うことが殆ど自明視されていたのだが,社会・経済環境の変化によって経済的価値が高まり,1つのビジネスとして発展していった。こうした現象もまた,サービス経済化を推し進める要因となっている。

　この他にも,アマチュアレベルのサービスに経済的価値が見出されることでビジネス化するケースもある。例えば,野球やサッカーなどのプロスポーツは,ハイレベルのゲームを有償で見せることで「興行(ショー・ビジネス)」として成り立っている。興行とは,入場料をとって会場に観客を集め,娯楽(エンターテインメント)を提供する「行為(サービス)」である。アマチュアスポーツの世界でも,競技種目や大会によっては「お金を払ってでも見たい」という人たちがたくさん集まり,興行として成り立っている大会と,開催費用もままならない大会とがある。[(4)] その理由は,第1章で述べた「需要(購買力に裏付けられた欲求)」の有無である。これまで世間では関心の低かった競技大会も,その経済的価値が見出されることで,多くの人たちがお金を払って利用したいと思うようになれば,ビジネスとしてサービス化(有償化)され,サービス経済化

を推進する一要因となる。

　そこには，これまで取引対象である商品としてみなされてこなかった財やサービスが商品として経済活動に取り込まれていくこと，即ち「外部経済の内部化」という現象が生じている。例えば1970年代までは，一部の飲食店で提供されるミネラルウォーターを除いて，日本では水やお茶は一般の消費者向けの商品にはなり得なかったが，現在では商品として成り立っている。警備保障サービスも1970年代に入るまでは大きな需要はなかった。プロサッカーというビジネスも，1990年代に入ってから盛んになった。つまり，これまで人々がお金を払ってまで入手したい・利用したいと思わなかったモノやサービスへの「需要を創造（マーケティング）する」ことで，ビジネスとして成り立つのである。外部経済と内部経済の関係は，**図2-6**のとおりである。

(2) 消費のサービス化要因

　一方，消費のサービス化が進む要因としては「家計の外部化」が挙げられる。家計で行われるサービスには「自給サービス」と「外部サービス」とがある。

図2-6　外部経済と内部経済の関係構図

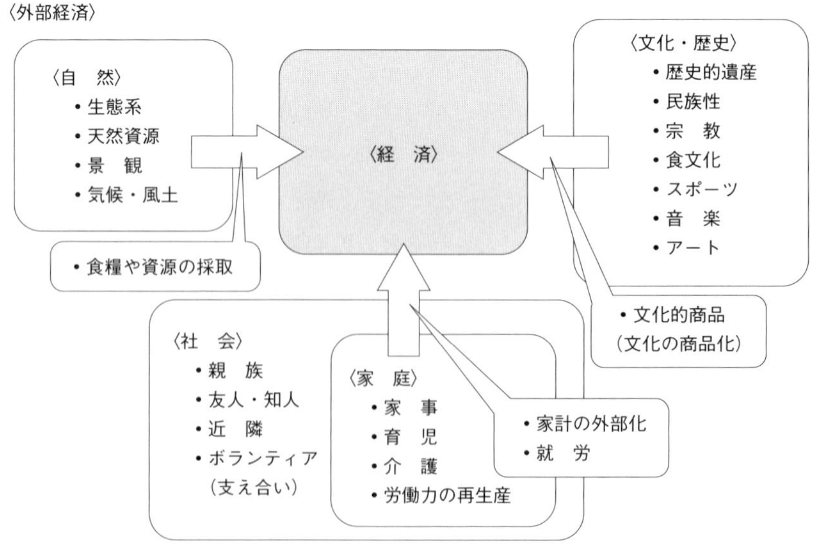

〈外部経済〉

〈自　然〉
・生態系
・天然資源
・景　観
・気候・風土

・食糧や資源の採取

〈文化・歴史〉
・歴史的遺産
・民族性
・宗　教
・食文化
・スポーツ
・音　楽
・アート

〈経　済〉

・文化的商品
（文化の商品化）

〈社　会〉
・親　族
・友人・知人
・近　隣
・ボランティア
（支え合い）

〈家　庭〉
・家　事
・育　児
・介　護
・労働力の再生産

・家計の外部化
・就　労

（出所）　筆者作成

モノを購入して家庭内で消費する場合，サービスは家計内で行われるため自給サービスという。食材を購入して家で調理したり，洗濯機を購入して家で洗濯をしたりする場合，調理や洗濯といった行為（サービス）は自分たちのために行われ，経済的な交換は生じない。他方，外食をしたり服をクリーニングに出したりする場合，代金と引き替えに企業による調理サービスや洗濯サービスが行われ，家計内ではこれらのサービスは生産されず，すべてが外部（企業）サービスに委託される。このように，家庭内で行われているサービスを外部に委託することを「家計の外部化」という。サービスの工業化によって，外食サービスとともに，弁当・総菜店といった中食サービスにおいても割安なサービスは増加しており，それによって家計の外部化（調理サービスの外部化）は一層進み，サービス経済化が進展する一要因になっている。家事，育児，介護など様々な生活領域で家計の外部化が進んでいくことで，消費のサービス化はさらに進んでいくだろう。

　家計の外部化は，所得の上昇を背景（前提条件）として，外部（企業）サービスを利用するために要する「コスト（時間，お金，労力）」に依存する。私たちがサービスを利用するとき，意識的であれ無意識的であれ，そのサービスを利用する上で必要な時間，お金，労力（専門的な知識や技能）を計算しながら，自給するか外部化するかを判断している。多忙な人は，多少費用がかかっても外食サービスを利用（調理を外部化）する頻度が高くなるだろうが，朝，パンを焼くぐらいの手軽な調理は自分で行う（自給する）だろう。同じ洗濯という行為（サービス）でも，スーツやドレスの洗濯には専門的な技術が必要なのでお金を払ってクリーニング店を利用（外部化）するが，Tシャツは家庭で洗濯（自給）する。大病を患ったときは病院で治療サービスを受ける（外部化する）が，軽い擦り傷なら薬を買って自分で治療（自給）する。専門性の低いサービスは家庭でも代替可能なため自給されることが多いが，医療や介護，高等教育や弁護サービスなど，家庭ではなかなか自給できない専門的なサービスになればなるほど，外部サービスへの需要は高くなる。

　このとき，絶対的に所得が低い場合，外食サービスもクリーニングも，病院も利用することがままならないため，ほとんどすべてを自給するか，その利用

自体を諦めざるを得ない。したがって，家計の自給／外部化という選択においては所得の上昇は前提条件となる。その上で，私たちは，時間，お金，労力といったコストを基準にして自給か外部化かの判断をしている。

しかし，私たちはコストだけで自給／外部化の判断をしている訳ではない。母親が子供の誕生日に手作りのケーキを作るときや，バレンタインに彼女が手作りのチョコレートを彼氏にプレゼントするとき，彼女たちはコストを基準にするというよりも，愛情や信頼といった社会・文化的な意味にもとづいて手作りという自給サービスを選択している。おそらくは，ケーキ屋でケーキやチョコを買う（調理を外部化する）方がトータルコストは低く済むだろうし，家庭料理では実現できない味やデコレーション（シェフによる専門的な調理技術）も楽しめるだろう。しかし，彼女たちが敢えてそれをしないのは，たとえ調理の腕前がプロレベルではなかったとしても，時間，お金，労力といったコストを注ぐことに意味を見出しており，愛情の証としてケーキやチョコを作り，受け取る側も喜びや感謝の気持ちで応えるという社会的交換を行っているからである。

推薦図書

南方建明・宮城博文・酒井理（2015）『サービス業のマーケティング戦略』中央経済社．

西岡健一・南知惠子（2017）『「製造業のサービス化」戦略』中央経済社．

Bell, Daniel (1973), *The coming of post-industrial society*, Basic Books（内田忠夫訳『脱工業社会の到来——社会予測の一つの試み（上・下）』ダイヤモンド社，1975年）

Drucker, Peter F. (1993), *Post-Capitalist Society*, Harpercollins（上田惇生，田代正美，佐々木実智男訳『ポスト資本主義社会——21世紀の組織と人間はどう変わるか』ダイヤモンド社，1993年）

練習問題

(1) 警備サービスや介護サービス，託児所サービスが普及した理由について，外部経済の概念を使って簡潔に説明しなさい。

(2) 世の中には数多くのアマチュアレベルのサービスが存在するにも関わらず，なぜ，特定のアマチュア・サービスがビジネスとして商業化することができるのか，自分なりに説明しなさい。

注

(1) ここでは日本標準産業分類にもとづいて各産業の構成を表記している。総務省統計局 http://www.stat.go.jp/data/kokusei/2010/users-g/word4.html（20180901）

(2) ここでの議論については次の文献を参照している。Clark, Colin (1951), *The conditions of economic progress*, 2nd ed., Macmillan（大川一司，小原敬士，高橋長太郎，山田雄三訳『経済進歩の諸条件（上・下）』「第9章 産業間における労働の分布」勁草書房，1968年）

(3) Regan, William J. (1963), "The Service Revolution", *Journal of Marketing*, Vol. 27, No. 3, July, 57-62.

(4) オリンピックや全国高校野球大会はひとつの「興行」として成り立っているが，主役である選手たちは営利目的でプレーしている訳ではない。彼らは，心身を極限にまで鍛え上げながら人生をスポーツに捧げることで，自己表現なり自己実現なりを果たそうとしている。そこに経済的な価値を見出している多くの営利・非営利組織は，アマチュアスポーツの支援という社会・文化的使命を果たすとともに，自らのブランド価値向上の一環として大会を支援している。こうしたアマチュアスポーツの商業化と社会・経済的構図については，その是非も含めて読者自身で考えて欲しい。

(5) ここでいう外部経済とは，これまでは経済活動の外部に存在しており，取引対象としてみなされて来なかった財やサービスを指しているので，経済学でいう外部経済・不経済とはやや意味が異なる。

(6) 中食（なかしょく／ちゅうしょく）サービスとは，弁当・総菜店や，スーパーやコンビニでの弁当・惣菜の販売のように，調理済みの食品を販売する事業をさす。レストランのように，お店で調理された料理を店内で食べるのは外食といい，家で調理した料理を家庭内で食べるのを内食（うちしょく／ないしょく）という。弁当・総菜店などは，お店で調理された料理を自宅などに持ち帰って食べることから，外食と内食の中間に位置する存在として中食と総称されている。

第3章

サービスの概念

この章では，サービス・マーケティングの中核をなすサービスの概念について学んでいく。サービスにはどのような特性があり，それがビジネスにどのような影響をもたらしているのか。モノとの違いを比較しながら議論を進めていく。

キーワード：触知可能性と触知不可能性（Tangibles／Intangibles），経験財，信頼財，生産と消費の同時性，サービス需給の時間的斉合，サービス・デリバリーの地理的分散，消費者の関与，サービス・クオリティの不安定性，サービスの可視化・触知化

1　モノとサービス

第1章で定義したように，サービスとは「商品（取引対象）としての売り手（営利・非営利組織）の行為」をいう。具体的には，接客や販売，配送やメインテナンスといった「1つひとつの行為」をさす場合と，外食サービスや小売サービスと言われるように，調理や接客，内外装やBGMなど，様々な要素で構成された「1つの商品としてのサービス」を意味する場合とがある。ここでいう商品とは，お金を払って購入・利用する取引対象であり，「モノ（物体＝有形財：Tangibles）とサービス（行為＝無形財：Intangibles）」とで構成されている。

家電品などのモノを購入するとき，私たちは接客や配送，ポイント還元やアフターサービスなども一緒に利用している。レストランで食事をするとき，料理やメニュー，椅子やテーブルといったモノだけでなく，内外装やBGMを用いた店の雰囲気づくりや接客などのサービスも利用している。私たちが商品を

購入するとき，程度の差こそあれモノとサービスの両方を購入・利用していることから，商品は「モノとサービスからなる諸属性の複合体」といえる。

　商品の構成要素であるモノとサービスは本質的に異なる性質をもっている。レストランで提供される料理やメニュー，椅子やテーブルといったモノは，それ自体に触れる（味わう）などして内容を把握したり，品質や価値の判断を行ったりすることができる（触知可能：Tangible）。そのため，こうした物理的な実体のあるモノを「有形財（Tangibles, Tangible Goods）」という。しかし，調理や接客といったサービス（行為）は店員の体や制服に触れても，その内容や品質特性を知ることはできない（触知不可能：Intangible）。こうした実体のないサービスを「無形財（Intangibles, Intangible Goods）」という。調理の技術はその成果として現れる料理（モノ）を味わうことで，接客の技能は彼らの行為を受け取りながら観察することでしか判断できない。

　また，ひとつの商品のなかでモノとサービスは同じレベルの役割を果たしている訳ではない。それぞれのウエイト（重要度）の違いによって，一般的に「商品（モノ）」と「サービス」とに区別されている。一見すると，レストランで最も重要な要素は料理（モノ）のように思われるが，それは，一定レベルの料理を安定的に提供するという「調理サービス（行為）」の成果（アウトプット）である。つまり，レストランでは調理という行為が中核となっており，その成果として料理が提供され，そこに接客や店の雰囲気，メニューといった要素が付随しているので，外食サービスという。スーパーやコンビニでは食料品などのモノを売っているが，重要なのは，様々な国や地域から魅力的な商品を仕入れて店内に並べること，即ち「品揃え」という行為である。そこに接客や売り場づくり，商品の鮮度管理といった要素が付随しているので小売サービスという。これに対して，家電品や自動車の中核をなすのは，一定レベルの機能や性能を安定的に発揮することであり，そこに配送やアフターサービスなどが付随している。つまり，サービスでは売り手の行為が本質的（決定的）な要素となっており，商品（モノ）の場合は，それがもつ機能や性能が本質的な要素であるため，両者は区別されているのである。

　さらに，モノとサービスとでは品質評価の難易度に違いがある[1]。衣料品や家

具，家電品などの場合，触れて知ることができる性質，即ち触知可能性（物理的特性：Tangibility）が高いので，消費者は手に取ったり試着・試用したりするなど商品特性を探索しながら購入前にある程度品質を把握することができる。こうした商品を探索財（Search Goods）という。しかし，レストランやレジャーなどのサービスは，触れて知ることができない性質，即ち触知不可能性（非物質的特性・無形性：Intangibility）が高く，実際に購入して経験してみなければ品質を把握することができないため，経験財（Experience Goods）という。教育や医療サービスは更に品質評価が難しく，専門的知識がなければ購入後も品質や価値を理解しづらいため，顧客はサービス提供者（教師や医師）の権威や評判などを拠り所にしてサービスを信頼している。こうしたことから，これらのサービスは信頼財（Credence Goods）という。このように，サービスがもつ触知不可能性が高くなるほど，品質評価は難しくなってくる。

　モノとサービスとの本質的な違いについて，触知可能性と触知不可能性，及びそれにともなう品質評価の難易度を基準にして商品を分類したのが図3-1である。衣料品や家具，家電品，自動車などは触知可能性が高いウェイトを占めているため，図の左上（第2象限）に位置している。外食サービスには，料理やメニュー，内装や外装といった有形財（モノ，Tangibles）が多く含まれており，触知可能性が他のサービスよりも高いことから，図の中心部に位置している。旅行サービスや理容・美容サービス，教育サービスは触知不可能性が高いことから，図の右下（第4象限）に位置している。

　商品はモノとサービスの組合せで成り立っているが，それぞれのウェイトを①中核的要素，②付随要素，③周辺要素に分けて商品の構図を示したのが図3-2である。

　家電品や自動車のようにほとんど単体で販売される商品（図3-2の左上）は，商品の機能や性能が中核的要素となり，包装・パッケージ，接客や店の雰囲気が付随要素，品質保証や配送，アフターサービスが周辺要素という構図になる。パソコンとプリンターをセットで購入するような場合（図3-2の右上）は，それぞれの機能と性能が中核となり，以下は家電品などと同様になる。外食サービスの場合（図3-2の左下），調理サービスが中核的要素となり，接客やメ

第 3 章　サービスの概念

図 3-1　触知可能性と不可能性，及び品質評価の難易度を基準にした商品分類

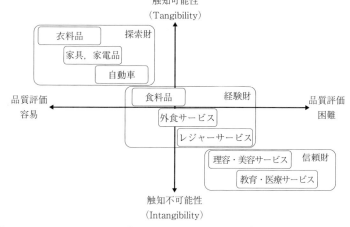

（出所）Rathmell, John M. (1966), "What is meant by Service ?", *Journal of Marketing*, Vol. 30, No. 3, 32-36. 及び Shostack, G. Lynn (1977), "Breaking Free from Product Marketing", *Journal of Marketing*, vol. 41, 73-80. Zeitham V. (1981), "How Consumer Evaluation Process Differ Between Goods and Services," Donnelly, James H. and George, William R. eds. *Marketing of Services*, AMA, 1981, 186-190. をもとに筆者作成。

図 3-2　商品の構図

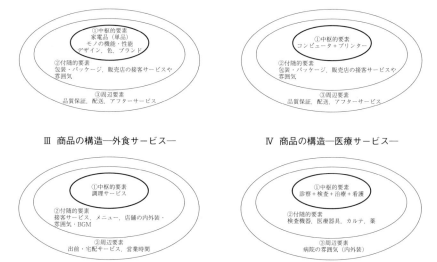

（出所）Shostack. G. L (1977), "Breaking Free from Product Marketing," *Journal of Marketing*, Vol. 41, 73-80 をもとに筆者作成。

ニュー，店の雰囲気などが付随要素，出前・宅配，営業時間などが周辺要素になる。医療サービスの場合（図3-2右下）は，診察，検査，治療，看護といった複数のサービスの組合せが中核的要素となっており，検査機器や医療器具，カルテや薬が付随要素，病院の雰囲気などが周辺要素となる。

2 サービスの本質的要素

　外食サービスでは調理，小売サービスでは品揃えといったように，サービスでは様々な「行為」が中核的（本質的）な要素となっているが，いくつかのサービスでは本質的な要素が共通していたり，特殊な性質があったりする。

　交通サービスでは，電車やバスといった輸送機関を用いて人を「輸送する」という行為が中核的な要素であり，電車やバスはその手段として機能している。そこに駅のホームやバス停といったモノ，アナウンスやダイヤ編成といったサービスが付随している。郵便や宅配便は，トラックなどを用いて荷物を「輸送」しており，そこに速達や配達日時の指定，冷凍・冷蔵輸送といったサービスが付随している。インターネットや携帯電話などの通信サービスでは，テキストや音声，画像といった情報（データ）を「輸送する」ことが中核的な要素であり，パソコンやスマートフォンはあくまでもそのための手段である。そこに，通話料の割引サービスやサポートサービスなどが付随している。これら3つのサービスは，表面的には異なるビジネスを展開しているように見えるが，本質的には「輸送サービス」という同じ行為を行っており，輸送する対象が人か荷物か情報かで異なっているだけである。逆に言えば，離れたところにいる友人に，通信サービスを利用してメッセージを送るか，それを文字にして手紙を送るか，直接会いに行って伝えるのか，メッセージを送る（輸送する）という意味では本質的に同じなのである。

　サービスのなかでも，CDやDVD，自動車や自転車などのレンタル・サービスは，モノを受け渡ししているので中核的要素がわかりづらいが，これらのサービスでは，一定の期間のみ商品を使用することができる「権利（使用権・利用権）の移転」が行われている。DVDを購入した場合，所有権は移転する

ので自分のもの（所有物）になるが，レンタル DVD の場合，所有権は DVD を貸している企業が保持したままなので移転しない。私たちは，それを1日や2日といった限られた期間だけ使用（視聴）する権利を購入している訳なので，期限が切れたら返却しなければならない。

　先の「第2章2(1)産業のサービス化要因」でも取り上げたスポーツの試合やコンサート，演劇といった「興行サービス」は，触知不可能性のウェイトが非常に高く，かつそのサービス特性からも中核的要素がわかりづらいだけでなく，そもそもサービスとして認識されづらい傾向にある。そこでは，ミュージシャンや俳優，スポーツ選手による高度で専門的な技能（演技や演奏，プレー）や，魅力的な容姿や立居振舞いを「見せること（ショー・ビジネス）」が中核的な要素となっている。そこに，劇場やスタジアムの内外装，音響や照明セットといった要素が付随している。つまり，興行サービスでは，演者や選手の「パフォーマンス（performance）：見られることを意識して行われる身体の動作と表現，見世物としての行為」が中核的な要素であり，その経済的価値をチケットの代金で評価（取引）しているのである。この点は，歌手や選手（球団）の人気度やパフォーマンスのレベルによって各興行サービスの経済的価値（需要）は変わる。

3　商品としてのサービス特性

　サービスには様々な特性があるが，それらを集約すると(1)触知不可能性（Intangibility）と，(2)生産と消費の同時性にまとめることができる（**表3-1**）。以下では，この2つの本質的な特性と，そこから派生する諸特性について論じていく。

(1)　触知不可能性

　「第3章1 モノとサービス」で述べたとおり，サービスには触知不可能性という特性がある。それゆえに，サービスそのものを明確に定義したり，定式化したりすることは難しい。この触知不可能性から派生して，①内容把握の困難

表3-1 サービスの諸特性

本質的特性	派生的特性
(1)触知不可能性	①内容把握の困難さ ②品質評価の困難さ ③価値判断の困難
(2)生産と消費の同時性	①サービス需給の時間的斉合 ②サービス・デリバリーの地理的分散 ③サービス生産における消費者の関与 ④サービス・クオリティの不安定性

(出所) 筆者作成

さ，②品質評価の困難さ，③価値判断の困難さといった特性が生じる。以下，順に説明していく。

①内容把握の困難さ

サービスは触知不可能性が高いため，購買以前の段階からその内容を正確に把握することは難しい。家電品などのモノは，店頭・店内で展示品を試用するなどして購買前に機能や性能をある程度確かめることができるが，レストランなどのサービスは実際に利用してみないと中身はわからない。そのため，私たちはガイドブックや口コミなど，様々な情報探索手段を用いて事前にサービスの内容を把握しようとする。企業は，ＨＰやＳＮＳなどで情報発信をしたり，チラシやパンフレットを配布したり，学習塾やフィットネスクラブなどでは体験入学などのお試しサービスを提供することで，サービスの内容を明示する努力をしている。

②品質評価の困難さ

サービスは触知不可能性が高いため品質評価が困難である。家電品などの商品（モノ）は，重量や容量，消費電力や燃費といった様々な側面から機能や性能を客観的に評価することができる。サービスの場合，店員などが提供する行為だけでなく，彼らの姿勢（立ち居振る舞い）や服装，容姿，店の内外装や雰囲気など，様々な有形・無形の要素を評価しなければならない。特に消費者にとってのサービスは，こうした様々な要素への「印象（主観的な評価）」がまとまって全体的な評価となることから，「印象の複合体」ともいえる。例えば，同じ料理を提供していても，店員の年齢や性別，肌や髪の色，話し方（口調や

方言），服装（制服／カジュアルウエア），店舗の内外装，BGM のジャンルや音量など，人によって受け取る印象は異なる。親しげな接客態度を馴れ馴れしいと思うか，薄暗い店内を落ちついた空間と感じるか否か，BGM のジャンルや音量を快適と感じるか否か，個人差は大きい。しかし家電品などのモノの場合，同程度の機能や性能であれば品質評価に大差はでない。400万画素のデジタルカメラは，誰が使っても400万画素の画像しか撮れないし，消費電力にも極端な差は出ない。この点がモノとサービスの大きな違いである。

③価値判断の困難さ

サービスは触知不可能性が高いため，その価値判断（金銭的な評価）も難しい。パソコンなどの修理（出張サービス）や車の点検，引っ越しサービスなど，企業による価格差が大きく，支払うべき金額の基準が曖昧なケースが散見される。家電品などのモノの場合，同程度の機能や性能であれば価格帯も同程度であり，品質と価格との比例関係は理解しやすい。そのためサービス業では，費用の明細を事前に示すなどして，提供されるサービスの価値（費用がかかる理由）をわかってもらうための工夫をしている企業もある。

(2) 生産と消費の同時性

サービスには生産と消費の同時性という特性がある。家電品などのモノは，工場で生産され，販売店にまで輸送され，店舗で販売／購入され，消費される。つまり，生産から消費までが時間の流れに沿って順に行われるとともに，生産に消費者はほとんど関わらない。しかし，サービスの場合は生産と消費が同時進行で行われるとともに，生産プロセスに消費者が関与する。レストランの調理や接客といったサービスは，料理の下ごしらえや挨拶の練習といった準備はするものの，顧客が来店してはじめて本格的な生産が始まり，その機能が発揮され，同時に顧客はそれを消費する。さらに店員の接客は，顧客の関与（やりとり）がなければ生産できないし，顧客との相互作用から様々な影響を受ける。こうした特性から派生して，①サービス需給の時間的斉合，②サービス・デリバリーの地理的分散，③サービス生産における消費者の関与，④サービス・クオリティの不安定性といった特性が生じる。以下，順に説明をしていく。

①サービス需給の時間的斉合

　時間的斉合とは，ある時間を基点にして一斉に物事が同時進行することをいう。サービス業では，顧客が来店した時点からサービスの生産（供給）と消費（需要）が一斉に同時進行する。これをサービス需給の時間的斉合といい，生産された後に消費が行われる商品（モノ）との違いである。そのためサービス業では，来客と同時にサービスを提供（生産）できる体制を整えておかなければならない。しかし，接客や調理といったサービスは，ある程度の下準備はできるものの，事前にすべてを生産したり在庫したりしておくことはできない。レストランでは，1人ひとりの注文をとってから料理を作らなければないため，混雑時には対応が間に合わないことがある。しかも，サービスに対する需要は時間帯や曜日，季節による変動が大きい。そのため，レストランやレジャー施設などでは，繁忙期や閑散期といった需要の変動に合わせてパートやアルバイトなどの雇用調整やスタッフのシフト調整などをすることでサービスの供給体制を整えている。

　製造業では，生産（供給）と消費（需要）が同時に揃って行われることはなく，必ず生産が先で消費が後になる。そのため，需要を予測して事前に生産調整をしたり在庫調整したりすることができるが，サービス業ではこうした対応は難しい。しかも，需要の繁閑（来客の多少）に関わらず，必要最小限の人員は常駐させ，建物や乗り物などの設備は常に稼働させておかないといけないため，一定の人件費と維持管理費は常にかかる。それがサービス業における非効率性やコスト高につながっている。そこでサービス業では，平日や閑散期には割安な料金を設定したり，特定の顧客層だけに割引やプレゼントなどのサービスを提供する「○○○デー」などを設けたりすることで，閑散期の需要を喚起・創造している。逆に，休日や繁忙期は価格を高くしたり，予約制や入場制限にしたりすることで，繁忙期の需要をコントロールしようとしている。このように，繁閑期の需要の格差（波）をできるだけ縮小しようとすることを「需要の平準化」という。

②サービス・デリバリーの地理的分散

　モノと違ってサービスは輸送が困難である。レストランの料理（モノ）は近

場であれば配達することができても，調理や接客といった行為は配達できないため，顧客がお店まで出向くか，店員自身が移動訪問して料理を提供（出張サービス）するしかない。つまり，サービスは輸送が困難であるがゆえに，生産と消費は同じ空間で行わなければならない。モノの場合，生産地と消費地が必ずしも同じである必要はなく，1つの工場で大量生産して各消費地に輸送するのが一般的である。しかし，1店舗しかないレストランは各地から来店してもらうしかなく，より多くの人たちに料理を提供するためには，調理サービスの提供体制を様々な地域に展開（多店舗化）しなければならない。これをサービス・デリバリーの地理的分散という。それゆえに，ファストフードやファミリーレストランは多店舗化したり，宅配サービスを提供したりしている。学習塾や語学学校などでは，インターネット回線を利用したオンライン講座（情報化による電子配信サービスの提供）を設けることで地理的分散を図っている。

③サービス生産における顧客の関与

サービスは顧客の関与がなければ生産できない。レストランでは顧客が来店し注文しなければ，調理や接客サービスは生産されないし，顧客の関与の仕方（態度や姿勢）によってサービスの質は影響を受ける。モノの場合，基本的に生産プロセスに顧客が関与することはないし，それによって品質が左右されることはない。顧客の関与度に関わらず，家電品はスイッチを入れれば常に一定の機能を果たす。しかし，特に教育サービスや医療サービスでは，受け手の関与度（自発的・積極的な姿勢）によってサービスの質だけでなく，得られる成果も大きく変わってくる。欠席の多い受講生，予習復習をしない生徒，医師や看護師の注意を守らない患者など，関与度の低い顧客との間では高品質サービスの実現は難しいし，実りある成果も期待しづらい。

④サービス・クオリティの不安定性

サービスは人的要素が高いためクオリティ（品質）は不安定になりがちである。同じ業務でもスタッフ各々のスキル（技能や知識，経験）の差によってパフォーマンスは変わるし，クレームなどの臨機応変な対応に迫られた時にはそれが顕著に表れる。マニュアル通りに同じ接客をしたとしても，話し方や表情などの接客態度には個人差（個性）が生じる。同じひとりのスタッフであって

も，その日の体調や気分などによってパフォーマンスは変化する。モノの場合，工場での品質管理によって均質化された商品が大量生産されるため，店頭に並ぶ商品はどれも同じ品質であるが，人間の場合はそうはならない。すべてのスタッフが常に同じクオリティのサービスを提供できる（はずだ）と期待するのは難しい。

　サービスの場合はさらに，生産プロセスに顧客が関与するため，顧客の知識や経験，マナーなどによってもサービスの品質は左右される。モノの場合，基本的に生産プロセスに顧客は関与しないため，顧客が商品の品質に影響を及ぼすことはない。サービス業では，提供する側のサービス・クオリティだけでなく，客層の変化にともなうサービス・クオリティの管理も不可欠であるため，全体としての品質管理がより一層困難になる。レストランでは，小さな子供を連れた家族が多い時，高齢者が多い時，外国人客が多い時，マナーの悪い顧客がいる時とでは，スタッフの対応の仕方も変わるし，店の雰囲気も異なってくるので，すべての顧客に対して常に同じクオリティのサービスを提供することは難しい。コンサートでは，観客のノリの良し悪しによって演奏者のパフォーマンスも会場の盛り上がり方も変わってくる。フィットネスやスポーツ教室，各種の習い事に関する教育サービス（カルチャーセンターなど）では，初学者・中級者・熟練者とで教える内容も教え方も変わってくるため，熟練度に合わせて受講生をクラス分けするなどしてサービスの質の安定を図ろうとしている。また，会員制にしたり，敢えて高級化したりすることで客層を選別・制限してサービス・クオリティの安定化を図ろうとするケースもある。

4　サービスの可視化・触知化

　サービスがもつ触知不可能性という特性と，そこから派生する内容把握の困難さや品質評価の困難さ，価値判断の困難さといった問題を克服するために，サービス業では様々な「サービスの可視化（見える化：Visualization）・触知化（Touchable）」が進められている。つまり，触れて知ることができないサービス特性を目に見えるようにしたり，触れて知ることができるようにしたりして

具体化・具現化する取り組みである。

　その手法としては，①見える部分の強化と，②見えない部分の可視化がある。①見える部分の強化とは，店舗の内外装，店員の制服や接客態度，メニューなどをより一層わかりやすく可視化することをいう。文字だけのメニューに写真を入れたり，生産地や調理方法，カロリー表示などを記入したりすることで，調理サービスの内容把握は一層容易になる。

　②見えない部分の可視化とは，これまでは顧客からは伺い知ることのできなかったサービスの部分を顧客からも見えるようにすることをいう。レストランやショッピングモールなどのトイレに貼られている清掃チェックシートは，いつ，誰がトイレを清掃したのかを示すとともに，常に衛生管理に配慮しているという企業姿勢を示す（可視化する）ための手段である。銀行やレストランでの待ち時間表示のカウンターや，レストランの店頭に置かれたウェイティング・リストの記入表は，自身の待ち時間を可視化したものである。飲食店や菓子店では，敢えて道路側にガラス張りの調理場を設けたり，店内にガラス張りのオープンキッチンを設けたりすることで，調理現場の臨場感（高度な調理技術，食材を調理する際の音や炎，匂いなど）を見せながら，料理への興味や食欲をかき立てるとともに，料理を待つ時間を楽しむことができる工夫をしている。そうすることで逆に，店員の側は自分たちの仕事ぶりが「常に顧客から見られている（悪くいえば監視されている）」という気持ちを抱き，より一層パフォーマンスが高まるという効果もある。同様のことは，ガラス張りのフィットネスクラブや料理教室にもあてはまる。もちろんこれは，受講生へのプレッシャーにもなるため，彼らのパフォーマンスの向上にも寄与しているといえる。逆に，敢えて教室内を見せないようにすることで，利用者に安心感をもたせるフィットネスクラブもある。

推薦図書
近藤隆雄（2010）『サービス・マーケティング』第2版，生産性出版。
南方建明・宮城博文・酒井理（2015）『サービス業のマーケティング戦略』中央経済社。

Lovelock, Christopher H. & Wright, Lauren (1999), *Principles of Service Marketing and Management*, Prentice Hall（小宮路雅博，高畑泰，藤井大拙訳『サービス・マーケティング原理』白桃書房，2002年）

練習問題
(1) 具体的なサービス業をひとつだけ挙げて，サービスの7つの特性と対応する事象を記述しなさい。

サービス（企業名）：	
(1)触知不可能性 　①内容把握の困難さ 　②品質評価の困難さ 　③価値判断の困難さ	
(2)生産と消費の同時性 　①サービス需給の時間的斉合 　②サービス・デリバリーの地理的分散 　③サービス生産における消費者の関与 　④サービス・クオリティの不安定性	

(2) 具体的なサービス業をひとつだけ挙げて，触知不可能性を「可視化・触知化」するためにどのような工夫をしているか，サービスの本質的特性である①内容把握の困難さ，②品質評価の困難さ，③価値判断の困難さ，の3つの点から説明しなさい。

企業名：	可視化の工夫
①内容把握の困難さ	
②品質評価の困難さ	
③価値判断の困難さ	

注
(1) 探索財，経験財，信頼財については，Nelson, Philip (1970), "Information and Consumer Behavior", *Journal of Political Economy*, Vol. 78, 311-329 参照。

第Ⅱ部

サービス・マーケティングの研究アプローチ

　第Ⅱ部では，サービス・マーケティングに関する基礎的な研究アプローチについて取り上げていく。ここでは，サービスの生産から消費に至るまでのトータルプロセスの観点から，サービスのデザイン（設計段階），デリバリーシステム（提供体制），クオリティマネジメント（品質管理），経験価値，リカバリー（苦情対応），サービスにおける感情労働といったトピックを取り上げていく。これによって，サービスの提供と消費の流れに沿った包括的な視点からサービス・マーケティングを理解することができる。

第4章

サービス・デザイン

　この章では，サービス・デザインの概念について理解を深めていく。サービス・デザインとは，サービスの提供体制をどのように設計していくか，そのための手法や考え方をいう。

　キーワード：サービス・デザイン，コンセプト，サービス・デリバリー・システム，タッチポイント，サービス・エンカウンター，顧客ミックス

1　サービス・デザインの概念

　第2章でも述べたとおり，サービス経済化の進展によって，すべての産業は程度の差こそあれサービスの生産や販売に関わっており，そのウエイトも高まっている。したがって，現代のビジネスを考える上では，サービスの諸特性を踏まえた事業のあり方を設計していく必要がある。そこでは，サービス・デザインの考え方が重要な役割を果たす。

　デザインとは，人々の行為が目的にかなうように，設計者が様々な要因（機能性，実現可能性，経済性，社会性など）を考慮して「設計・計画（Planning）」することをいう。サービス・デザインとは，顧客満足を最終目的として，モノやサービスの形状や形態，色や模様，レイアウトとともに，作業方法や行動手順などの設計をとおして，顧客が望ましいと感じるライフスタイル（生活像）や，理念，価値観などを表現していくことをいう。

　サービス・デザインでは，以下の5つの観点にもとづくサービス・デザイン思考が重要になる。[1]

(1) ユーザー中心（User-centered）

　これは，ユーザーである顧客の立場に立ってサービスを設計することをいう。どんな商品もユーザーの立場に立って設計することは重要だが，サービスの場合はユーザーがその場に存在して初めて生産され，かつ協同作業として行われるため，より一層の配慮が必要になる。レストランや商業施設の設備やレイアウト，ウェブのデザインなど，ユーザー特性を踏まえた上で，使い勝手のよい設計がなされなければならない。特に，子供や高齢者，障害者といった社会的弱者に対する配慮は欠かせない。

(2) 共創（Co-creative）

　サービスの提供プロセスには，様々なステイクホルダー（利害関係者）が関わっているため，それぞれの立場を考慮しながら共同でサービスを創り上げるように設計していく必要がある。多くのサービス業では，経営者（経営陣），店長，店員，パートやアルバイトなど多様なレベルの人々が利害に関わっている。経営者は企業価値の向上を重視する一方で，店長は自身の職位の維持にしか関心がなく，店員は昇給のみを期待し，アルバイトは給与と雇用の安定確保のみを考えるといったように，それぞれがバラバラの方向を向いていたら顧客満足度の高いサービスの提供はままならないだろう。各ステイクホルダーがサービス・デザインに関与することのメリットなりインセンティブ（誘因）を認識し，意欲的に関与することで，サービス提供システムの向上は実現できる。

(3) 相互作用の連続性（Sequencing）

　サービスは，一定の時間の流れの中で企業と顧客との「相互作用（インタラクション，やりとり）」が展開されていく動的なプロセスである。サービス・デザインでは，この時間軸に沿って個々の「タッチポイント（顧客接点）」における「相互作用」がスムーズに進むよう設計されなければならない。レストランでは［入店⇒着席⇒料理（メニュー）の選択⇒注文⇒食事⇒支払い⇒出店］という一連の「タッチポイント」と「相互作用」で成り立っている。テーマパークでは［最寄り駅や駐車場からのアクセス⇒窓口でのチケット購入⇒乗り物や

アトラクションの利用⇒飲食店での食事⇒売店での買い物]と，様々な「タッチポイント」と「相互作用」が連続（往復）して行われる。こうした一連の活動がスムーズに進むよう，顧客の誘導方法や接客マニュアル，店舗や設備のレイアウトなどを設計しなければならない。

　レストランのような単体で完結するサービスとは異なり，旅行ツアーの場合は，［交通機関での移動⇒観光地の訪問⇒食事や買い物⇒移動⇒宿泊⇒移動⇒観光⇒食事……］と，関連する様々なサービスが連続している。このとき，中核的なサービスである観光地や宿泊施設が魅力的であっても，その前後の移動が苦痛なものであったなら，ツアー全体の満足度は低くなってしまうだろう。そのため，ユーザー特性（年齢や性別，グループ構成など）とともに，移動中の時間の過ごし方，飲食店や土産物店のサービス（価格やメニュー，品揃え），宿泊施設の快適さなど，旅行サービスを利用する時の文脈（背景や前後関係）に配慮しながら全体的な価値を高めていく必要がある。

(4) 物的証拠（Evidence）

　これは，触知不可能性が高いサービスを物理的特性によって触知可能化，或いは可視化することで，サービスの価値をより明確に伝えることを意味する。レストランでは，店員が清潔な制服と身だしなみを心がけたり，トイレに清掃チェックシートを貼ったりすることで衛生管理に務めていることを示すことができる。また，メニューに素材や製法へのこだわりを載せることで料理の質の高さを訴求することができる。料理だけでなく，内外装や食器の色とデザイン，ＢＧＭなどのすべてを店舗コンセプトに合わせて統一することで，お店の印象を高めることができる。様々な物的証拠を活用することで，サービスへの安心感や信頼，ブランド価値を高めることができる。

(5) 全体的な視点（Holistic）

　これは，サービスの提供システム全体を俯瞰しながら価値の連鎖を把握することをいう。全体的な視点は，様々なステイクホルダーや経営資源（リソース）が有機的に結びつき，循環しながら発展していく仕組み，即ちサービス・エコ

システム（サービス生態系）の考えにもとづいている。自然界の生態系が多様で異質な構成要素が結びつきながら良好な環境を維持していることから参考にした考えである。サービス・エコシステムは，ステイクホルダーの相互協力と平等な収益の循環によって有効に機能することができる。

2　マルチユーザー型サービス・システム

　既存のサービス・エコシステムでは時間の流れに沿って企業の経営資源が投入され，顧客はそれを受動的な姿勢で受け取るという，一方的な価値連鎖となっている。レストランでは，顧客が入店した段階から接客が始まり，受注，調理といった行為（資源）が順に行われ，顧客はそれを受動的に受け取る。これに対して近年では，顧客が経営資源を提供するとともに，顧客同士で価値を共創する「マルチユーザー型サービス・システム」が広まりつつある。

　一般のウェブ通販サイトでは，企業がウェブ通販システムを設計・運営し，小売業者がそこに商品を掲載し，顧客はそれを購入する。一方，フリマサイトでは，企業がウェブシステムを設計・運営するところは変わらないが，ユーザー（顧客）が家財などを出品し，それを別のユーザーが購入する。出品者であるユーザーも，時には購入者（落札者）として別の出品者の商品を購入する。企業が提供するサービス・システム上では，顧客同士による商取引が行われ，その連鎖が広まることでフリマサイトは進展していく。

　同様に，一般の宿泊予約サイトでは，企業がウェブ予約システムを設計・運営し，ホテルや旅館業者が宿泊施設をそこに掲載し，顧客はそれを利用して宿泊する。一方，民泊サイトでは，企業がウェブ予約システムを設計・運営するところは同じだが，認可を得た一般市民（顧客）が自宅などを宿泊施設として提供し，それを別の顧客が利用する。企業が提供するサービス・システム上では，自宅などの資源が宿泊施設として顧客から提供され，その顧客が宿泊サービスという行為（資源）を別の顧客（最終ユーザー）に提供することで，顧客同士によるサービス取引が宿泊施設で行われる。そして，宿泊施設を提供する側の顧客も，自身が民泊サイトを利用するときには最終ユーザーとなり，別の顧

第Ⅱ部 サービス・マーケティングの研究アプローチ

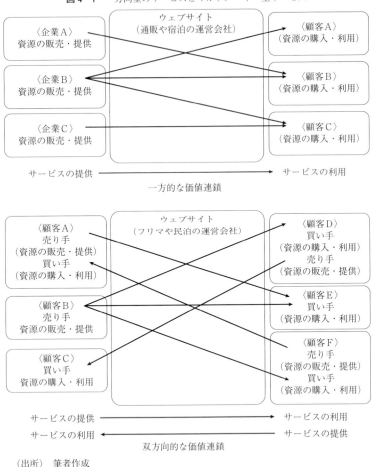

図4-1 一方向型のサービスとマルチユーザー型サービス

(出所) 筆者作成

客が提供する宿泊施設を利用する。この連鎖が広まることで民泊サービスは進展していく。つまり，ひとりの顧客が同じ宿泊サービスの提供者にも消費者にもなるとともに，顧客同士がサービスを共創しながら価値の連鎖を生み出しているのである。

これらと同じようなケースは，気象情報サービスでもみられる。これまでは，企業が収集・分析した気象情報を一方的にユーザーに発信するスタイルであったが，近年では，企業が全国にいるユーザーから現地の気象情報を収集し，そ

44

図4-2　コンセプトの4W-1H構造

サービス（What）……誰が（who）＋いつ（when）＋どこで（where） ＋ どうやって（how；使用方法，使用状況）

（出所）　片岡寛（1988）「第6章　商品コンセプト」『最新商品研究入門』中央経済社をもとに筆者作成。

れらを編集・分析した上で，より精度の高い（実感をともなう）気象情報を提供するウェブ・サービスが台頭してきている。ここでも，ひとりの顧客が気象情報の提供者と利用者の双方を担いながら，他の顧客との共創（気象情報の交換）をとおして価値の連鎖を生み出している。こうした一方向的なサービス・システムと，マルチユーザー型サービス・システムとを比較したのが**図4-1**である。

3　サービスのコンセプト

サービスをデザインする上では，まずコンセプトを設定する必要がある。コンセプトとは，商品やサービスをとおして実現できる「コト（満足，便益，生活像や問題解決）」をいう。コンセプトの設定とは，家電品や自動車といったモノの商品開発と同じで，誰に（ターゲット層），いつ，どこで，どのような使い方をしてもらうことで，どのような満足や生活を実現して欲しいのかを明確にしていく作業である。こうしたコンセプトの4W-1H構造は**図4-2**に示すとおりである。

レストランのコンセプトであれば，ファミリー層にとっての週末の一家団欒の場として利用してもらいたいのか，ビジネスマン向けの宴席や商談の場として利用してもらいたいのか，メインターゲットを念頭において設定する必要がある。美容サービスやフィットネスなどは，性別や年齢層，体質（肌質），嗜好などによってニーズが異なるため，詳細な設定が必要となるだろう。中高年の女性だけをターゲットにして，負荷の低いトレーニングを行う小型店を郊外中心に展開している企業もあれば，都心のビジネスマンをターゲットに運動機能の強化と痩身効果をサポートする企業もある。それぞれが明確なコンセプト

にもとづいてサービスをデザインすることで，より効果的なマーケティングが展開できるとともに，他社との棲み分けによって競合を避けることもできる。

4 サービス・デリバリー・プロセスの設計と管理

コンセプトを設定したら，具体的なサービスの提供プロセスを設計していく。ここでは，時間軸に沿って個々の「タッチポイント」における「相互作用」を整理していく必要がある。レストランの場合，［入店⇒着席⇒料理（メニュー）の選択⇒注文⇒食事⇒支払い⇒出店］という一連の流れの中で，企業と顧客，或いは顧客同士の関わりを整理していくことでサービスの全体像が明らかになる。この作業によって，サービスを提供する仕組みや業務体制，即ち「サービス・デリバリー・システム（Service Delivery System，以下SDS）」を構築したり見直したりすることができる。SDSの構図は，**図4-3**のとおりである。

図4-3 サービス・デリバリー・システムの構図

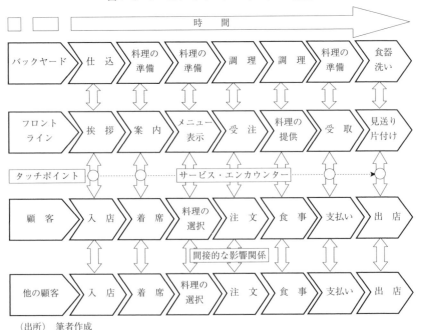

（出所）筆者作成

第4章　サービス・デザイン

　SDS におけるフロントラインとは，レストランの接客係のように，企業が顧客と直接「相互作用」をしながらサービスを提供する組織部分をいう。バックヤードとは，レストランの調理場（シェフ）のように，フロントラインを支援する組織部分をいう。サービス・エンカウンターとは，企業と消費者が直接接触し，相互作用を行う時間的プロセスをいう。タッチポイントが SDS における個々の一時点をさすのに対して，サービス・エンカウンターはそれらを含めた一連の時間的な流れをいう。このプロセスをとおして，企業と顧客はサービス・コンセプトを共有し，相互の満足を最大化することから，サービス・エンカウンターは共同作業のプロセスといえる。

　SDS の設計と管理においては，フロントラインでは接客技術や仕事の遂行能力とともに，身だしなみや立ち居振る舞い（態度，表情，話し方など）が重要になる。そのためには，スタッフへの教育やトレーニングによってスキルを高めるとともに，顧客層に合わせた柔軟な対応能力を身につけることが必要になる。また，レストランなどでは，情報端末（タブレットなど）をとおして料理の注文を受けることで，接客業務を機械化・情報化し，業務の効率化を図っている。

　バックヤードでは，業務の遂行能力によってフロントラインの業務成果が左右されることに注意しなければならない。レストランでは，どれだけ丁寧な接客をしても，調理場の手際が悪ければ料理の提供に時間がかかり，顧客の不満につながるだろう。医療機関では，医師と看護師，検査技師らとの連携がうまくできていないと，医療ミスなどの事故につながる。こうした点でも，フロントラインとバックヤードとのスムーズな連携関係に配慮する必要がある。バックヤードでも，情報端末や調理機材の活用によって業務の効率化を図ることは重要になる。また，レストランのオープンキッチンや，博物館や劇場などのバックステージ・ツアーは，顧客にバックヤード（裏方の仕事）を見せることでサービスの内容や価値を示すとともに，顧客とバックヤードとの相互作用を促す仕組みとなっている。

　サービス・エンカウンターでは，顧客との意思疎通を図りながらコンセプトや価値を共有していく仕組みが必要になる。写真や能書きなどが入ったメ

ニューは，提供されるサービスの内容や価値を示す役割を果たしている。医師が治療内容に関する情報を十分に伝えた上で患者との合意を図るインフォームドコンセント（informed consent）は，患者にとって品質評価のしづらい医療サービスの内容や価値（必要性や効果など）を伝えるための重要な行為である。一方，サービス・エンカウンターでは，銀行の ATM や，宅配便の再配達受付，ホテルの web 予約，空港での自動チェックインなど，業務の機械化・自動化が様々な側面で進んでいる。また，レストランのドリンクバーやサラダバーといったビュッフェ形式のサービスは，調理サービスへの顧客の関与を高めることで業務の効率化やサービスの低価格化を実現する仕組みとなっている。

　SDS でもう 1 つ重要なのは，様々な属性をもつ顧客の集まり，即ち「顧客ミックス」の管理と対応である。SDS のなかでは，顧客は他の顧客と同じ時間と空間を共有することが多いため，他者の言動（興味や関心，マナーなど）は，顧客の満足を左右する一要因になる。店舗や施設内では，様々な顧客同士が意識的・無意識的に相互作用を行っており，ポジティブにもネガティブにも相互に影響し合うとともに，それがサービス・クオリティに対しても少なからぬ影響を及ぼしている。

　そもそも顧客は，年齢や性別，社会属性，知識や経験，文化，価値観，社会規範など，様々な点で多様であり，かつすべての顧客が企業のコンセプトや，ルール，マナーを十分に理解して利用している訳ではない。店内の混雑度（顧客密度）や賑わい（騒がしさ）だけでなく，マナーやルールに背くような言動や迷惑行為を行う顧客の存在は，他の顧客の感情（怒りや諦め）や満足度，行動反応（苦情や退店，離反など）に影響する。スポーツの試合で興奮して暴れる観客は，周囲の観客に迷惑をかけるだけでなく，試合というサービス（選手のパフォーマンス）そのものを台無しにしてしまう。

　こうした顧客同士の相互作用を管理するために，年齢制限，禁煙・分煙，ドレスコード，予約制，キャンセル規定など，一定のルールを設けることで企業は顧客を管理し，安定的なサービス・クオリティの実現を図っている。また，サービスの利用方法やマナーに関するポスターの掲示，パンフレットの配布，車内・館内放送などをとおして，企業は顧客に対して期待するガイドライン

(行動基準や規範,ベンチマーク)を提示している。レストランやホテル・旅館などでは,年齢層やグループ構成,利用目的に応じて座席や客室の割り振りを行うことで,企業は顧客を意図的に選別し,顧客の適合性を管理しているところもある。顧客の適合性の管理とは,同じサービスを異なる理由や背景で利用しながらも,互いに影響し合うような場合,顧客同士が満足できる関係性を実現できるよう適正な顧客ミックスを選択することをいう。同じレストランでも,家族での食事会(一家団欒),若者グループの飲み会,ビジネスマンの宴席,カップルのデートなど,顧客層や利用目的は多様であり,SDSにおける適切な顧客ミックスの管理を行うことで,店舗全体での安定したサービス・クオリティを実現することができる。

5 サービスの価値連鎖

これまでの議論を踏まえて,全体的な視点からサービスの価値連鎖を例示したのが図4-4と図4-5である。図4-4では,ウェブショッピングを例に挙げて,顧客が購買動機をもち,サイトを比較し,商品を選択・購入・使用し,満足/不満足を抱いてユーザーレビューを記載したり,次回の購入を検討したりするところまでを描いている。それぞれのタッチポイントでは,サイトの見やすさや商品の見つけやすさ,支払手続きや配送の利便性,商品自体の機能や性能などが重要になる。サイトの運営企業としては,ステイクホルダーであるウェブ製作会社やクレジット会社,宅配会社などとの関係が重要になる。

図4-5は,引越サービスを例に挙げ,顧客が比較的長い時間にわたって様々なサービスを利用し評価していくプロセスを示している。

第Ⅱ部 サービス・マーケティングの研究アプローチ

図4-4 ウェブショッピングにおけるサービスの価値連鎖

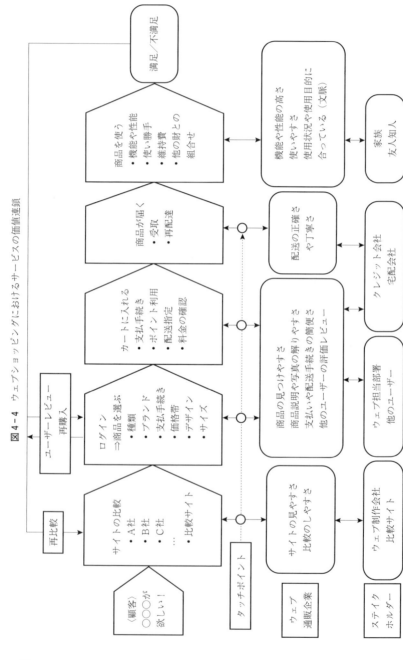

(出所) 筆者作成

第4章 サービス・デザイン

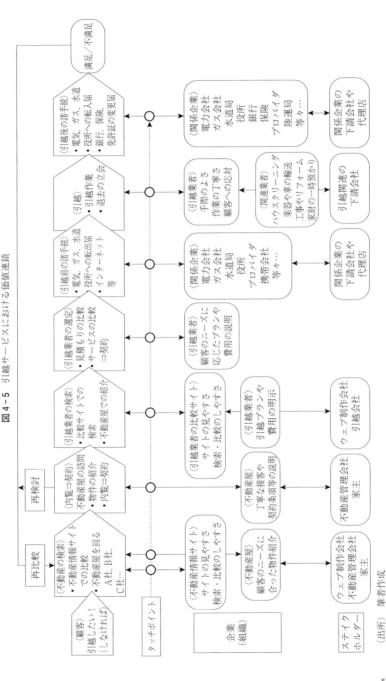

図4-5 引越サービスにおける価値連鎖

(出所) 筆者作成

推薦図書

武山政直(2017)『サービスデザインの教科書――共創するビジネスのつくりかた』NTT出版.

Sundararajan, Arun (2016), *The sharing economy : the end of employment and the rise of crowd-based capitalism*, MIT Press(門脇弘典訳『シェアリングエコノミー』日経BP社, 2016年).

練習問題

(1) 具体的な企業を例に挙げて, どのようなサービス・デザインになっているか下記の表に沿って説明しなさい. また, 図4-4と図4-5を参考にして, その企業のサービスの価値連鎖の図を描きなさい.

企業名（店舗名）	
コンセプト	①どんなサービスを： ②誰に： ③いつ： ④どこで： ⑤どうやって： ⇒実現できるコト：
(1) ユーザー中心	
(2) 共　創	
(3) 相互作用の連続性	
(4) 物的証拠	
(5) 全体的な視点	

(2) 顧客ミックスにおける顧客間の相互作用で, あなたが楽しい経験をした時と, 嫌な思いをした時を具体的に述べなさい. その際, 企業はどのように顧客ミックスの設計と管理, 顧客の適合性を行っていたのか説明しなさい.

注

(1) Stickdorn, Marc and Schneider, Jakob (2011), *THIS IS SERVICE DESIGN THINKING. Basics‐Tools‐Cases*, BIS Publishers, (郷司陽子翻訳『THIS IS SERVICE DESIGN THINKING. Basics‐Tools‐Cases 領域横断的アプローチによるビジネスモデルの設計』ビー・エヌ・エヌ新社, 2013年). なお, 文中の「　」や（　）の表記は筆者が作成.

第5章
サービス・クオリティ・マネジメント

　サービス・クオリティ・マネジメントとは，自社が提供するサービス・クオリティのレベルを調査・把握し，顧客満足に向けて問題点を修正していくプロセスをさす。以下ではまず，クオリティに関するサービス特性を再整理した上で，クオリティの調査で留意すべき点を確認する。次に，代表的な調査手法である質問紙調査法，面接法，観察法を中心に，各調査手法の内容を詳述する。最後に，調査によりクオリティの低さやばらつきなどの問題があると判明した場合に，その要因の解明と再発防止を図るための方法を整理する。

　キーワード：サービス・クオリティ（SQ），質問紙調査法，お客様の声，SERVQUAL，顧客満足（CS），JCSI，面接法，観察法，ミステリーショッパー法，ギャップ・モデル

1　サービス・クオリティの特徴と調査上の課題

　本節では，第3章で挙げられたサービスの本質的な特性（触知不可能性，生産と消費の同時性）とそこから派生する諸特性を，サービス・クオリティ（Service Quality，以下 SQ）に関する特徴という観点で再整理し，調査上の課題を確認する。

(1)　サービス・クオリティの特徴
①クオリティの不確実性
　SQ の第一の特徴は，不確実性である。モノ（有形財）の多くは触知可能性が高いため，購入・利用前にクオリティを評価しやすい探索財に相当する。他方，サービス（無形財）の多くは触知不可能性が高いため，購入・利用しなけ

ればクオリティを評価しづらい経験財か，購入・利用した後でさえクオリティを評価しづらい信用財に相当する。つまり，SQ はよくわからないのである。

　これは，顧客の知覚リスクが高いことを意味する。知覚リスクとは，サービスの購入・利用時に，クオリティの不確実性と，購入後の結果の重大性が掛け合わさって顧客に感じられる危険性のことである。知覚リスクには，サービスの内容が自分にとって満足のいく結果にならないかもしれないという機能的リスクや，金銭的損失や予期せぬ出費が生じるかもしれないという金銭的リスクなど，様々なタイプがある。学習塾や家庭教師などの教育サービスの場合，志望校に合格したい顧客は，サービス内容の詳細な説明を受けたり，過去の合格実績を示されたりしても，授業や指導が自分に合うか，ひいては志望校に合格できるかはよくわからない。また，思うように成績が向上しないと，履修の科目や頻度を増やすという追加の出費もありえる。さらに，受験の結果が不合格でも，授業や指導を受けなかったことにして返金を求めることはできない（その代わり，翌年度の料金を割り引く企業はある）。別の教育サービスに変更するなら，教材費や入会金などが新たに必要になる。これらが，機能的リスクと金銭的リスクの例である。

　②クオリティの不安定性（変動性）

　SQ の第2の特徴は，不安定性である。これは，サービスの生産と消費の同時性ゆえ，企業（サービスの生産者）と顧客の間，および顧客同士で，相互作用が発生することによる。

　学習塾の講師と生徒の間では，講師が出題し生徒が解答する，または，生徒が質問し講師が回答・解説するなどの相互作用が発生する。良質な相互作用になるためには，講師のスキルや生徒の意欲があり，両者が心身とも万全な状態で関与しなければならないが，機械ではなく生身の人間なので関与にはばらつきがありうる。また，時間と空間を共有するサービスでは，周りにいる他の顧客が相互作用の質を下げることもある。学習塾で同じ教室の他の生徒が私語をすると，教室の緊張感が損なわれ，勉強に集中したい生徒が嫌な気持ちになったり，講師も私語の注意に授業時間を取られたりするだろう。

　講師は採用試験に，また生徒は入塾テストに，それぞれ合格した者のみを生

産者と顧客にすることで、クオリティのばらつきをある程度抑えたはずでも、サービス設計で想定した理想的な相互作用が毎回生じるとは限らないのである。

③クオリティ評価の知覚依存性

上述の第二の特徴は、クオリティが実際に変動する場合であった。だが、仮に同じクオリティだったとしても、その評価となると顧客の感じ方次第で、高いとも低いとも評価されうる。これが SQ の第三の特徴である。

元気で行儀の悪い生徒が多く通う学習塾があるとしよう。以前からその塾に通っている生徒には、教室が少し騒がしいのはいつものことだと感じられる。だが、その塾に入会したばかりで、初めて授業を受ける生徒はどうだろうか。以前にもっと騒がしい塾に通っていた生徒なら、静かに感じるだろう。逆に、それまで図書館に通って勉強していた生徒なら、うるさく感じるだろう。また、入会前の見学の時点で、少し騒がしいと感じていた生徒なら、大体予想どおりだと感じるだろう。このようにクオリティの評価は、顧客の知覚により決まるのである。

(2) サービス・クオリティの調査の課題

以上の特徴より、SQ の調査では、以下の4点に留意が必要である。

第一に、SQ の評価はしづらいため、原則として、そのサービスの購入・利用経験者を調査対象者にすべきである。パンフレットや店の外装などで多少の予測はできても、正確なクオリティは経験しないとわからないものである。

第二に、SQ は不安定で、設計上の理想水準に保たれるとは言えないため、SQ の調査は複数回行うべきである。同じ企業、同じ店でも、従業員、客数や客層の異なる曜日や時間帯を組み合わせた調査が必要になる。

第三に、同じサービスでも、顧客の知覚に依存してクオリティの評価が異なりうるため、顧客ごとに、かつ、購入・利用前の期待と購入・利用後の知覚を比べるという相対評価の形で、調査すべきである。同じ企業、同じ店で、同じ時間に同じ内容のサービスを受けた人同士でも、そのクオリティ評価は、モノのスペックの絶対評価のようには一律にならないのである。

第四に、知覚リスクの高さを感じて、購入・利用をやめた人もいるかもしれ

ないため、余力があれば競合他社の顧客や潜在顧客も調査対象者にすべきである。自社のいかなる部分が競合他社に劣っているのか、あるいは利用意向はあるのに利用経験のない潜在顧客にとって何が利用のしづらさや敷居の高さにつながっているのかについては、自社の既存顧客のみを調査してもわからないということである。

2 サービス・クオリティの調査手法

本節では、SQ の主な調査手法を見ていく。調査の目的、対象者、具体的な手順や方法に注目してほしい。

(1) 質問紙調査法

通称「アンケート」と呼ばれる方法である。目的は、市場の動向、SQ 評価、サービス改善時の優先事項などを知ることにある。市場の動向の把握とは、レストランの従業員ではなく一般人が料理を配達するサービス（ウーバーイーツなど）や、ホテルではなく一般人の自宅の一室や別荘などに宿泊させる「民泊」など、比較的新しいサービスについて、調査対象者の年齢や性別ごとに利用意向の傾向を把握したりすることである。SQ 評価や改善時の優先事項の把握とは、後述する SERVQUAL などで、当該サービスのクオリティ構成要素のうちどの部分が顧客の期待に沿っていないのか、競合他社と比べて大幅に劣っているのかなどを調べることである。

回答の仕方は、量的か質的か、調査する側が回答の範囲を制限するか否かで分かれる。量的データとは、利用意向度や年齢を数字で答えてもらうものである。数字での表現に限られるものの、回答の平均値や分散を算出したり、性別により利用意向度の平均値に差があるのかを検定したりと、統計的な処理や分析がしやすい。他方、質的データは、言葉・分類で答えてもらうものであり、あるサービスを利用しない理由として回答者の気持ちに近いものを選んでもらったり、回答者自身の性別や居住地を答えてもらったりできる。だが、集計はできても、それ以上の統計的処理や分析はしづらい。

調査する側による回答の範囲の制限については，制限すると選択肢方式，制限しないと自由回答方式と呼ばれる。選択肢方式は，提示された中から選ぶだけなので回答者の負担が小さいが，その選択肢に回答内容が限定されてしまう（選択肢が自分の気持ちとずれていても選ばざるをえない）。反対に自由回答方式は，直接記入するため回答者の負担が大きいものの，利用意向度や満足・不満の理由などについて，予期せぬ「本心」や「生の声」を把握しうる。

以上の組合せより，得られるデータは4種となる。一般人による配達サービスの利用意向度を「5（ぜひ利用したい）」から「1（全く利用したくない）」の5段階評価で答えてもらうのは量的・選択肢方式の回答の例である。利用意向度が低い理由を「配達までの時間が予想しづらい」「いろんな人に自宅を知られるのは怖い」などと自由に答えてもらうのは，質的・自由回答の例である。

①お客様の声

質問紙調査には，簡易的なものと，複雑で大規模なものの2種類がある。簡易的なものとは，「お客様の声」「お客様カード」などの名で，レストランならレジの横やテーブルの上にあるハガキ大のカードである。店内にあることから分かるように，その企業や店の顧客を対象に，購入・利用の最中か直後に，満足・不満や再購入意向の程度などを問う形で，SQに関する顧客のフィードバックを得るのが目的である。曜日や従業員でクオリティが変動しうることを考慮して，利用日時や，良くも悪くも気になった店員名を質問に盛り込むことも多い。回答は，会計時にレジの横にある回収箱に投函してもらったり，購入後数日以内に郵送してもらったりして回収する。近年は従来の紙媒体に替わり，QRコードで誘導したウェブサイト上や，アプリ内で調査することもあり，回答者にクーポンを配信することもある。

②サーベイ

A) SERVQUAL

次に複雑で大規模な質問紙とは，競合他社の顧客を調査対象者に含めたり，満足・不満の程度に加えてその要因を解明する質問を含めたりするため，対象者数と質問数が多い。「サーベイ」とは「調査」の意だが，一般にはこのタイプの質問紙調査を指すことが多い。大規模な調査のため実施頻度は年に1回な

表 5-1 SERVQUAL の調査項目

次元	意味	項目
有形性	物理的な施設，設備，従業員の外見	①最新の設備を備えている。 ②物理的な施設は外見上も魅力的である。 ③従業員は立派な服を着て身なりがきちんとしている。 ④物理的な施設の外見は提供するサービスのタイプに合っている。
信頼性	信頼性と正確性を持って約束どおりのサービスを提供する能力	①期限までに何かをするという約束を守る。 ②顧客が困っていたら親身になり安心させてくれる。 ③企業は信頼できる。 ④約束した時間にサービスを提供する。 ⑤正確に注文を記録する。
反応性	進んで顧客の役に立とうとし，機敏にサービスを提供しようとする意志	①いつサービスが提供されるか顧客に正確に伝える。 ②従業員は機敏にサービスを提供する。 ③従業員はいつでも進んで顧客を助けようとする。 ④従業員が多忙で顧客の要望に応じないということがない。
確実性	従業員の知識と礼儀，信頼と信認を得る能力	①従業員は信頼できる。 ②従業員との取引に安心感がある。 ③従業員は礼儀正しい。 ④従業員は仕事をそつなくこなすために適切なサポートを企業から受けている。
共感性	サービス企業が顧客に提供する気遣いと顧客1人ひとりへの注意	①顧客1人ひとりに注意を払う。 ②顧客に対して個人的に注意を払う従業員がいる。 ③従業員は顧客が何を必要としているかを理解している。 ④顧客にとって最大の関心事を心底認識している。 ⑤全ての顧客にとって都合のよい時間帯に営業している。

(注) これは SERVQUAL の初版であるが，その後業種ごとの改訂版を含む多数の改訂がなされている。また実際の調査では，逆転尺度を用いることがある。

(出所) A. Parasuraman, Valarie A. Zeithaml and Leonard L. Berry (1988), "SERVQUAL: A Multiple-Item Scale for Measuring Consumer Perceptions of Service Quality," *Journal of Retailing*, 64 (1), 12-40.

ど少ないかもしれないが，時系列で比較するため継続的に実施すべきである。回収方法としては，訪問，郵送，留置（調査員が配布した後しばらく時間を置いて回収する），電話，FAXなどが採用されてきたが，近年はインターネットが主流である。

　サーベイに用いる代表的な SQ 尺度が，Parasuraman らが開発したSERVQUAL である（表5-1）。SERVQUAL は，SQ の全体的な評価を5つの次元で捉え，各次元4～5項目，計22項目からなる。

SERVQUALの最大の特徴は，項目ごとに期待と知覚の差を算出し，それをSQの評価とする点にある。具体的には，まず，ある業界において優れた企業なら備えているべきかどうかという観点で，「最新の設備を備えているべき」から始まる22項目を評価してもらう。次に，購入・利用した特定の企業が備えているかどうかという観点で，「A社（企業名）は最新の設備を備えている」から始まる22項目を評価してもらうのである。評価は，7段階（1：全くそう思わない～7：全くそう思う）である。

　他の特徴としては，汎用性の高さが挙げられる。そのため，多様な種類のサービスを提供する企業でも利用できる。自社に加え競合他社の顧客にも評価してもらえば自社と他社を比較できる。企業ではなく店舗単位で評価してもらえば自社内の店舗間比較ができる。こうした利点が生まれる。また，項目が次元を構成し，全体を網羅するという特徴もある。そのため，各次元の平均値や全次元の平均値を算出したり，また全次元の平均値（SQに対する全体的な評価）に特に大きく関わる次元を特定したりできる。

　他方，SERVQUALには批判も多い。最も多い批判は，期待と知覚の差を算出してSQとみなすという手続きと概念に関するものである。具体的には，当該サービスを初めて購入・利用した人など，期待が妥当ではないケースを排除できないこと（逆に言えば，期待は妥当であるはずという前提を置いていること）[1]，また期待と知覚の差を算出すると顧客満足（Customer Satisfaction，以下CS）との違いが不明確になることである。このうち後者の問題については，サービスへの期待や知覚はCSを規定する要因であると位置付けた上で，CSを測定する次の指標が開発されている。

B）JCSI（Japanese Customer Satisfaction Index：日本版顧客満足度指数）

　日本生産性本部のサービス産業生産性協議会が開発した尺度である。30以上の業種・業態ごとに，国内利用者数の多い（実際には売上高が基準）企業・ブランドを計400以上選び，1社ないし1ブランドあたり約300名の購入・利用経験者に評価してもらうという大規模な調査である。JSCIではサービス購入・利用前後の流れを6つの指標で捉え，各指標3～4項目，計21項目を，10段階（ロイヤルティのみ7段階）で評価してもらう（表5-2）。2009年度より，6指標

表 5-2　JCSI の調査項目

指標	意味	項目
顧客期待	サービスを利用する際に，利用者が事前に持っている企業・ブランドの印象や期待・予想	①全体期待：◆◆など様々な点から見て，●●（企業またはブランド名）の総合的な質について，どれくらい期待していましたか。 ②ニーズへの期待：あなたの個人的な要望に対して，●●はどの程度，応えてくれると思っていましたか。 ③信頼性：◆◆など様々な点から見て，▲▲（業種名）として不可欠な商品がなかったり，サービスが利用できなかったりすることが，●●でどの程度起きると思っていましたか。
知覚品質	実際にサービスを利用した際に感じる，品質への評価	①全体評価：過去1年間にあなたが利用した経験から判断して，●●はどの程度優れていると思いますか。 ②バラツキ：過去1年間の経験を振り返って，●●の商品・サービスは，いつも問題なく安心して利用できましたか。 ③ニーズへの合致：●●は，あなたの個人的な要望にどの程度応えていますか。 ④信頼性：◆◆など様々な点から見て，▲▲として不可欠な商品がなかったり，サービスが利用できなかったりしたことが●●でどれくらいありましたか。
知覚価値	受けたサービスの品質と価格とを対比して，利用者が感じる納得感，コストパフォーマンス	①品質対価格：あなたが●●で支払った金額を考えた場合，◆◆など様々な点から見た●●の総合的な質をどのように評価しますか。 ②価格対品質：●●の総合的な質を考えた場合，あなたがかけた金額や手間ひまに見合っていましたか。 ③お得感：他の▲▲と比べて，●●の方がお得感がありましたか。
顧客満足	利用して感じた満足の度合い	①全体満足：過去1年間の利用経験を踏まえて，●●にどの程度満足していますか。 ②選択満足：過去1年を振り返って，●●を選んだことは，あなたにとって良い選択だったと思いますか。 ③生活満足：●●の利用は，あなたの生活を豊かにすることに，どの程度役立っていますか。
推奨意向	利用したサービスの内容について，肯定的に人に伝えるかどうか	あなたが●●について人と話をする際，以下の点を好ましい話題としますか，それとも好ましくない話題として話そうと思いますか。 1. 商品の魅力（基本サービス）／2. 会社としてのサービス（サービス環境）／3. 従業員・窓口対応／4. 情報提供・説明案内
ロイヤルティ	今後もそのサービスを使い続けたいか，もっと頻繁に使いたいかなどの再利用意向	①頻度拡大：これから1年間に，●●を今までより頻繁に利用したい。 ②関連購買：今後1年間で，これまでよりも幅広い目的で●●を利用したい。 ③持続期間：これからも，●●を利用し続けたい。 ④第一候補：次回，▲▲を利用する場合，●●を第一候補にすると思う。

（注）　◆◆には，「『商品・サービス等』『店舗・設備・システム等』『従業員の対応等』『情報提供等』」が共通して入る。
（出所）　日本生産性本部　サービス産業生産性協議会

それぞれで高得点の企業・ブランドが公表されている。

SERVQUAL と比較した際の JCSI の特徴としては，以下の4点が挙げられる（南・小川 2010；小野 2010）。第一に，（利用頻度に差はあれど）過去1年に当該サービスの購入・利用経験がある人が回答しているため，的外れな期待は形成されていないと想定できる点である。第二に，CS に影響する期待や知覚を，SERVQUAL のように詳細な項目ではなく全体的な評価として捉えている点である。第三に，CS に影響する要因として期待と知覚に加え，コスト・パフォーマンスを含めている点である。これは，例えば高価格のサービスはクオリティが高くて当然だと思われるため，SQ への評価と，そのクオリティが価格に見合っているかどうかという評価は，分けるべきだという考えによる。第四に，毎年，業種横断的な調査が行われているため，他業種の評価の推移や，同業内での自社と競合他社の位置を把握できる点である。

もっとも，JCSI は SQ ではなく CS の測定を目的としているため，SERVQUAL と異なる特徴があるのは当然である。ただ，CS を単体で捉えずに，顧客の期待や知覚など CS の要因と，推奨やロイヤルティなど CS の結果を含む，6指標からなる因果モデルを組んでいる（図5-1）。このため，SQ への期待や知覚が CS に与える影響力を把握できるのである[(2)]（なお，SQ の知覚に影響を与えたと思われる項目は，SQI という別の指標で測定している）。

JCSI にも批判がないわけではない。例えば富士通総研経済研究所の長島（2010）は，コスト・パフォーマンスの「コスト」に非金銭的コスト（時間的コストや心理的コスト）が含まれていない点などを挙げている。また近年は，CS よりも，CS の結果としての推奨意向こそが再購入可能性ひいては企業の収益性を左右するとして，推奨意向だけを問うネット・プロモーター・スコア（Net Promoter Score, NPS）の有用性が主張されることもある。

(2) 面接法

別名「インタビュー」と呼ばれる方法である。目的は，現行サービスの改善案や新たに導入予定のサービス案などについて，意見を深く掘り下げて聞き出すことにある。対象者と1対1で面談し，本音を探るというデプスインタ

図 5-1 JCSI における顧客満足の因果モデルのイメージ図

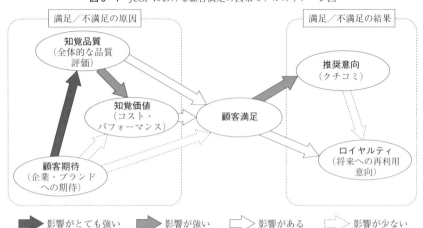

矢印は,「心理的な動き」を示し,因果の大きさ・強さは調査結果によって変わる。
(出所) 日本生産性本部 サービス産業生産性協議会

ビューもあるが,よく行われるのは対象者を少人数集めたフォーカス・グループ・インタビュー（通称「グルイン」）である。グルインでは,自社の顧客や競合他社の顧客,または新サービスのターゲットになりそうな人を5～8人ほど集め,訓練された司会者が質問したり,会話や議論を盛り上げたり,整理したりする。実施場所は多くの場合,調査会社のオフィスである。これは,グルイン参加者のいる側からは鏡に見えるが,その裏側からはガラス越しに参加者の様子が見えるという,警察の取調室のような特別仕様の部屋があるためである。参加者は,友人・知人同士であれば顔なじみなので打ち解けた雰囲気になるかもしれないが,人によっては友人の前では家計状況や私生活に関わるような意見をためらうかもしれない。他方,初対面同士だと,多少の緊張感はあるだろうが,グルイン後は二度と会わないため率直な意見が出やすいだろう。

(3) 観察法

サービスが実際に提供される場で,サービス企業の設計通りに提供されているかどうかを確認し,提供方法やSQの改善に活かすことを目的とする。フィスクら（2005）は,観察方法の選択において,観察の手段が人間か機械か,観

察を営業時間内に行うか否か，観察について従業員に告知するか否か，の3点を考慮すべきだと言い，それぞれの利点と欠点について次のように指摘する。まず観察の手段が人間（調査員）の場合，あちこち動いたり，振り返ったりできるので観察範囲が広く，顧客のふるまいや問題の原因などについて現場の様子から解釈することも可能である。他方，その解釈は主観的であり，目立つ顧客に捉われた偏見が入る余地が大きい。ビデオカメラなどの機械による観察では，カメラが捉える方向や範囲の制約があるものの，画像や音声データの保存，問題発生時の様子の事後確認，あるいは客数計測などの客観的な分析がしやすい。次に観察の時間が営業時間内の場合，得られる情報が多い一方，調査に人手や時間がかかる。他方，営業時間後の観察もありうる。店内の床やテーブル，トイレがきれいに保たれているかを確認する場合などである。この方法では人手や時間はかからないものの，当然ながら得られる情報は少ない。さらに，従業員に観察調査を実施すると告知しない場合は，従業員のありのままの実態を観察できるが，後日そのことを知った従業員はスパイされたようだと不快に感じるかもしれない。とはいえ告知すると，従業員が普段より丁寧に接客したり問題に機敏に対応したりと，自分をよく見せる可能性がある。

ミステリーショッパー法

B to C で，店舗を持つサービス企業では，「ミステリーショッパー」（顧客にまぎれた覆面調査員）による観察法での調査が特によく行われる。これは，フロントラインで顧客と接触する従業員（「サービス提供者」と呼ばれる）の行動や物理的環境を観察し，従業員の評価や SQ の改善に利用する目的でなされる。手段は人間，時間は営業時間内で，従業員への告知はせずに，表5-3のような項目が調査される。

　ミステリーショッパー法による調査とコンサルティングで世界的に支持されているのが，米エンヴァイロセル社である。同社の調査員は，小売店などでひそかに買い物客のあとをつける。ベテランの調査員だと1日に最大50人を追跡できるという。同社の特徴は，ビデオカメラなどの機械も併用することで，来店客に占める購入客の比率，購入客と非購入客の滞在時間・性別や年齢・売り

表5-3　ミステリーショッパーのチェック項目例（飲食店の場合）

- □ 入店にスタッフがすぐ気づいて対応した
- □ 混雑で入店を待っているときに何度かスタッフから気遣いの声がかかった
- □ 自分が呼ぶ前にスタッフが要望を聞きに来た
- □ わざと注文を迷ったときに，自然に商品を薦めた
- □ 商品名をはっきり丁寧に言って提供した
- □ 熱い料理や食べ方が変わった料理を提供するときに，スタッフから一言説明があった
- □ 料理の味に満足した
- □ トイレを探すふりをしたときに，スタッフが気づいて案内してくれた
- □ スタッフが自分とすれ違うときに立ち止まって自分を優先した
- □ スタッフの表情が笑顔か真剣だった。または楽しそうだった
- □ スタッフから子供の服をほめるなど，親しみのあるコミュニケーションがあった

（注）日本エル・シー・エーのチェック項目を参考に，業績に結びつきやすい項目を含めたもの。
（出所）『日経流通新聞』2007年2月23日「覆面調査員の活用法」

場に来た経路の違いなど，レジでは取れないデータも徹底的に集めることにある。その後，非購入客が購入に至らなかった要因について，店舗のレイアウトや陳列棚の位置やサイズ，看板のメッセージなど様々な点から分析し，業績を向上させるための改善策を提案するのである（アンダーヒル 2014）。

(4) その他の調査手法

以上の3つがSQの主な調査手法である。その他の調査手法としては，実験法や，従業員の報告書などがある。前者は，新たなサービスや現行サービスの改善案を試験的に採用してみる方法であり，採用の前後や，採用した店舗とそうでない店舗で，顧客や従業員の反応に違いがあるかを比較することが目的である。また後者は，サービスの失敗や，再発防止策などについての情報を報告してもらう方法であり，その店舗の他の従業員やその企業の本部と共有し，クオリティを向上させることが目的である。さらに近年では，きちんと設計した調査ではないが，自社に関するSNS上の投稿を読むことも，SQの実態や顧客の不満を知る手段となりうる。

(5) 各種調査手法の評価ポイント

　以上のいずれの調査手法にせよ，調査目的，利点と欠点などが異なるため，ひとつの調査で十分ということはない。各手法は，以下のような点で評価される。

　まずコストである。質問紙調査や観察を調査会社に依頼すると，質問や回答者ないし追跡する顧客の数が増えるごとに報酬が高額になる。ミステリーショッパーとしては，玄人（調査会社の従業員）よりも素人（顧客モニター）の方が，報酬は安いだろう。調査会社を利用せずに自前で機械による観察を行う場合，機械の購入・設置など初期費用はかかるが，その後の運用費用は低いだろう。だが，顧客モニターや自前の従業員による質問や観察結果の分析が業績を向上させる度合いは，調査会社と比べると低いかもしれない。

　次に，質問や回答の自由度である。質問紙調査の場合，顧客に複雑なことを質問するのは難しく，また自由回答欄を設けても，理由や気持ちをわざわざ丁寧に回答する人は限られる。顧客の複雑な心理や細やかな要望を把握したければ，面接法の方が有効であろう。

　最後に，対象者の数や偏りである。コストの制約によりサーベイができない企業は，「お客様の声」のみを採用する場合がある。だが，自らこれに記入するのは，極端に満足や不満を感じた人に偏るかもしれない。特に，不満を感じながらそのことを店舗や企業に伝えない人が一定数いることを考慮すると，面接法や観察法（特にミステリーショッパー法）で補う必要があると言える。また，面接法の場合，顧客の本音や細やかな要望を丁寧に聞き取るという性質上，対象者数は少ないため，自社にとって有益な意見を持っていそうな人を集められるかどうかがカギとなるだろう。

　この最後の点を Wirtz and Lovelock（2016）は，データの性質と対応責任者の関係で整理している。データの信頼性や代表性が最も高いのは，競合他社や他業種を含む大規模サーベイであり，次に高いのは購入・利用客に対する自前でのサーベイである。これらで得た SQ への評価や，CS，NPS などの結果指標は，経営陣が責任を負うものだが，その得点に至った原因を特定できないこともある。一方，お客様の声やグルイン，ミステリーショッパー法，SNS 上

での投稿は、データの信頼性や代表性は劣るが、特殊性や内容の豊かさがあり、中間管理職やサービス提供者が責任を負うべきサービス改善や新サービスのアイデアを含んでいるという。

以上のような点で各手法を評価した上で、必要な調査を選択したり、組み合せたりすることが重要である。

3　サービス・クオリティ・マネジメントの方法

SQ調査の結果、顧客の期待を実際のサービスが満たしていないと判明した場合、どうすればよいのだろうか。本節では、顧客の期待を知覚の差（ギャップ）につながる要因をモデル化した、通称「ギャップ・モデル」にもとづき、要因別にクオリティの低下やばらつきを防ぐ方法を整理する。

ギャップ1は、顧客の期待を企業側が正しく理解していないという「聞き取りギャップ」である。前節で述べたSQ調査が不適切だった場合や、聞き取った顧客の声が経営陣に届かなかった場合に生じうる。特にサービスへの不満は、上述のとおりなかなか企業側には伝わらないことに注意が必要である。このギャップを埋めるには、適切な調査手法を選択し、調査結果を経営陣に届ける仕組みが不可欠である。

ギャップ2は、顧客の期待を正しく理解したものの、具体的なサービスに落とし込めなかったという、「サービスデザインと標準化ギャップ」である。これも、現場のサービス提供者より、サービスの手順や目標を定める経営陣に責任がある。このギャップを防ぐには、理想はあるものの現実的には、誰に、何を、どのように提供できればよしとするのかを、経営陣がサービス提供者の声に傾聴しながら設計することが重要であるが、これは容易ではない。例えば、複数の顧客に同時にサービスを提供する場合、顧客1人ひとりの期待に厳密な意味で応えられなくても無視することがある。集団指導の学習塾では、授業内容を生徒のレベルにきちんと合わせ、理解度によって授業の進め方を変えたりすることが理想でも、現実的には困難なことがある。このギャップを埋めるには、授業とは別に質問や相談ができる仕組みを整えるか、個別指導塾や家庭教

第5章 サービス・クオリティ・マネジメント

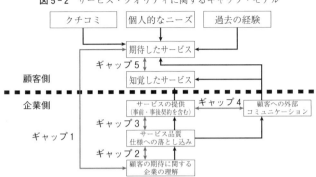

図5-2 サービス・クオリティに関するギャップ・モデル

（出所） A. Parasuraman, Valarie A. Zeithaml, Leonard L. Berry (1985), "A Conceptual model of Service Quality and Its Implications for Future Research," *Journal of Marketing*, 49 (4), 41-50.

師など別のサービスを設計するしかないだろう。ただし近年は，授業中や授業後に生徒にサーバーにアクセスして問題を解かせることで，生徒のレベルに合った問題を出したり，苦手な問題の分野やタイプを把握してそれを集中的に出題したりと，IT や AI の進化によりこのギャップが埋められると予想される。

　ギャップ3は，設計したとおりのクオリティ・仕様が提供されなかったという「提供ギャップ」である。具体的には，従業員の管理，需要と供給の管理，顧客の管理における失敗による。まず従業員の管理の失敗には，質的・量（人数）的に十分な従業員が採用できなかった場合や，採用後の訓練が不十分だった場合が含まれる。訓練量が少なくとも従業員のスキルのばらつきを防ぐには，サービス提供手順を標準化したマニュアルを作る方法がある。あるいは，従業員のスキルには少しの訓練では身につかないものもあるという前提に立つと，セントラルキッチンでの調理や有名講師の授業録画配信システムなど，スキルのある従業員にサービス生産を集中させる方法もある。さらには，後述するギャップ4とも関連するが，従業員のスキルに応じて価格を変える方法もありうる。美容師のスキルに応じて，「トップスタイリスト」「スタイリスト」「ジュニアスタイリスト」などと肩書やランクを分けて，カットの料金を変えている美容院がそうである。次に需要と供給の管理の失敗には，需要が供給

能力を超過し，遅延や間違いなど SQ の低下が生じた場合が含まれる。これを防ぐには，予約制や入場制限など供給能力の上限に需要量を抑える方法や，臨時従業員（パートやアルバイトなど）の増員や席数の追加など供給能力を引き上げる方法，割引や特典などで閑散期の利用に誘導して需要量を引き下げる方法などがある。最後に顧客の管理の失敗については，生産と消費の同時性より，顧客もサービス生産に関与する必要があるのに，スムーズに関与できなかった場合が含まれる。これを防ぐには，「お水はドリンクバーにあります」という従業員の声がけや適切な指示，および，ドリンクバーの視認性を高める店舗レイアウトや店内の案内標識など物理的環境の工夫がありうる。また，他の顧客の存在が場の雰囲気を台無しにする場合も，顧客の管理の失敗である。招かれざる客の排除には，会員制や利用条件の設定（ドレスコードや年齢制限など）という直接的な方法以外に，重厚で中が見えないドアなど物理的環境で敷居の高さを感じさせるという間接的な方法もある。

　ギャップ4は，実際に提供されたサービスが，サービス提供者以外の企業部門が顧客に伝えていた内容や水準に到達していないという「コミュニケーションギャップ」である。具体的には，サービス提供者と顧客の相互作用の実態をふまえない誇大広告や，期待を高める価格設定などによる。前者を防ぐには，営業部や宣伝部がサービス提供者と十分に協力して，セールストーク，広告やパンフレットの内容を実態に沿わせることが不可欠である。後者は，サービスの触知不可能性のため，クオリティ評価の手がかりとして価格水準が用いられることによる。高い価格は，クオリティの高さへの期待を高める働きがある一方で，期待に及ばないサービスだと知覚した場合は，高価格に見合っていないと感じても生産と消費の同時性のため返品できないことへの不満を増大させる働きがある。これを防ぐには，上述した従業員のスキル別の価格設定も1つの方法となる。

　以上，サービスへの期待を知覚が下回るという両者の差（ギャップ5）がある場合，その差の要因を解明し，クオリティの低下やばらつきの再発を防ぐ必要がある。

推薦図書

南知惠子・小川孔輔（2010）「日本版顧客満足度指数（JCSI）のモデル開発とその理論的な基礎」『季刊マーケティングジャーナル』30 (1), p. 4-19。

小野讓司（2010）「JCSIによる顧客満足モデルの構築」『季刊マーケティングジャーナル』30 (1), p. 20-34。

パコ・アンダーヒル（2014）『なぜこの店で買ってしまうのか——ショッピングの科学』早川書房（ハヤカワ・ノンフィクション文庫）。

R. P. フィスク, S. J. グローブ, J. ジョン（2005）『サービス・マーケティング入門』法政大学出版局。

Jochen Wirtz and Christopher Lovelock (2016), *Services Marketing : People, Technology, Strategy*, 8th ed., New Jersey : World Scientific.

練習問題

(1) SERVQUAL に関する以下の文章の空欄を埋めなさい。

「SERVQUAL とは，5つの次元でサービス・クオリティを全体的に評価してもらうものであり，企業にとっては□と□の□を算出することでサービスの改善が必要な次元や項目を洗い出せるところに特徴がある。」

(2) ミステリーショッパーとして，ファミリーレストランかファストフード店に入り，その店のサービス・クオリティについて評価しなさい。また，クオリティに何らかの問題があると感じた場合は，その問題がサービスのどのような特性（触知不可能性，生産と消費の同時性など）に起因するのかを整理した上で，その問題を解消する方法を提案しなさい。

注

(1) スティーブ・バロン，キム・ハリス（2002）『サービス業のマーケティング』は，期待を測定するタイミングも妥当性に影響すると言及している。期待は本来ならサービスの購入・利用前に測定すべきだが，現実的には購入・利用後に，知覚と合わせて1回の調査で測定することが多いためである。

(2) SQI (Service Quality Index) では，ウェブサイトでの情報の豊富さ，店舗レイアウトのわかりやすさ，従業員の礼儀正しさ，アフターサービスの体制など，購入・利用の前後に関係する項目が測定されている。SQI は業種横断的な共通尺度ではなく，業種ごとに項目や文言の異なる25〜50問からなる。

第 6 章
サービスの経験価値

　消費者にとってのサービスは，一定の時間と空間で行われる経験（体験）である。しかし，同一サービスであっても購買の経験や使用の経験によって消費者にとっての価値が大きく異なってしまうことがある。また，社会環境の変化で私たちはオンラインと実際の店舗の両方を利用することもある。こうした現象を説明する概念として経験価値は有益である。
　本章では，経験価値の概念とその射程および，その測定の仕方やマネジメントの仕方を学ぶ。

　キーワード：経験価値，タッチポイント，戦略的経験モジュール，Showrooming, Webrooming, Customer Journey Map

1　経験価値とは何か

(1)　経験価値の定義

　経験価値は，Lemon and Verhoef（2016）によって，「多次元の構成概念であり，購買プロセス全体を通して発生する，企業の提供サービスに対する顧客の①認知的，②感情的，③行動的，④感覚的，⑤社会的な反応」と定義されている。この概念は，当初（1980年代），人間の消費に体験的な側面があることを指摘した消費者行動研究の分野で展開されていた。しかし1990年の後半になって，Pine and Gilmore（1999）やSchmitt（1999）といった研究者が新しい解釈を提起することで広く知られるようになった。
　ここでは，例をもとに経験価値を説明しよう。
　今，あなたは友人とホテルに泊まっているとしよう。そのホテルでは，新興国の天然素材を用いたバスタオルを準備していた。あなたは肌が荒れやすく，

普段から化学繊維を用いたバスタオルではなく天然素材を用いたバスタオルを愛用していた。それゆえ，そうした天然素材を用いたバスタオルを準備してくれたホテルに満足した。友人もまた満足していたようだった。そこで，フロントでバスタオルに大変満足したことをあなたたちは伝えた。

　2泊目となった翌日，ホテルは日本製の天然素材を用いたバスタオルを準備してくれた。あなたは再び満足し，うれしく思った。このホテルは，LOHAS（健康で持続可能な社会を重視する生活様式）に共感してくれている，と。

　ところが，友人はホテルに抗議した。なぜ昨日と同じように新興国のバスタオルを準備していないのか，と。友人は，南北問題（先進国と新興国の経済格差とその是正をめぐる問題）を解消したいという価値観をもっていたのだ。

　この例において，あなたはホテルのサービスに満足している。しかし，この満足はいったいどこからどのように生じているだろうか。

　第一に，ホテルは2泊目にバスタオルを清潔なものに取り換えてくれた。それに対してあなたは「準備してくれた」と認識し，満足している。これが①認知的な反応である。第二に，ホテルはあなたの満足を受け入れて2泊目のバスタオルにも天然素材のものを準備した。それに対してあなたは「うれしく」感じた。これが②感情的な反応である。第三に，ホテルが1泊目に天然素材のバスタオルを準備していたことに，あなたはフロントの従業員に満足の意思を伝えた。これが③行動的な反応である。第四に，ホテルがバスタオルにわざわざ天然素材のものを準備していることに対して，あなた個人の肌にふさわしいものを準備していると感じた。これが④感覚的な反応である。第五に，ホテルが1泊目にも2泊目にも天然素材のバスタオルを準備してくれたことに対して，あなた自身の価値観であるLOHASに共感してくれていると感じた。これが⑤社会的な反応である。

　以上の反応は，あなたがホテルに1泊目にチェックインしてから2泊目にチェックアウトするまでの購買プロセス全体をとおして様々な時点で発生している。また，それらはホテルとあなたとのコミュニケーションを行った様々な場から発生している。このような場をタッチポイントと呼ぶ。

(2) なぜ経験価値アプローチが必要となったのか

このような経験価値という概念が，なぜ必要となったのだろうか。それには大きく2つの理由がある。第一は，従来の概念では説明できない現象が生じたためである。第二は，社会状況の変化によって今後必要となることが予測されているからである。

第一の理由は，同一サービスであっても購買や使用の経験によって消費者にとっての価値が異なる現象が生じるためである。冒頭の例に即して言えば，ホテルはあなたと友人に同じサービス（バスタオルを準備すること）を提供している。1泊目は両者とも満足したかに見えるが，2泊目はそうではない。なぜこうした現象が起きるのか。それをどのように説明すればよいだろうか。

こうした現象が起きるのは，バスタオルを準備するという同じサービスに対して，あなたと友人の経験価値が異なったからである。あなたの経験価値は，ホテルとの一連のやり取りの中で，LOHASに共感されていくという価値であった。一方，友人の経験価値は，同じやり取りであっても，南北問題解消には共感されていかないという価値であった。

これまでの先行研究から，経験価値は少なくとも次の3つの特徴をもつことが明らかにされている。第一に，私たちが特定のサービスを好きになる，すなわち，選好をもつのは，単にサービスそのものの機能的な価値に期待や満足をしているからばかりでなく，サービスを購買したり使用したりした時の経験からも影響を受けているため，サービスの価値にはそのような経験から生じる価値が含まれていることである。第二に，そのような私たちの選好は，どちらか一方だけが優れているといったような性質をもつものではなく，白が好きか，赤が好きか（LOHASが重要か，南北問題解消が重要か）といったように，主観的で相対主義的な性質をもっているため，サービスの価値にもそうした性質が含まれているということである。第三に，サービスを購買したり使用したりする経験は，私たち消費者だけで形作られるものではなく，それを提供するサービス業も影響を与えるために，サービスの価値には一連の時間のプロセスにおける相互作用が含まれているということである。

第二の理由は，企業と消費者の接点であるタッチポイントがITの進展に

よってますます増加しているためである。多くのサービス業は実際の店舗をもつと同時に，オンライン上にもホームページを開設するなどして店舗をもっている。それゆえ，今現在は実際の店舗に移動して購入するしかないサービスも，やがてはオンライン上のサービスを展開するかもしれない。例えば，CD を店舗に借りに行かなければ音楽を聴くことができなかったサービスは，今やオンラインでダウンロードすれば音楽を聴くことができる。このようなサービス業は実際の店舗とオンライン上のホームページとにタッチポイントをもっていることになる。多重にタッチポイントをもつことをオムニチャネル化と呼ぶこともある。

　こうした社会状況の変化に，私たち消費者も多様に対応していることが知られている。実際の店舗で商品を探索し，オンラインで購入するといった行動はショールーミング（Showrooming）と呼ばれている。一方，オンラインで商品を探索し，実際の店舗で購入する行動は，ウェブルーミング（Webrooming）と呼ばれている。企業はこうした消費者の多面的な行動に対応する必要が生じており，そのため，経験価値アプローチに注目が集まっているのである。

2　経験価値の測定

(1) 戦略的経験モジュール

　経験価値をより豊かにしていくことはサービス業にとって重要である。そのためには，消費者の抱く経験価値を測定することが必要となる。経験価値を測定することによって，サービス業のマーケティングが有効であったか確認できるからである。

　経験価値の測定を巡っては，大きく2つのアプローチがこれまで採られてきた。第一は，現時点での消費者が抱く経験価値そのものを測定するというアプローチである。第二は，経験価値がどのように生じてくるのか，そのプロセス全体を測定するというアプローチである。

　ここでは，前者のアプローチを紹介しよう。現時点で消費者がどのような経験価値をもっているかを測定するために，Schmitt（1999）は戦略的経験モ

表6-1 戦略的経験モジュールの測定尺度

SENSE	A．そこの雰囲気は私の「感覚」に合っている B．そこに行くことは「おしゃれ（センスがいい）」だと思う C．そこに行くと自分の「好きな音楽や香り」が楽しめる
FEEL	A．そこにいると「落ち着いた気分」になれる B．そこに行くと心が「ウキウキ」する C．そこでイベントを見て「感動した」ことがある
THINK	A．そこでは歴史や文化に想像を巡らすことができる B．そこに行くと何らか発の見や意外性がある C．そこに行くと関連する情報をもっと詳しく知りたくなる
ACT	A．そこに行くと自分も真似してやってみようという気になる B．そこに行くようになってから生活の一部が変わった C．そこに行くことが日常的（当たり前の行動）になっている
RELATE	A．そこに行くと人と人とのつながりやふれあいを感じる B．そこでは常連（ファン）が仲良く交流している C．そこに行くことで人間関係が豊かになった

（出所）益田一（2006）「ブランド体験の測定尺度 EX-Scale：開発プロセスと活用事例の紹介」『日経広告研究所報』230, p. 33-38 を参照し，筆者作成

ジュール（Strategic Experience Module）と呼ばれる方法を提示した。そこでは，経験価値を①Sense，②Feel，③Think，④Act，⑤Relate の5つの次元の構成要素としてとらえるよう提唱されている（**表6-1**参照）。

第一の Sense は感覚的経験価値と呼ばれている。これは，視覚や聴覚や触覚や味覚や嗅覚といった五感をとおして顧客の感覚に直接訴えかけるものとされている。例えば，レストランであれば，その内装や外装，店内で流れるBGM，料理が提示された時の香りといった要素である。サービス業が作り上げたこれらの要素に対して顧客は次のような反応をするだろう。A．この雰囲気は私の「感覚」に合っている，B．そこに行くことは「おしゃれ（センスがいい）」だと思う，C．そこに行くと自分の「好きな音楽や香り」が楽しめる，といったように。こうした尺度で測定される価値が Sense である。

第二の Feel は情緒的経験価値と呼ばれている。これは，顧客の内面にある感情や気分に訴求することで情緒的に生み出されるものとされている。例えば，レストランで食事をして喜びを感じたり，恋人と一緒にレストランにいたので安らぎを感じたりといった要素である。サービス業が作り上げたこれらの要素

に対して顧客は次のような反応をするだろう．A．そこにいると「落ち着いた気分」になれる，B．そこに行くと心が「ウキウキ」する，C．そこでイベントを見て「感動した」ことがある，といったように．こうした尺度で測定される価値が Feel である．

　第三の Think は認知的経験価値と呼ばれている．これは，顧客の知性や好奇心に働きかけ，創造力を引き出すものとされている．例えば，レストランで提供された料理の食材の旬についてシェフと話をしたり，料理に合うワインをソムリエから教えてもらったりといった要素である．サービス業が作り上げたこれらの要素に対して顧客は次のような反応をするだろう．A．そこでは歴史や文化に想像を巡らすことができる，B．そこに行くと何らかの発見や意外性がある，C．そこに行くと関連する情報をもっと詳しく知りたくなる，といったように．こうした尺度で測定される価値が Think である．

　第四の Act は行動的経験価値と呼ばれている．これは，身体的な経験や長期的な行動パターン，ライフスタイルに訴求する（生活に刺激や変化をもたらす）ものとされている．例えば，たまたま立ち寄ったレストランを気に入ったので会員になったり，提供された料理の素材を自分でも活用してみようとレシピを教えてもらったりといった要素である．サービス業が作り上げたこれらの要素に対して顧客は次のような反応をするだろう．A．そこに行くと自分も真似してやってみようという気になる，B．そこに行くようになってから生活の一部が変わった，C．そこに行くことが日常的（当たり前の行動）になっている，といったように．こうした尺度で測定される価値が Act である．

　第五の Relate は準拠集団や文化との関連づけに関する価値と呼ばれている．これは，集団社会における個人の自己実現や帰属意識に訴求するものとされている．例えば，郷土料理を提供するレストランで自らのふるさとを思い出したり，ベジタリアンという価値観に沿った料理が提供されたりといった要素である．サービス業が作り上げたこれらの要素に対して顧客は次のような反応をするだろう．A．そこに行くと人と人とのつながりやふれあいを感じる，B．そこでは常連（ファン）が仲良く交流している，C．そこに行くことで人間関係が豊かになった，といったように．こうした尺度で測定される価値が Relate

第Ⅱ部　サービス・マーケティングの研究アプローチ

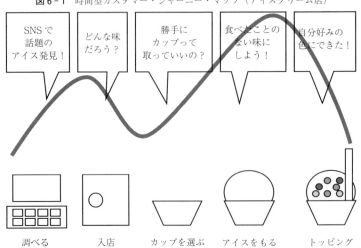

図 6-1　時間型カスタマー・ジャーニー・マップ（アイスクリーム店）

（出所）三澤直加・尾形慎哉・吉橋昭夫（2013）「サービスデザインにおける顧客経験の記述方法：カスタマー・ジャーニー・マップの記述形式の分析」『日本デザイン学会研究発表大会概要集』60, p. 202　を参照し，筆者作成

である。

(2)　カスタマー・ジャーニー・マップ

　ここでは後者のアプローチ，経験価値がどのように生じてくるのか，そのプロセス全体を測定するというアプローチを紹介しよう。Lemon and Verhoef (2016) は，経験価値を生み出す購買プロセス全体を旅（Journey）と捉え，経験価値の測定に有効な方法としてカスタマー・ジャーニー・マップ（Customer Journey Map）に言及している。この方法は，購買前から購買に至り，さらに購買した後までの一連の時間経過の中で，顧客がどのようなタッチポイントから経験価値を生み出していったかを１枚の地図として視覚的に示したものである（**図6-1**および**図6-2**参照）。この方法を用いる際に重要な点は，内容が1枚の地図に収められており，部門の異なるメンバーや社外の人であっても，特別な説明をすることなしに共有できるようにする点である。

　カスタマー・ジャーニー・マップは，少なくとも次の３つで構成される。第一に，レンズである。第二に，ジャーニー・モデル（Journey Model）である。

図6-2 空間型カスタマー・ジャーニー・マップ（スーパーマーケット）

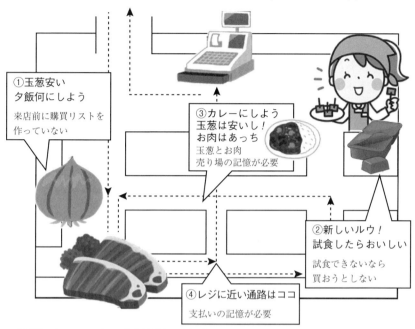

（出所） 次のフリーイラスト素材紹介サイト（https://www.ac-illust.com/，https://www.irasutoya.com/，https://www.illust-box.jp/sozai/，https://illust.okinawa/）からイラストを利用し，筆者作成（2018年8月25日閲覧）

第三に，発見事項である。

第一のレンズでは，記述の視点を決めなければならない。通常，その視点は当事者型と俯瞰的型に分類される。当事者型は，記述する本人の購買プロセス全体に視点を置くことである。一方，俯瞰的型は，より一般的な人の購買プロセス全体に視点を置くことである。ある特定の他者に視点を置く場合，設定された人物像をペルソナと呼ぶことがある。いずれの視点であっても，レンズにおいては，購買プロセス全体がどのような目的をもっていたかを設定しておく必要がある。例えば，図6-1では，欲しいと思っていたアイスクリームを自分好みにして買うことができた時の私の感動であり，図6-2では，家族に絶品だとほめられたカレーを購入した時の私の喜びである。

第二のジャーニー・モデルでは，経験価値を生み出した購買プロセス全体を

できる限り視覚的に記述する。通常，このレイアウトには，時間型と空間型があるとされる。図6-1は時間型であり，図6-2は空間型である。時間型では，時間が左から右へと流れるように地図に描かれる。一方，空間型では，店舗などに配置された商品に出合った際（タッチポイント）のイベントが地図に描かれる。通常，ジャーニー・モデルには，①顧客の購買に至るステージ（図6-1では，調べ，入店し，カップを選び，アイスをもり，トッピングするといった段階），②実際の行動（図6-1では，アイスをもるというステージの際に「食べたことのない味にしよう」といった実際の行動として示されている），③タッチポイント（図6-1では，店内に並べられているカップを勝手に取っていいのか，店員の説明がないこととして示されている）の3つが記述される。

　第三の発見事項では，質的なインサイトと量的なインサイト，および活かすべき要点などが記述される。質的なインサイトとは記述されている顧客の意識や感情のことをさす（図6-1では，上に行くほどポジティブな感情となる起伏が曲線として描かれている）。量的なインサイトとはアンケートなどによって収集された利用実態に関する情報などのことをさす。活かすべき要点とは改善すべき次なる戦略策定に必要な事項のことをさす。それゆえ，作成されたカスタマー・ジャーニー・マップは，最終調査結果とみなされるわけではなく，さらなる改善の材料とみなされることが多いのである。

3　経験価値のマネジメント

(1) ディズニー社のマジックバンド導入の事例

　ここでは，顧客の経験価値をより豊かにするマネジメントを述べる。まず，アメリカでエンターテイメントサービスを展開するウォルト・ディズニー社の取り組みを紹介する。次に，この事例から，経験価値をより豊かにするマネジメントには，①タッチポイントのデザイン上の工夫，②組織の部門間調整，③外部関係業者とのネットワークの管理といった3つの点が重要となることを示そう。

　マジックバンドは，ディズニー社のテーマパーク内で来場客が身につけるリ

ストバンドである。テーマパークのディズニーワールドの世界をより広く深く体験してもらうために，ディズニー社は10億ドル以上の投資を行ったと専門誌で報告されている。このリストバンドは様々な IT 技術で支えられている。例えば，テーマパークに入場する際にゲートの読み取り機にかざすことで，入場券となる。また，テーマパーク内のアトラクションに乗る際の搭乗券にもなる。さらに，テーマパーク周辺にあるリゾート施設での支払いの際のクレジットカードにもなる。とりわけ，プールでの支払いには持ち運びやすいために役に立つと評価されている。そればかりでなく，ホテルのルームキーにもなるのである。これらは，顧客がテーマパークから提供されるサービスをスムーズに享受できるようにしていく工夫である。

　このように顧客とのタッチポイントを増やすことによって，ディズニー社は，顧客を見つけやすくなるというメリットを得た。広大なテーマパーク内のどこに顧客がいるのかを把握することにより，ディズニーのキャラクターが顧客とあいさつする機会を逃すことがなくなった。また，アトラクションに搭乗している際の写真を逃さず撮ることもできるようになった。さらには，レストランに前もって注文された料理を準備することもできるようになったのである。

(2) タッチポイントのデザイン上の工夫

　上述の事例にみられるように，ディズニー社はマジックバンドを導入することによって，顧客とのタッチポイントを増やすよう試みている。このような工夫は，ディズニー社の機能代償仮説への対応と考えることもできる。

　機能代償仮説とは，1つの問題がすべてを台無しにしてしまうような本質的機能と1つの長所が他の問題をカバーできる表層的機能をサービスはもっているという仮説である（**図6-3**参照）。サービス業においては，本質的機能と表層的機能のどちらか一方だけでは顧客は十分に満足しないと考えられている。それゆえ，サービス業はそれぞれの機能に沿って対応する必要がある。

　一般に，本質的機能は一定以上の機能を果たしていても満足度の大きな向上にはつながりにくいため，最低限の許容水準を下回ることのないように努める必要がある。一方で，表層的機能は充実度がゼロであっても不満にはつながり

第Ⅱ部　サービス・マーケティングの研究アプローチ

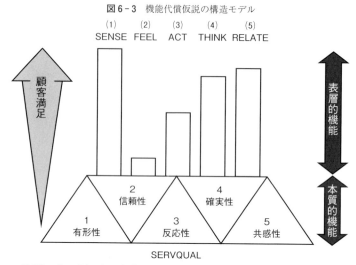

図6-3　機能代償仮説の構造モデル

（出所）　嶋口光輝（1996）『顧客満足型マーケティング』有斐閣 を参照し，筆者作成

にくいため，長所をできる限り伸ばす必要がある。本質的機能は，サービスの品質評価で学んだ SERVQUAL で尺度化されていると考えられている。サービスが提供される施設や設備，従業員，情報提供物の外見といった有形性（tangibles），約束されたサービスを確実に提供する能力である信頼性（reliability），顧客を助け迅速なサービスを提供する意欲である反応性（responsiveness），従業員の知識や丁寧さ，顧客からの信頼や信用を得る能力である確実性（assurance），顧客への気遣いや個人に合わせた配慮という共感性（empathy）の5つである。

　ディズニー社のマジックバンドによるタッチポイントの増加は，顧客がテーマパークから提供されるサービスをスムーズに享受できるようにしていく工夫という視点から見ると，本質的機能への対応であると考えられるだろう。入場口や搭乗口で混雑のために並ばなくてはならなかったり，プールで財布を出さなくてはならなかったりといったことは，1つの問題がすべてを台無しにしかねないからである（図6-3では，顧客満足の土台となるという意味で，三角形の積み木のように示している）。一方で，顧客を見つけやすくなるというメリットの

活用は，表層的機能への対応であると考えることができるかもしれない。キャラクターからあいさつされたという体験は他の問題（例えば，レストランで前もって注文した食事がすぐには提供されなかったこと）をカバーできるかもしれないからである（**図6-3**では，土台から伸びる縦の棒として示している。顧客満足は，最も伸びていない Feel の点ではなく，最も伸びた Sense の点まで引き上げられている）。

(3) 組織の部門間調整

　ディズニー社はマジックバンドの導入にあたり，多くの組織内の部門間調整を行っている。マジックバンドを開発するために，IT 部門は言うまでもなく，それを開発するためにどれほどの投資を必要とするのかを検討するために財務部門もかかわっている。さらに，マジックバンドを活用して顧客の動きを捕捉し，ディズニーキャラクターがあいさつに来るということは，捕捉を担当するバックヤード部門と実際にキャラクターに扮するフロントライン部門との調整も行っているのである。

(4) 外部関係業者とのネットワークの管理

　ディズニー社のマジックバンド導入は，外部の関係業者とのネットワークも，より効率よく管理できるようになったと考えられている。具体的には，レストランに食材を納入する業者との物流コストを削減したことである。マジックバンドによって，顧客がどのようなメニューを予約するかをレストランは知ることができるようになったため，適量の食材を発注できるようになる。また，顧客がいつレストランに訪れるか予測できるようになると，納入業者は食材をタイムリーにレストランに届けることができるようになる。

　以上のように，顧客の経験価値をより豊かにするマネジメントには，①タッチポイントのデザイン上の工夫，②組織の部門間調整，③外部関係業者とのネットワークの管理といった3つの点が重要となるのである。

推薦図書

　近藤公彦（2013）「小売業における価値共創——経験価値のマネジメント（特集 新し

い小売環境とマーケティング)」『マーケティングジャーナル』，32 (4)，p. 50-62。

Pine, J., & Gilmore, J. (1999), *The experience economy : work is theatre & every business a stage.* Harvard Business Review Press.（岡本慶一・小高尚子訳『新訳 経験経済』ダイヤモンド社，2005年）

Schmitt, B. (1999), *Experiential Marketing : How to Get Customer to Sense, Feel, Think, Act and Relate to Your Company and Brands,* The Free Press.（嶋村和恵・広瀬盛一訳『経験価値マーケティング――消費者が「何か」を感じるプラスαの魅力』ダイヤモンド社，2000年）

Lemon, K., & Verhoef, P. (2016), Understanding customer experience throughout the customer journey. *Journal of Marketing,* 80 (6), 69-96.（［論文抄訳］奥谷孝司・西原彰宏・太宰潮訳「カスタマージャーニーを通じた顧客経験の理解」『マーケティングジャーナル』，37 (2)，p. 112-127，2017）

練習問題

(1) 次の文章を読み，空欄を埋めなさい。
- 経験価値は，「多次元の構成概念であり，購買プロセス全体を通して発生する，企業の提供サービスに対する顧客の①□□□，②□□□，③□□□，④□□□，⑤□□□な反応」と定義されている。
- 戦略的経験モジュールでは，経験価値を①□□□，②□□□，③□□□，④□□□，⑤□□□の5つの次元の構成要素としてとらえるよう提唱されている。

(2) グループで Customer Journey Map を作成してみよう。

なお，テンプレートは Glagrid のホームページ（http://www.glagrid.jp/）からリンクのあるブログ（http://glagri-road.blogspot.com/p/blog-page_9730.html）がヒントになる。

第 7 章

サービス・リカバリー

　優れたサービス提供者であっても，時には思わぬ失敗を犯してしまうことがある。大切なのは，適切なサービス・リカバリー（苦情対応）によって，顧客満足を回復させることである。本章では，①サービスの失敗と顧客の苦情行動，②サービス・リカバリーの方法と効果，③サービス・リカバリーの実践を支える組織的取り組みという3点について，これまでの研究成果をわかりやすく整理して説明する。

　キーワード：サービスの失敗，苦情行動，サービス・リカバリー，顧客満足，公正理論，リカバリー・パラドックス，エンパワーメント，インターナル・サービス・リカバリー

1　サービスの失敗と顧客の苦情行動

　サービスの提供中に何らかの失敗を犯してしまったとき，サービス提供者はどのような対応をとればよいのだろうか。この疑問について考える前に，まずは失敗に遭遇した顧客が何を思い，どのように反応するのかを確認することにしよう。優れたマーケティング活動が消費者行動への深い理解に支えられているように，サービスの失敗への対応を成功に導くためには，失敗に遭遇した顧客の心理や行動について知ることが不可欠だからである。本節では，①苦情行動のタイプ，②苦情行動の動機，③企業にとっての苦情の重要性，④苦情の要請という4つのポイントについて説明する。

(1)　苦情行動のタイプ

　提供されたサービスの品質が期待していた水準を下回っているとき，顧客は

不満足を感じることがある。こうした事象をサービスの失敗（service failure）と呼ぶ。例えば，多くの顧客は列車や航空機に定刻通りの運行を期待しているため，大幅な遅延に対しては不満足を感じるだろう。また，病院の医師の対応が不親切であったり，飲食店のウェイターによって服に飲み物をこぼされてしまったりといった事象も，本来あるべきサービスの水準を下回るため，サービスの失敗となり得る。

モノとサービスを統合的に捉えるサービス・ドミナント・ロジックの考え方にもとづくと，提供されたモノが原因で不満足を感じるケースもサービスの失敗といえる(2)。そのため，料理の中に異物が混入していたり，購入したばかりのスマートフォンがすぐに壊れてしまったりといったケースも，本章の議論の対象に含まれる。このように，サービスの失敗は，あらゆる業種の様々な場面で生じ得る。

サービスの失敗を経験したあと，一定水準の不満足やネガティブ感情（怒り，失望，不安など）を抱いた顧客の中には，苦情行動（complaint behavior）をとる者もいる（図7-1）。苦情行動のタイプは，①サービス提供者に対する苦情（complaint to provider），②ネガティブなクチコミ（negative word of mouth），③第三者機関への訴え（third-party action）の3つに分類することが一般的である(3)。それぞれの苦情行動は，苦情を申し立てる対象によって区別される。

①サービス提供者に対する苦情は，現場の従業員や本社の人間に対して，原因や今後の対応策に関する説明，補償などを要求する苦情行動である。宿泊していたホテルの設備に不備があり，フロントの従業員に対して改善を要求したり，本社に電話やネットを通じて不満足を伝える場合などが該当する。

②ネガティブなクチコミは，友人や家族に対して，あるいはネットを通じて不特定多数の人々に不満足経験を発信する苦情行動である。旅行を検討している友人に問題のあったホテルについての情報を共有したり，クチコミサイトにホテルに関する批判を書き込んだり，SNSにホテルでの不満足経験を投稿するといったことが当てはまる。

③第三者機関への訴えは，行政機関やマスメディアといった第三者機関に対して，問題点を訴える苦情行動である。日本の場合，消費者庁の所管する独立

図7-1 サービスの失敗を経験した顧客の苦情行動

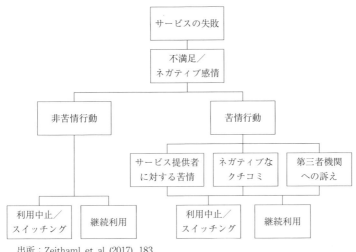

出所：Zeithaml et al. (2017), 183.

行政法人国民生活センターや地方公共団体が運営する消費生活センターにトラブルを相談するといった行動などがここに含まれる。

(2) 苦情行動の動機

　苦情行動のタイプと同様，顧客が苦情行動をとる理由も様々である。サービスの失敗によって自身が被った損失を補償してほしいために苦情を言う顧客もいれば，自分と同じ被害者を出さないためにサービス改善を訴えるという利他的な理由から苦情行動をとる顧客もいる。さらには，自分を裏切った企業に対して報復したいという攻撃的な性格の苦情行動さえある。

　顧客がどのような動機にもとづいて苦情行動を起こしているのかを考えることは，サービスの失敗に対して適切な対応をする上でも重要である。過去の研究では，顧客にとって関与の高いサービスの場合，苦情を申し立てている顧客の様子からその動機を推察し，顧客にとって最適な対応を行うというアプローチが提案されている。[4]

　例えば，苦情を申し立てる際に，サービスの失敗によって傷ついていることや自分にも責任があることに言及している顧客は，サービス提供者との感情的

なつながりを維持することを強く期待している。そのため，誠実な謝罪や原因の説明とともに，顧客が企業にとって重要なパートナーであることを表明するのが効果的だとされている。一方で，サービスの失敗に際して感情的な様子を見せない顧客は，サービス提供者との関係性から得られる経済的な成果を重視しているという。したがって，先ほどとは異なり，商品の交換やサービスの再提供といった対応とともに，顧客が苦情行動に対して費やした時間やエネルギーに対しても埋め合わせを行うといった対応が効果的だとされている。

(3) 企業にとっての苦情の重要性

　忘れてはならないのが，サービスの失敗に遭遇しても，何ら苦情行動をとらない顧客がいることである。[5]特に，サービス提供者に対して直接苦情を申し立てる顧客は少ないとされ，日本での調査では約2～3割と報告されている。[6]すなわち，過半数の顧客が不満を表明せずに競合他社へスイッチしたり，我慢したままサービスを利用したりしているのである。

　したがって，自社に寄せられる苦情が少ないことを，サービス品質や顧客満足が高い証拠と解釈するのは危険である。むしろ，企業は顧客が苦情を申し立ててこない原因を把握し，積極的に苦情を要請していくことが望ましい。では，苦情を要請することで，企業には具体的にどのようなメリットがあるのだろうか。

　まず，顧客から寄せられる苦情は，企業のサービス改善にとって貴重な情報源となる。苦情情報に基づいてサービスを改善することで，将来発生しうるサービスの失敗を予防したり，既存顧客の満足度を高めることが期待できる。

　そして何より，顧客からの苦情の申し立ては，企業にとってサービス・リカバリー（service recovery）の機会となる。サービス・リカバリーとは，[7]サービスの失敗が生じた際に企業によって行われる対応である。適切なサービス・リカバリーは，顧客の不満足を解消し，企業との関係性を強めるきっかけにもなり得る。加えて，サービス・リカバリーによって顧客満足を回復させることで，企業に関するネガティブなクチコミを防止する効果も期待できる。つまり，企業にとって苦情を要請することは，ピンチをチャンスに変える機会を創出する

ことだとも言える。

このように顧客から寄せられる苦情は，企業にとって極めて重要である。そこで，企業には，顧客に対する苦情の申し立てを促進する手立てが求められる。具体的な苦情の要請方法については，項を改めて説明しよう。

(4) 苦情の要請

顧客が苦情を申し立てない理由の1つは，「どうせ企業に苦情を言っても状況は何も変わらない」と考えているからである。米国で行われた調査では，半数以上の顧客が企業に苦情を訴えても何も対応されなかったと答えている[8]。また，自身の抱いている不満足が正当なものなのか自信が持てず，「こんなことを言ったら厄介なクレーマーだと思われるのでは」という思いから，申し立てをためらってしまう顧客もいる。これらの顧客に対して有効なのが，サービス保証（service guarantee）である[9]。

サービス保証とは，顧客を満足させるために一定水準のサービスを提供することと，万一十分なサービスが提供できなかった場合は補償を行うことを明示した約束である[10]。具体的には，広告や店頭に掲出された「100％満足保証」「ご満足いただけない場合には全額返金いたします」といった文言によって顧客に周知される。サービス保証によって，払い戻しなどが明示されていれば，顧客は「従業員はきちんと対応してくれるはずだ」という気持ちを強めるだろうし，「向こうが100％満足保証を約束しているのだから」と考え，苦情の申し立てをためらうことも少なくなる。

サービス保証の提示に加えて，サービス提供者から積極的に苦情を要請することも必要である。常連客の中には，苦情を申し立てることで，サービス提供者との間に築いた関係性が壊れてしまうことを懸念する人もいる[11]。美容院のように，サービス提供者とのコミュニケーションが密なサービスほどその傾向は顕著であろう。そうした顧客に対しては，より良いサービスに改善していくために顧客の声を求めていることを丁寧に説明し，顧客に苦情を申し立てることの意義を理解してもらう取り組みが有効であろう。

また，苦情を言いたい気持ちはあるものの，時間と労力がかかるために，敬

遠している顧客も少なくない。したがって，苦情を申し立てるチャネル（口頭，電話，Eメール，など）を複数用意し，顧客の苦情に対する知覚コストを下げる努力も欠かせない。

　もちろん，苦情を促すばかりで，肝心の対応がお粗末であれば，顧客はやがてサービス提供者を信頼しなくなり，いつのまにか離れていってしまう。したがって，顧客から寄せられた苦情に対して適切なサービス・リカバリーを行うことが次の重要な課題となる。

2　サービス・リカバリーの方法と効果

　本節では，サービス・リカバリーの方法と効果について説明していく。以下ではまず，サービス・リカバリーに対する満足／不満足が決まるメカニズムを示し，それに対応させながら効果的な対応方法について説明する。次に，適切なサービス・リカバリーを実施した場合に期待される効果について述べる。

(1)　サービス・リカバリーの方法

　適切なサービス・リカバリーの方法を考える上で有力な指針となるのが公正理論（justice theory）である。公正理論にもとづくと，顧客は企業のサービス・リカバリーについて3つの視点から公正（フェア）か否かを評価し，それらの結果によって満足度が決まるという（図7-2）。3つの公正の次元はそれぞれ，分配的公正（distributive justice），手続き的公正（procedural justice），相互作用的公正（interactional justice）である。以下で詳しく説明しよう。

① 3つの公正の次元
◇分配的公正

　分配的公正は，苦情申し立ての結果，「最終的に受け取った返金やクーポンなどの経済的補償（以下「補償」と表記）に対する買手の評価」を意味する。定義からも明らかなように，分配的公正の向上には，サービス提供者による補償（compensation）が鍵を握る。

　サービス提供者が補償に用いることのできる手段には，返金，割引，クーポ

第7章 サービス・リカバリー

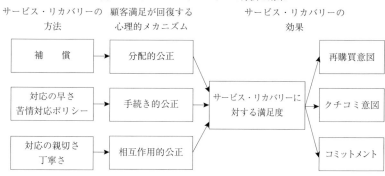

図7-2 サービス・リカバリーの方法と効果

出所：Gelbrich and Roschk (2011), 25. 一部修正

ン，ポイント付与，商品交換／サービス再提供，プレゼント，サービスのアップグレード（例：ホテルの部屋や航空機の座席）など多様なものがある。これらの中から，一体どれを選べばよいのだろうか。

　基本的な考え方は，サービスの失敗によって顧客が失ったのと同じ資源をサービス・リカバリーによって補償することである[14]。例えば，レストランにおいて冷めた料理を提供したこと（「モノ」の失敗）が原因で失敗が起きたのであれば，割引やクーポンの提供といった「金銭」の補償ではなく，温かい料理との交換（「モノ」の補償）を申し出るのが望ましい。在庫切れ等の理由でモノの補償が難しく，金銭による補償を行わざるを得ない場合には，クーポンよりも現金のほうが効果的である。

　なお，「同じ資源を補償すべし」という考え方にもとづくと，サービスの失敗の内容によっては，そもそも経済的な補償を行う必要がない場合もある。例えば，従業員の失礼な対応によって，メンツを潰されたことが顧客の不満足の原因だとしよう。この場合は，金銭による解決ではなく，真摯に謝罪するなどして顧客のメンツを回復させるとよい。

　「何を」補償すべきかに加え，「いくら」補償すべきかも重要なポイントである。近年の研究によると，サービスの失敗によって顧客が被った損失金額と同額か少し多いぐらい（1.2倍程度）を目安にするとよいという[15]。モノやサービスの再提供によって補償する場合には，それらを金銭的価値に換算して考えれば

よい。例えば，冷めた料理を提供されたことに対する苦情があり，同じ料理を再提供した場合には100％の補償になる。ここに，さらにドリンク1杯を無料で提供する程度が，同額よりも少し多い程度ということになる。

顧客に対して誠意を示すためにより多くの補償を行う場合でも，損失金額の1.7倍程度までに抑えるべきである[16]。その日の会計を無料にしてしまうといった過剰な補償は，かえって顧客に申し訳なさを感じさせてしまい，顧客満足を低下させてしまう可能性がある。

◇手続き的公正

手続き的公正は，「失敗に対する対処が，公正な手続きのもとで行われたかどうかを表す[17]」概念である。例えば，顧客によって対応の仕方を変えていたり，前回に問題が起きたときと今回とで全く違う対応をとったりしていたら，顧客が不満足を抱くのも無理はない。手続き的公正を高めるためには，対応のポリシーを明確化し，対応にばらつきが生じないようにする必要がある。

また，手続き的公正を高めるためには，迅速な対応も有効とされる。この点については，「かっぱえびせん」や「フルグラ」で知られるカルビーの取り組みが参考になる。同社では，顧客からの苦情を本社のお客様相談室で一括して受けている。本社で受けた苦情は，15分以内に顧客の居住地域を担当する支店に共有される。支店はその情報を確認すると，ただちに顧客に連絡をとる。さらに顧客を訪問して詳細を伺う場合には，2時間以内というルールも設けられている[18]。同社の統計によると，問い合わせをしてきた顧客の再購入意向は95.6％にものぼるという。組織内で迅速に情報を共有し，顧客対応にあたる体制を構築することの重要性を示す好例といえよう。

◇相互作用的公正

相互作用的公正は，「サービス・リカバリー担当者とのコミュニケーションに対する買手の評価[19]」を意味する。サービスの失敗に対して謝罪する，サービスの失敗の原因や今後の対応方法についてきちんと説明をするといったことが大事である。加えて，謝罪や説明を行う際のサービス提供者の態度も評価の対象になる。丁寧であることや誠実であることはもちろん，顧客の声に対して共感しつつしっかりと耳を傾ける姿勢も不可欠である[20]。

②どの公正が重要か

　3つの公正とそれぞれに対応するサービス・リカバリーを紹介してきたが，どの公正を重視するのかは文化によって異なる。これまでの研究では，東アジアのような集団主義文化の顧客に対しては説明が有効であり，欧米のような個人主義文化の顧客には補償が有効であることが明らかになっている。[21]

　ただし，「欧米のお客さんに対してはとりあえず補償をしておけばよい」などと安易に判断するのは誤りである。これまで見てきたように，サービスの失敗によって顧客が何を失ったのかを見極めたり，顧客がどのような対応を求めているのかを苦情申し立ての様子から推察したり，様々な観点から最適な対応とは何かを考えていくことがサービス提供者には求められる。

(2) サービス・リカバリーの効果

　サービス・リカバリーの目的は，顧客の満足度を回復させることである。だが，適切なサービス・リカバリーは，単に顧客満足を元の水準に戻すだけにはとどまらない。逆説的ではあるが，そもそもサービスの失敗を経験していない場合よりも，高水準の顧客満足を生む可能性すらある。これをリカバリー・パラドックス（recovery paradox）という。[22]

　サービス提供者にとってリカバリー・パラドックスは魅力的ではあるが，故意にサービスの失敗を起こして一発逆転を狙うのは，あまりにもリスクが高い。サービスを利用する度にサービスの失敗が起きていたら，顧客はそもそも利用を避けるだろうし，サービスの失敗が作為的だとわかれば，顧客からの信用は失墜してしまうだろう。結局のところ，普段から失敗のないサービス提供を心がけるという正攻法が一番なのである。

　ところで，顧客満足の回復が多くの企業にとって重要とされているのはなぜだろうか。それは，顧客満足を回復させることによって，企業の売上や利益に直結する様々な心理・行動を改善させることができるからである。代表的な効果としては，再購買意図やクチコミ意図，コミットメント向上などが確認されている。[23]コミットメントとは，企業との関係性を保ちたいという顧客の気持ちである。顧客との長期的な関係性の構築を目指すリレーションシップ・マーケ

ティングでは,コミットメントが中核概念の1つとされている。したがって,適切なサービス・リカバリーの実践は,リレーションシップ・マーケティングの推進においても欠かせない。

3 サービス・リカバリーの実践を支える組織的取り組み

ここまで読み進めてきたあなたには,顧客の苦情行動とサービス・リカバリーに関する基礎的な知識が身についたはずである。しかし,実際に苦情を申し立てる顧客に対面すると,多かれ少なかれ不安や焦り,恐怖といった感情が込み上げてきてしまい,想定していた通りのサービス・リカバリーができないこともある。そうした状況に動じないためには,「自分ならきっとうまく対応できる」という自信を持つことが必要である。本節では,サービス提供者に自信を持ってサービス・リカバリーを実践してもらうために,組織として実践可能な取り組みについて説明する。

(1) サービス提供者に対する技術的支援

サービス提供者のリカバリー業務を支援するために,組織が行う施策をインターナル・サービス・リカバリー (internal service recovery) と呼ぶ。インターナル・サービス・リカバリーでは,①サービス提供者に自信を持たせるためのリカバリー技術の向上,②サービス提供者のストレスを軽減するための精神的支援の2つが目標とされている (図7-3)。

サービス提供者のリカバリー技術の向上に関しては,研修やトレーニングが有効である。過去の苦情顧客とのやりとりを文字や音声データで保存しておき,適切な対応方法を学ぶための教材として研修で活用している企業もある。また,本番を想定し,苦情を申し立てる顧客の役を同僚や上司が演じ,サービス提供者同士でロールプレイング形式のトレーニングを行うのも有効とされる。

研修やトレーニングと並行して,エンパワーメント (empowerment：権限委譲) の実施についても検討すべきである。エンパワーメントとは,サービス提供者に対して一定の範囲で意思決定の権限を付与することである。苦情を訴え

図7-3 インターナル・サービス・リカバリー

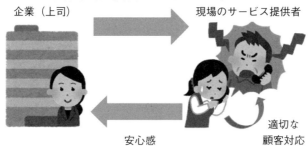

出所：筆者作成

てくる顧客の大半は，できる限り迅速な対応を求めている。苦情を受けたサービス提供者が上司の判断を仰がずに，自身の判断で即座に問題解決に当たれる態勢を整えておくことは，迅速な対応の実現という観点から有効である。

(2) サービス提供者に対する精神的支援

サービス提供者は，サービスの失敗の責任が自分にない場合でも，苦情を申し立ててきた顧客に丁重に対応しなければならない。また，なかには激しい口調で苦情を申し立ててくる顧客もいるため，精神的なストレスが蓄積しやすい。ストレスが蓄積すると，バーンアウト・シンドローム（燃え尽き症候群）を起こしてしまい，仕事に対して関心が持てなくなる可能性もある。最悪の場合は，離職につながってしまう。そこで，インターナル・サービス・リカバリーでは，サービス提供者に対する精神的支援を行い，サービス提供者が心地よく仕事ができるように計らうことも求められる。

具体的には，上司をはじめとする周囲の人間が，サービス提供者に寄り添い，励ましたり，配慮を示したりすることが不可欠である。また，優れたサービス・リカバリーを行ったサービス提供者に対する報奨制度を設けることも有効である。いずれにせよ，「自分は1人で苦情に対応しているのではない」という意識を現場で共有し，安心感を生むことが大切だと考えられる。

インターナル・サービス・リカバリーは，顧客から寄せられる過激な苦情からサービス提供者を守るための取り組みとしても，今日重要性を増しているように思われる。本章では扱うことのできなかった顧客からの過激な苦情の実態については，第13章を参照してほしい。

推薦図書

カルビーお客様相談室（2018）『カルビーお客様相談室——クレーム客をファンに変える仕組み』日本実業出版社．

スタウス，B.・W. シーデル（2008）『苦情マネジメント大全——苦情の受理から分析・活用までの体系』近藤隆雄監訳，山田和徳・塙泉訳，生産性出版．

仲村和代（2015）『ルポ コールセンター——過剰サービス労働の現場から』朝日新聞出版．

練習問題

(1) 以下の文中で $\boxed{1}$ 〜 $\boxed{5}$ に当てはまる語句を埋めなさい。

公正理論にもとづくと，顧客は $\boxed{1}$ $\boxed{2}$ $\boxed{3}$ という3つの観点からサービス・リカバリーを総合的に判断し，顧客満足を決定する。そのため，適切な補償を行い $\boxed{1}$ を高めることに加えて，迅速な問題解決や丁寧なコミュニケーションによって $\boxed{2}$ や $\boxed{3}$ を向上させる必要がある。適切なサービス・リカバリーが行われると，サービスの失敗を経験していない人よりも顧客満足が高くなる $\boxed{4}$ という現象が起こることがある。サービス提供者による適切なリカバリーの実践を支援するためには，組織による $\boxed{5}$ が必要である。

(2) これまでにあなたが苦情を申し立てて，サービス・リカバリーを受けた経験について思い出してみよう。どのような対応に満足あるいは不満足したのかをグループで話し合い，適切なサービス・リカバリーに共通するポイントを探ってみよう。

注

(1) 本章は，JSPS 科研費 JP17K13811 の助成を受けて作成されている。

(2) Gelbrich, K., J. Gäthke, and Y. Gregoire (2015), "How Much Compensation Should a Firm Offer for a Flawed Service? An Examination of the Nonlinear Effects of Compensation on Satisfaction," *Journal of Service Research*, 18 (1), 107-123.

(3) Singh, J. (1988), "Consumer Complaint Intentions and Behavior: Definitional and Taxonomical Issues," *Journal of Marketing*, 52 (1), 93-107. Zeithaml, V. A., M. J. Bitner, and D. D. Gremler (2017), *Services Marketing: Integrating Customer Focus*

⑷ Ringberg, T., G. Odekerken-Schröder, and G. L. Christensen (2007), "A Cultural Models Approach to Service Recovery," *Journal of Marketing*, 71 (3), 194-214.
⑸ Mittal, V., J. W. Huppertz, and A. Khare (2008), "Customer Complaining: The Role of Tie Strength and Information Control," *Journal of Retailing*, 84 (2), 195-204. Evanschitzky, H., C. Brock, and M. Blut (2011), "Will You Tolerate This? The Impact of Affective Commitment on Complaint Intention and Postrecovery Behavior," *Journal of Service Research*, 14 (4), 410-425.
⑹ 藤村和宏 (1999)「適切な苦情処理がもたらす効用と抑制される苦情行動」『香川大学経済論叢』第72巻第2号, p. 325-366。
⑺ 本来, サービス・リカバリーは, 顧客からの苦情の有無にかかわらず, サービスの失敗が発生した時点での顧客対応を意味しており, 概念としては苦情対応 (complaint handling) よりも能動的な対応だと考えられている。しかし, 現実的には, 顧客から苦情を申し立てられない限り, 企業がサービスの失敗に気づくことはあまりない。そのため, 本稿では, サービス・リカバリーと苦情対応を区別せず, 同じ概念として用いている。
⑻ WP Carey Research (2017), Customer Rage: Stop telling me my call is important to you, https://research.wpcarey.asu.edu/services-leadership/wp-content/uploads/2017/11/RAGE-cards-DWI-2017.HR1_.pdf (2018年10月29日最終閲覧)
⑼ McQuilken, L. and N. Robertson (2011), "The Influence of Guarantees, Active Requests to Voice and Failure Severity on Customer Complaint Behavior," *International Journal of Hospitality Management*, 30 (4), 953-962.
⑽ Hogreve, J. and D. D. Gremler (2009), "Twenty Years of Service Guarantee Research: A Synthesis," *Journal of Service Research*, 11 (4), 322-343. より一部修正
⑾ Mittal et al. (2008)
⑿ スタウス, B. W. シーデル (2008)『苦情マネジメント大全——苦情の受理から分析・活用までの体系』近藤隆雄監訳, 山田和徳・堷泉訳, 生産性出版。
⒀ 高橋郁夫 (2007)「『サービスの失敗』とその後の消費者意思決定プロセス——衡平理論に基づいたサービス・リカバリーの役割に関する分析」『三田商学研究』第50巻第2号, p. 19-33。引用中の括弧内は筆者
⒁ Roschk, H. and K. Gelbrich (2014), "Identifying Appropriate Compensation Types for Service Failures: A Meta-Analytic and Experimental Analysis," *Journal of Service Research*, 17 (2), 195-211.
⒂ Gelbrich et al. (2015)
⒃ Gelbrich et al. (2015)
⒄ 高橋 (2007)

⒅　カルビーお客様相談室（2018）『カルビーお客様相談室——クレーム客をファンに変える仕組み』日本実業出版社。

⒆　高橋（2007）

⒇　とりわけ女性の顧客に対しては傾聴の姿勢を示すことが重要である（McColl-Kennedy, J. R., C. S. Daus, and B. A. Sparks [2003], "The Role of Gender in Reactions to Service Failure and Recovery," *Journal of Service Research*, 6 (1), 66-82.)

㉑　Mattila, A. S. and P. G. Patterson (2004), "Service Recovery and Fairness Perceptions in Collectivist and Individualist Contexts," *Journal of Service Research*, 6 (4), 336-346.

㉒　de Matos, C. A., J. L. Henrique, and C. A. V. Rossi (2007), "Service Recovery Paradox: A Meta-Analysis," *Journal of Service Research*, 10 (1), 60-77.

㉓　Gelbrich, K. and H. Roschk (2011), "A Meta-Analysis of Organizational Complaint Handling and Customer Responses," *Journal of Service Research*, 14 (1), 24-43. Tax, S. S., S. W. Brown, and M. Chandrashekaran (1998), "Customer Evaluations of Service Complaint Experiences: Implications for Relationship Marketing," *Journal of Marketing*, 62 (2), 60-76.

㉔　久保田進彦（2012）『リレーションシップ・マーケティング——コミットメント・アプローチによる把握』有斐閣。

㉕　Bowen, D. E. and R. Johnston (1999), "Internal Service Recovery: Developing a New Construct," *International Journal of Service Industry Management*, 10 (2), 118-131., 次の文献も参考になる：Boshoff, C. and J. Allen (2000), "The Influence of Selected Antecedents on Frontline Staff's Perceptions of Service Recovery Performance," *International Journal of Service Industry Management*, 11 (1), 63-90.

第 8 章
ヒューマン・サービスにおける感情労働

この章では、サービス業の中でも顧客との直接的な接触度が高く、一定の感情操作（コントロール）が求められる職種、即ち「ヒューマン・サービス」において、従事者が直面する感情管理（マネジメント）について論じていく。

キーワード：ヒューマン・サービス、感情労働、感情規則、感情管理、バーンアウト、ワークライフ・バランス

1 ヒューマンサービスと感情労働

先述したとおり、ヒューマン・サービスとは、サービス業の中でも顧客と直接対面し相互作用を行う割合、即ち顧客との接触度が高く、一定の感情操作が求められる職種をいう。具体的には、以下の3タイプに分けられる。
① 医師、看護師、介護士、教師など、医療や福祉、教育サービスの従事者
② 飲食業や宿泊業、テーマパークといったレジャー関連サービスの従事者
　（客室乗務員やバスガイド、タクシードライバーなども含む）
③ 一般企業などの営業職

これらの職種では、一定の知識や技能、経験とともに、表情や声、態度による顧客への適切な「感情表現（演出）」が職務として求められる。医師や看護師は、どんな状況においても冷静沈着な態度で患者に接することが求められる。接客係は、自身の体調が悪くとも、顧客の前では常に笑顔で明るく応対することが求められる。そのため、ヒューマン・サービスの従事者は、意識的であれ無意識的であれ、職務内容の一部として常に感情操作を行っており、それにともなうストレスが蓄積されていくと精神疾患や自殺に至ることがある。

サービス経済化が進展し，多くの人々がヒューマン・サービスに従事している現在，彼らの就労環境を見直すことは，就労支援になるだけでなく，サービス・クオリティの向上と顧客満足，さらにはサービス経済の発展にもつながることから，重要な課題といえる。そこで以下では，感情労働の概念とその特性，感情労働の研究手法，感情労働のマネジメントについて論じていく。

(1) 感情労働の概念

「感情労働（Emotional Labor）」とは，Hochschild, Arlie (1983) が提唱した概念で，公的に観察可能な表現と身体的表現を作るために行う感情の管理をいう。テーマパークの従事者は，常に笑顔で顧客に接し，元気に明るく歌い踊ることが求められる。葬祭業者は，悲痛な想いを表情や態度で表しながら業務に努めなければならない。自身の体調がどうであれ，我が身に幸福や不幸が訪れようとも，ヒューマン・サービスの従事者は，職務として顧客への適切な感情表現を行うことが求められ，それに対応すべく感情操作を行っていることから，「感情労働者」ともいえる。

感情労働には2つの価値側面がある。1つは交換価値で，肉体労働や頭脳労働と同じように，感情労働も賃金と交換されるだけの価値をもつ。もう1つは使用価値で，「感情作業（Emotion Work）」と「感情管理（Emotion Management）」の側面がある。感情作業とは，従事者が自身の感情を操作しながら仕事を行うことで，感情管理とは，自身の感情がその場において適切であるかどうかを認識し，観察可能な表情や身体表現をつくるために自身の感情を管理する行為をいう。どちらも，その行為によって顧客に有用性や効用といった価値をもたらしている。

感情労働には3つの特徴がある。①対面や会話をとおして人と接することが不可欠な職種で，②顧客に何らかの感情変化（感謝，感動，安心など）を起こす必要があり，③雇用者（企業）が管理体制を通じて被雇用者（従事者）の感情をある程度支配する。

①はヒューマン・サービスのことを意味しており，②における顧客の感情変化とは，丁寧な接客に対する感謝，テーマパークでの感動，看護や介護をとお

した安心，葬儀での悲しみ，といった感情を顧客に喚起させることをいう。③は，雇用者である企業がマニュアルやトレーニングなどをとおして，従事者の感情表現のあり方を支配・統制していることをさす。ヒューマン・サービスでは，各社（各業種や業態）が想定する望ましい「感情規則（Feeling Rule）」があり，それに従って従事者は自身の「感情管理」を行う。丁寧な接客の仕方，笑顔の作り方，患者や介護者への接し方，苦情対応の仕方など，企業は望ましい感情表現のあり方や感情の操作方法を従事者に求め，彼らはそれを遵守しようと努力する。同時に，特定の職業に対してはステレオタイプのイメージがあり，それにふさわしい言動をとるよう社会は期待する。「白衣の天使」と称されるように，看護師には常に温和で優しい態度でいることを世間は期待する。逆に看護師は，実態がどうかは別として，そうした期待に応えようと振る舞うことがある。同様に，医師は医師らしく周囲から見られるように，教師は教師らしく見られるよう，「社会的な望ましさ」に適応しようと振る舞うこともある。さらに彼らは，陽気な，慎重な，社交的な，といった自身の性格（長所）を生かした感情表現を心がけることもある。

　つまり，ヒューマン・サービスの従事者は，「特定の状況（職務）においては特定の心的状態になるはずである」という，集団（企業や組織，社会全体）において自明視されている感情の抱き方とその表現方法に関する規則，即ち「感情規則」を意識的・無意識的に捉えながら行動しているのである。医師や看護師は，常に冷静かつ温和な態度でいるとともに，患者に対して共感の姿勢を示す必要がある。レジャー産業の従事者は，常に明るく振る舞いながら顧客とともに楽しい気持ちでいなければならない。こうした感情規則は，ヒューマン・サービスのみならず，日常生活の様々な場面でも見られる。私たちは，宴席の場では楽しそうにしていなければならないし，葬祭場では悲痛な表情で物静かにしていなければならない。仕事であれ私生活であれ，我々が抱く感情というのは自らの心の内から自然と沸き起こるものではなく，様々な社会的な関係における「感情規則」に則って，自らの感情は内面や相互作用から生じ，制御されるのである。

(2) 感情管理と感情的不協和

しかし、人は常にその場に応じた適切な感情を表現できる訳ではない。医師が取り乱したり、教師が生徒を怒鳴るなど、自身の立場やその場にふさわしくない感情、即ち「感情規則」から逸脱した感情を表現してしまうことはある。そうした時、自分が不適切な感情を表してしまったことを自覚した人は、概してそれを修正しようと努める。自身の言動を反省したり、相手に謝罪をしたり、その場を修復するような行動をとろうとする。父親や母親が子供を叱った後、急に優しくなるのも同様である。こうして我々は、常に感情の管理を行っている。

こうした感情管理の手法には、「表層演技（Surface Acting）」と「深層演技（Deep Acting）」がある。表層演技とは、身振りや外見といった感情表現の管理をいい、顧客に対して適切な感情を抱いているように見せる表情や態度をいう。具体的には、接客係がルーティンワークとして見せる笑顔や丁寧な言動、医師や看護師が患者に対してかける「お大事にして下さい」という決まり文句などである。深層演技とは、その場における適切な感情を抱こうとする自身の感情操作（心の管理）をいう。深層演技を行っている際は、自身がそうした感情を装っていることは自覚されない。結婚式場や葬祭場の従事者が抱く感情とその表現は、列席者への共感を示すような言動を無意識的にとるのが一般的である。

表層演技と深層演技によって表現と感情が分離した際に生じる心理的な緊張状態を「感情的不協和（Emotional Dissonance）」という。表現と感情との齟齬や分離を継続させた結果として生じる感情的な葛藤である。自分が辛い時でも職務として笑顔を振りまかなければならないときや、嬉しいことがあっても職務として悲痛な表情を示さなければならない時などに感じるモヤモヤとした心的状況である。

人が感情を抑制する際、感情表出は抑制できても、こうした精神的・身体的な負担は軽減できない。辛い思いを抱きながら笑顔を振りまいて職務を全うしていると、いつまでも自分の心の中にわだかまりが残る。つまり、ネガティブ（悲観的）な感情を抑制しても、それは未解決な感情として自身の心の中に蓄積される。逆に、嬉しいことがあっても職務で悲痛な表情を表さなければならな

い時には、幸せな思いはほとんど消え失せてしまう。つまり、ポジティブ（肯定的）な感情を抑制すると、その感情自体が減少する。結果、精神・身体の両面で感情の抑制は本人に大きな負担をもたらしうる。

こうした不協和を抱き続けながら働くことは、感情労働には必ずついてまわるものである。それが「バーンアウト・シンドローム（燃え尽き症候群）」という、極度の心身の疲労と感情の枯渇状態に至り、結果的には職務満足度の低下や離職意識の上昇にも影響する。

2　感情労働の研究手法

感情労働における従事者の心的状況や就労環境などの分析については、これまでに様々な手法が研究されてきた。そのなかでも、以下では「感情労働尺度（Emotional Labor Scale）」と「バーンアウト測定尺度（Burnout Scale）」について論じていく。

感情労働は次の6因子から構成される[2]。
① 表層演技：適切な感情を表すための行動（表情や仕草）
② 深層演技：適切な感情を抱こうとする管理行動（感情操作）
③ 強度（Intensity）：激しい感情の表示
④ 頻度（Frequency）：職務上必要な特定の感情を表現する頻度
⑤ 種類（Variety）：仕事で示す感情の種類（多様性）
⑥ 持続時間（Duration）：通常、ひとりの顧客と接する時間

これらの因子の測定尺度（日本版）は**表8-1**にある15項目である[3]。

一方、バーンアウトは以下の3因子から構成される[4]。

①情緒的消耗感（Emotional Exhaustion）

これは、仕事を通じて情緒的に力を出し尽くし、消耗してしまった状態をいう。バーンアウトの主症状で、情緒的資源の枯渇から、以下の②③の状態へと移行する。

②脱人格化（Depersonalization）

これは、顧客に対する無情（無表情）で非人間的な対応をいう。顧客の人格

第Ⅱ部　サービス・マーケティングの研究アプローチ

表 8-1　感情労働尺度

平均的な 1 日の仕事中に，あなたはどれくらいの頻度で次の経験をしていますか。あてはまるものに○をつけてください。

(1) 仕事で求められる特別な感情を見せる（F）
　①まったくない　　②ほとんどない　　③時々ある　　④よくある　　⑤いつもある

(2) 仕事の一部として求められる，ある感情を選ぶ（F）
　①まったくない　　②ほとんどない　　③時々ある　　④よくある　　⑤いつもある

(3) 激しい感情を表す（I）
　①まったくない　　②ほとんどない　　③時々ある　　④よくある　　⑤いつもある

(4) 仕事上必要とされる特定の感情を出す（F）
　①まったくない　　②ほとんどない　　③時々ある　　④よくある　　⑤いつもある

(5) 本当の気持ちを出すことを抑える（S）
　①まったくない　　②ほとんどない　　③時々ある　　④よくある　　⑤いつもある

(6) 本当は感じていない感情を感じているかのように振る舞う（S）
　①まったくない　　②ほとんどない　　③時々ある　　④よくある　　⑤いつもある

(7) 人とやり取りをする際に，いろいろな感情を見せる（V）
　①まったくない　　②ほとんどない　　③時々ある　　④よくある　　⑤いつもある

(8) 他者に見せないといけない気持ちに実際になるよう努力する（D）
　①まったくない　　②ほとんどない　　③時々ある　　④よくある　　⑤いつもある

(9) 何らかの強い感情を示す（I）
　①まったくない　　②ほとんどない　　③時々ある　　④よくある　　⑤いつもある

(10) たくさんの種類の感情を表現する（V）
　①まったくない　　②ほとんどない　　③時々ある　　④よくある　　⑤いつもある

(11) その場面で感じた本当の気持ちを隠す（S）
　①まったくない　　②ほとんどない　　③時々ある　　④よくある　　⑤いつもある

(12) 見せないといけない感情を実際に感じるようにしようと試みる（D）
　①まったくない　　②ほとんどない　　③時々ある　　④よくある　　⑤いつもある

(13) 仕事の一部として見せなければならない感情を頑張って感じようとする（D）
　①まったくない　　②ほとんどない　　③時々ある　　④よくある　　⑤いつもある

(14) 様々な種類の感情を見せる（V）
　①まったくない　　②ほとんどない　　③時々ある　　④よくある　　⑤いつもある

(15) 通常，ひとりの顧客とやりとりをする時間は約_____分間です（Du）

（　）内の S は表層演技，D は深層演技，I は強度，F は頻度，V は種類，Du は持続時間をさす。
（出所）　関谷・湯川 (2010)

第8章 ヒューマン・サービスにおける感情労働

表8-2 バーンアウトの測定尺度

(1) こんな仕事，もうやめたいと思うことがある（E）
　①まったくない　②ほとんどない　③時々ある　④よくある　⑤いつもある

(2) 我を忘れるほど仕事に熱中することがある（PA）
　①まったくない　②ほとんどない　③時々ある　④よくある　⑤いつもある

(3) 細々と気配りすることが面倒に感じることがある（D）
　①まったくない　②ほとんどない　③時々ある　④よくある　⑤いつもある

(4) この仕事は私の性分に合っていると思うことがある（PA）
　①まったくない　②ほとんどない　③時々ある　④よくある　⑤いつもある

(5) 同僚や顧客の顔を見るのも嫌になることがある（D）
　①まったくない　②ほとんどない　③時々ある　④よくある　⑤いつもある

(6) 自分の仕事がつまらなく思えて仕方のないことがある（D）
　①まったくない　②ほとんどない　③時々ある　④よくある　⑤いつもある

(7) 1日の仕事が終わると「やっと終わった」と感じることがある（E）
　①まったくない　②ほとんどない　③時々ある　④よくある　⑤いつもある

(8) 出勤前，職場に出るのが嫌になって家にいたいと思うことがある（E）
　①まったくない　②ほとんどない　③時々ある　④よくある　⑤いつもある

(9) 仕事を終えて，今日は気持ちのよい日だったと思うことがある（PA）
　①まったくない　②ほとんどない　③時々ある　④よくある　⑤いつもある

(10) 同僚や顧客と何も話したくなくなることがある（D）
　①まったくない　②ほとんどない　③時々ある　④よくある　⑤いつもある

(11) 仕事の結果はどうでもよいと思うことがある（D）
　①まったくない　②ほとんどない　③時々ある　④よくある　⑤いつもある

(12) 仕事のために心にゆとりがなくなったと感じることがある（E）
　①まったくない　②ほとんどない　③時々ある　④よくある　⑤いつもある

(13) 今の仕事に心から喜びを感じることがある（PA）
　①まったくない　②ほとんどない　③時々ある　④よくある　⑤いつもある

(14) 今の仕事は私にとってあまり意味がないと思うことがある（D）
　①まったくない　②ほとんどない　③時々ある　④よくある　⑤いつもある

(15) 仕事が楽しくて知らないうちに時間が過ぎることがある（PA）
　①まったくない　②ほとんどない　③時々ある　④よくある　⑤いつもある

(16) 体も気持ちも疲れ果てたと思うことがある（E）
　①まったくない　②ほとんどない　③時々ある　④よくある　⑤いつもある

(17) 我ながら仕事をうまくやり終えた思うことがある（PA）
　①まったくない　②ほとんどない　③時々ある　④よくある　⑤いつもある

（　）内のEは情緒的消耗感，Dは脱人格化，PAは個人的達成感の低下をさす。
(出所)　久保（2004）

を無視した紋切り型の対応をしたり，顧客との接触を避けたりする行動をさす。

③個人的達成感の低下（Personal Accomplishment）

これは，仕事の成果や実績が低下することで，ヒューマン・サービスの職務に関わる有能感や達成感が低下することをいう。これによって，自己否定の感情や離職意識が高まる。

これらの因子の測定尺度は**表8-2**にある17項目である。[5]

3　感情労働のマネジメント

(1) ヒューマン・サービスのジレンマ

感情的不協和がつきまとい，バーンアウトに至ることも珍しくはないヒューマン・サービスにおいては，いかに自身の感情をマネジメントし，バーンアウトを回避するかが重要になる。

Hochschild (1983) は，バーンアウトに陥らないためには，職務上の役割と自分自身とをはっきり分けること，つまり，顧客に共感をもって接すると同時に，冷静で客観的な態度を保持できる能力が必要であると述べている。この相対するような姿勢を両立させ，付かず離れずの態度（距離感）をとることでバーンアウトを防ぐことができる。しかし，すべてのヒューマン・サービス従事者がこうした高度な技能を身につけられる訳ではないし，身につけていたとしてもバーンアウトに陥らないとも限らないだろう。

では，その他にバーンアウトしないような人材特性はあるのだろうか。1つのタイプは，常にマニュアル通りの定型的なサービスを提供し，発生した問題にはマニュアル的な対応で対処する人物である。マニュアル通りにしか行動しない（できない）人物は，精神的に消耗することはない。しかし，顧客から好感や愛着をもたれたり，感謝されたりすることはほとんどないだろう。しかも，彼らは顧客と直接接するがゆえに，彼らの態度は企業のイメージにも影響する。結果，無情で非人間的な企業というイメージをもたれかねないし，それが顧客の離反につながる可能性もある。バーンアウトを避けるための人事採用が，結果的には顧客満足の低下と企業の業績悪化を招きかねない。

ヒューマン・サービスには，職務への熱心な姿勢や，顧客と積極的に関わろうとする姿勢，顧客への思いやりや共感などが求められる。しかし，そうした姿勢こそがバーンアウトの原因になるため，職場では従事者のパフォーマンスの低下や身体的・精神的疾患，離職意識の高まりなどが絶えないことになる。逆に，バーンアウトしない人材を多用すれば，画一的で機械的なサービスに留まるだけでなく，企業イメージや業績の悪化に至ることさえある。これを「ヒューマン・サービスのジレンマ」[6]という。

(2) バーンアウトとレジリエンス

小塩真司ら（2002）は，日常生活の様々なストレスやネガティブな出来事を経験しながらも，精神的には不健康な状態には陥らず，心理的，社会的に良好な状態を維持し，適応的な生活を送っている「レジリエンス（Resilience）の状態にある人たち」に着目し，彼らの心理的特性を把握する精神的回復力尺度を作成した。レジリエンスとは，戦争や災害，慢性的な病気，離婚，失業，いじめや虐待といった，困難で脅威的な状況にさらされた時，一時的に心理的に不健康な状況に陥っても，それを乗り越えて精神的な病理を示さず，うまく適応していく過程，能力，結果をいう。これを測定する精神的回復力尺度は，「新奇性追求」「感情調整」「肯定的な未来志向」の3因子で構成される。「新奇性追求」とは，新たな出来事に興味や関心をもち，様々なことに挑戦していこうとする心理特性をいう。「感情調整」とは，自分の感情をうまく制御することができる心理特性で，「肯定的な未来志向」とは，明るくポジティブな未来を予想し，その将来に向けて努力しようとする心理特性をさす。

精神的回復力尺度は，自尊心と正の有意な相関関係にある一方，ストレスやネガティブな出来事を経験した数とは無相関である。つまり，ネガティブな出来事を数多く経験しているにも関わらず，自分自身の能力や適性を認め，肯定的な自己評価をする自尊心の高い人は，精神的な回復力が高いと考えられる。精神的回復力は，危機的状況への予防要因ではなく，個人が危機に陥った状況において特に重要な役割を担う。こうした点を考えると，ヒューマン・サービスの従事者には，精神的回復力の高い人材が望ましいと考えられる。

(2) バーンアウトからの回復

Bernier, D (1998) によると，バーンアウトから回復していくには，一般的に以下の6段階を経ていくとされている。[7]

①問題を認める

心身の不調には心理的要素が関わっていることを自覚する。ヒューマン・サービスの従事者には完璧であることを自分に求める人が多いことから，こうしたことへの自覚が乏しいのが問題でもある。

②仕事から距離をとる

休職して仕事から物理的な距離をとることで，仕事への思いを断ち切り，心理的な距離をとる。

③健康を回復する

仕事から距離をとることで心身ともにリラックスする。この時期は，寝ることが最良であるとされている。リラックスした後は，身近にあるささやかな楽しみを見つけるようになる。

④これまでの価値観を問い直す

極端に仕事に没頭していた過去の生活を振り返り，生活のバランスを見直したり，自分自身のあり方を見直したりする。

⑤新たな仕事の場を探す

これまでの段階を経て自身の葛藤を克服した後は，新しい価値観にあった仕事を求めて転職したり，大学などで再教育を受けたりする。

⑥キャリアを断ち切り変化する

これまでのキャリアを断ち切り，新天地で人生を再設計していくことで新しいライフスタイルへと変わる。

バーンアウトとは，高い理想や使命感を抱く完璧主義的な人が現実（成果）とのギャップを強く意識することで陥る病である。しかし，全ての努力が理想通りの成果につながる訳ではないのが現実である。仕事に生きがいを求め過ぎず，「ワークライフ・バランス（仕事と私生活とのバランス）」をとることが大切である。そもそも，ビジネス（経済活動）とは，合理性や効率性，機能性を原則とする世界であり，そこに自己実現や自己表現を過分に期待することには無

理があるだろう。

推薦図書

Hochschild, Arlie (1983), *THE MANAGED HEART : COMMERCIALIZATION OF HUMAN FEELING*, The Regents of the University of California（石川准・室伏亜希訳『管理される心』世界思想社, 2010年）.
久保真人（2004）『バーンアウトの心理学――燃え尽き症候群とは』サイエンス社。
久保真人（2011）『感情マネジメントと癒しの心理学』朝倉書房。

練習問題

(1) 自身のアルバイト経験を想定しながら表8-1, 8-2の設問に答え, 自分自身の感情労働がどのような状況にあるか把握してみなさい。

(2) 身近でヒューマン・サービスに従事している人をみつけ, どのように感情管理を行っているかヒアリングし, 彼らが行っている感情労働の特徴を下の表にまとめなさい。

ヒアリング相手	氏名：	年齢：	性別：
業種・職種			
業務内容			
感情労働の内容 ①表層演技 ②深層演技 ③強度 ④頻度 ⑤種類 ⑥持続時間			
感情的不協和を感じる時			
バーンアウトの経験 （そうなりかけた経験）			
自分なりの回避方法や回復方法			

注

(1) Hochschild, Arlie (1983), *THE MANAGED HEART : COMMERCIALIZATION OF HUMAN FEELING*（石川准・室伏亜希訳『管理される心』世界思想社, 2010年）.

⑵ Brotheridge, C. M. & Lee, R. T. (2003), "Development and Validation of the Emotional Labor Scale", *Journal of Occupation and Organizational Psychology*, 76, 365-379.
⑶ 関谷大輝・湯川進太郎（2010）「感情労働尺度日本版（ELS-J）の作成」『感情心理学研究』第21巻第3号，p. 169-180。
⑷ Maslach, C., Jackson, S. E., & Leiter, M. P. (1996) *The Maslach Burnout Inventory*, 3rd ed., Consulting Psychologist Press.
⑸ 久保真人（2004）『バーンアウトの心理学——燃え尽き症候群とは』サイエンス社。
⑹ Kahn, R. (1978) "Job burnout : Prevention and remedies", *Public Welfare*, 36, 61-63.
⑺ Bernier, D. (1998) "A study of coping : Successful recovery from sever burnout and other reactions to severe work-related stress", *Work & Stress*, 12, 50-65.

第 9 章

非営利組織のサービス・マーケティング

大半の非営利組織は社会にサービスを提供している。非営利組織も利益を上げる必要があり，顧客のニーズに合うサービスを提供するために，マーケティングを展開する必要がある。本章では，非営利組織とは何かを理解した上で，非営利組織が行うサービス・マーケティングについて解説する。

キーワード：NPO (Non-Profit Organization), NGO (Non-Governmental Organization), 特定非営利活動法人（NPO 法人），公共財，信頼財，外部効果，デ・マーケティング，ユーズ・リレイテッド・マーケティング，ソーシャル・マーケティング

1 非営利組織とは

(1) 非営利組織の定義

非営利組織とは，別名，英語の略語で NPO (Non-Profit Organization) とも呼ばれる。同様の概念に NGO (Non-Governmental Organization) がある。NGO は日本語では非政府組織と訳され，政府とは異なる組織としての民間組織を表現する際に使用される。大まかに言えば，主にある一国内で活動している際には NPO といい，国際的な活動をしている NPO を NGO と呼ぶと理解すると良いだろう。また英語では，サード・セクター (the third sector) とも呼ばれることもあるが，日本語の第三セクターとは異なる存在である。日本語で第三セクターという場合，第一セクターである政府と第二セクターである企業が共同出資して設立された組織を意味する。

非営利組織とは，「獲得した利益を利害関係者に分配することが禁止され，社会的課題の解決を目的として行動する自発的な民間組織」である。「非営利」

という言葉が使用されているため，非営利組織は「利益を出してはいけない組織」と思われがちであるが，「利益を目的としない組織（Not for Profit Organization）」なのである。もし非営利組織が利益を得たとすると，それを将来の投資などに充てるのである。非営利組織に株主は存在しないが，似た存在として会員や寄付者がいる。たとえ利益を得たとしても，非営利組織は会員や寄付者といった利害関係者に利益を還元するのは制度的に禁止されているのである。なお，警察や消防，都道府県庁，市町村役所などの行政・公共機関は，非営利組織には含まれない。

(2) 日本の非営利組織

非営利組織やNPOの具体的な組織名を挙げられる人は少ないであろう。しかし，例えば，幼稚園から大学まで私立の学校に通っている人は常に非営利組織と関わってきたのである。

日本の非営利組織には，公益法人[1]（財団法人と社団法人），学校法人，社会福祉法人，医療法人，宗教法人，職業訓練法人，特定非営利活動法人などがそれに含まれる。フランスやイタリアなどでは，生活協同組合も非営利組織に含められているが，組合員に利益を還元するという点から，日本ではそれに含めない場合が多い。

日本の非営利組織としての代表的な存在が，特定非営利活動法人（NPO法人）である。NPO法人は，1998年に制定された「特定非営利活動促進法（NPO法）」にもとづいて設立される非営利組織である。この制度が制定された背景には，1994年に発生した阪神・淡路大震災がある。この震災で行政機関や企業が活動できなくなり，それに変わって，ボランティアが大活躍を果たした。この活躍があったことで，日本に「ボランティア」という言葉を定着させ，のちに1994年は「ボランティア元年」と言われるようになった。

ボランティアとは，市民の自発的な社会貢献活動であり，それを制度的にサポートし，促進を図るためにNPO法が設立された。1998年当初，NPO法人の活動分野として，12の活動分野が指定されていたが，2003年の改正で5分野が追加され，2012年の改正でさらに3分野が加えられ，2018年現在，法律に規

表9-1 NPO法人の活動分野（2018年3月31日現在）

号　数	活動の種類	法人数
第1号	保健，医療又は福祉の増進を図る活動	30,525
第2号	社会教育の推進を図る活動	25,173
第3号	まちづくりの推進を図る活動	23,109
第4号	観光の振興を図る活動	2,727
第5号	農山漁村又は中山間地域の振興を図る活動	2,320
第6号	学術，文化，芸術又はスポーツの振興を図る活動	18,634
第7号	環境の保全を図る活動	14,094
第8号	災害救援活動	4,265
第9号	地域安全活動	6,305
第10号	人権の擁護又は平和の活動の推進を図る活動	8,857
第11号	国際協力の活動	9,603
第12号	男女共同参画社会の形成の促進を図る活動	4,877
第13号	子どもの健全育成を図る活動	24,245
第14号	情報化社会の発展を図る活動	5,827
第15号	科学技術の振興を図る活動	2,892
第16号	経済活動の活性化を図る活動	9,282
第17号	職業能力の開発又は雇用機会の拡充を支援する活動	13,045
第18号	消費者の保護を図る活動	3,173
第19号	前各号に掲げる活動を行う団体の運営又は活動に関する連絡，助言又は援助の活動	24,598
第20号	前各号で掲げる活動に準ずる活動として都道府県又は指定都市の条例で定める活動	240

（注）法人数が多くなっているのは，1つの法人が複数の活動分野の活動を行う場合があるため，合計は5万1,870法人にはならない。
（出所）内閣府NPOホームページより。

定される特定非営利活動は20分野に広がっている。

　2018年3月31日現在，日本全国に51,870のNPO法人が存在している。それらNPO法人の活動分野を示したのが**表9-1**である。このようなNPO法人の活動分野を見ると，その大半がサービスに関わる活動をしていることがわかるだろう。

(3) 非営利組織の類型

　非営利組織といっても，全ての非営利組織が同じ活動をしているわけではない。非営利組織はその活動内容から4つに類型化できる。第一に市民の慈善行為による「慈善型非営利組織」である。第二に市場・政府の失敗を補完する「活動補完型非営利組織」である。第三に政策の提案を通じて社会的課題の解決を図る「政策提案型非営利組織」である。最後にビジネスを通じて社会的課題の解決を図る「事業型非営利組織」である。

①慈善型非営利組織

　慈善型非営利組織とは，NPO法人に代表される市民の自発的な社会貢献活動が組織化された非営利組織である。例えば，阪神・淡路大震災で活躍したボランティア団体や街の清掃や活性化を推進する団体が法人化された組織である。このような市民の活動は，行政機関が対応できない，もしくは気づかなかった社会的課題を市民自らの手で解決することを目的としている。

②活動補完型非営利組織

　活動補完型非営利組織は，企業や政府・行政機関では提供できない，あるいは企業や政府・行政機関の代わりに活動をしている非営利組織である。経済学的に言うと，後述する市場の失敗や政府の失敗を補完する活動しているのである。この形態の非営利組織として，学校法人や医療法人，社会福祉法人などがある。行政機関は大多数の住民のニーズに対して財やサービスの供給を行う。つまり，その大多数に該当しない，少数のニーズに対しては行政機関は対応しない。そのニーズに対応するために組織されたのである。

③政策提案型非営利組織

　政策提案型非営利組織は，企業や政府・行政機関の活動に対して，第三者的な見地から，組織の考える価値を提案する非営利組織である。例えば，環境NGOであるグリーンピースの捕鯨禁止のための活動も生態系を維持するという自らの組織の価値を政府・行政機関に提案している。このような非営利組織は，企業や政府・行政機関の活動を時には過激な活動を通じて，監視・批判するというケースもある。

　このような非営利組織は何も企業や政府・行政機関を批判しているだけでは

ない。企業や政府・行政機関の活動に代替案を提示するアドボカシー（advocacy）活動も行っている。実際，グリーンピースやWWF（世界自然保護基金）などのNGOは，多くの政府間国際会議にオブザーバー資格で参加し，環境問題に関する国際規制の強化，各国間の協力義務などを促す活動にも取り組んでいる。このように政策提案型非営利組織は専門的知識を持ったプロのスタッフが職員としており，企業や政府・行政機関に政策を提案するために，それら組織から独立した立場から調査・研究を行い，第三者としての社会的価値を掲げ，それを企業経営や政府・行政機関の政策策定のプロセスに組み込むために活動するという特徴がある。

④事業型非営利組織

　事業型非営利組織とは，企業のように組織の活動資金を製品やサービスを販売するビジネスを通じて得る非営利組織である。このような事業型非営利組織は，ソーシャル・ビジネスもしくは社会的企業（social enterprise）とも呼ばれる。

　社会的企業とは，「社会性」「事業性」「革新性」から定義される。「社会性」とは，社会的課題に取り組むことを事業活動のミッションとすることを意味している。「事業性」とは，社会的ミッションをビジネス・モデルに落とし込み，継続的に事業活動を進めていく，ソーシャル・ビジネスを意味している。「革新性」とは，社会的課題の解決に繋がる新しい製品・サービスやそれを提供する仕組みを開発する，ソーシャル・イノベーションを意味している。

　社会的企業としての事業型非営利組織は，ソーシャル・イノベーションを創出するという点から，2010年前後から日本で注目されるようになった。ソーシャル・イノベーションとは，「社会的課題の解決に取り組むビジネスを通して，新しい価値を創出し，経済的・社会的成果をもたらす革新」である。具体的な事業型非営利組織の取り組みは，第15章を参照してほしい。

2 非営利組織とサービス

(1) 非営利組織が存在する理由

ではなぜ企業や政府が存在するにも関わらず，非営利組織が存在するのだろうか。非営利組織が存在する理由は，主にサービスを提供する組織であるという点から検討されている。

①契約の失敗理論

契約の失敗理論では，まず非営利組織が提供するサービスの大半が社会サービスである点に着目する。社会サービスは無形であることから，有形財と比べて，消費者が正確にその質を判断することが困難である。例えば，スマートフォンなどは，画面の大きさや容量などから，製品の質を判断し，比較することは容易である。しかし，例えば医療サービスや教育サービスでは，消費者によって，その質が良い場合もあれば，悪いと判断される場合もある。そのような社会サービスを提供する組織を選択する場合，企業よりも非営利組織が消費者に支持されるのである。

その理由として，非営利組織には利益の非分配制約がある一方，企業にはそのような制約がない。そのため，消費者より情報を多く持つ企業は，その情報の非対称性を利用して，機会主義的行動に走る可能性が高い。例えば，株式会社の病院があるとすると，株主は利益を増やすように病院に働きかける。病院で働く医師は，株主の要求に従うために，必要ない検査を行ったり，より多くの薬を出すことなどで，病院の利益向上を目指すだろう。つまり，非営利組織には，利益の非分配制約が課されていることから，そういった利益を増やすというインセンティブが働かず，消費者は非営利組織の病院を選択するのである。

②政府の失敗理論

政府の失敗理論では，政府・行政機関の提供する公共サービスでは，全ての消費者のニーズに対応できないことに着目する。現代の社会で，政府が提供する公共サービスに対して，消費者のニーズは非常に多様になってきている。政府は消費者の平均的なニーズに合わせて公共サービスを提供するため，画一的

なサービス供給にならざるを得ない。つまり，政府が提供する公共サービスは，中位投票者を満足させる水準でしか，サービスを供給できないのである。

例えば，公立の中学校では英語を学ぶことはできるが，一般的にスペイン語や中国語を学ぶことはできない。しかし，私立の中学校の中には，それらの科目を設けている学校もある。このように多様化した公共サービスに対するニーズがある場合に，非営利組織はそれを提供するのに適した組織なのである。

(2) 非営利組織のサービスの特質
①公共財としての性質

非営利組織が提供するサービスの特質として，公共サービスの側面があることが挙げられる。公共サービスとは何かを知るために，経済学における「公共財（public goods）」を考えてみよう。

私たちが持っているスマートフォンや洋服，カバンなどは，経済学では「私的財（private goods）」と呼ばれている。その正反対に位置づけられるのが，公共財である。公共財と私的財の違いは，「競合性（rivalry）」と「排除性（excludability）」の2つの点で識別されている。競合性とは，もう1人消費者がある財を消費する際に追加的なコストがかかることを意味している。一方，排除性とは，財の便益を受ける個人を排除できることを意味している。これらにもとづいて，まず私的財を理解すると，例えばある消費者Aがペットボトルのお茶を飲んでいたとする。Aの友人Bが同じ量のお茶を消費するためには，もう1本お茶を追加的に購入する必要があることから，ペットボトルのお茶は競合性がある。また仮にその友人がお茶を少し飲ませて欲しいと言ったとすると，Aはお茶の所有権を有しており，Bのお願いを拒否することができることから，ペットボトルのお茶は排除性を持っている。

公共財では，この私的財と正反対の特徴を持っている。非競合性について，東京都と千葉県を結ぶ一般道の橋を例にすると，それを建設する際には，仮に1日1万台が利用することを予測して建設計画が立てられ建設がなされる。その道路がお祭りや連休などの時には，1万台を超える自動車がその橋を利用したとしても，橋の建設に際して追加的なコストはかからない。つまり，非競合

表9-2 財の分類

		排除性	
		排除性なし	排除性あり
競合性	競合性なし	純粋公共財	クラブ財
	競合性あり	コモンプール財	私的財

(出所) 筆者作成

性とは,ある消費者の消費が他の消費者の消費を減少させないことを意味している。ただし,上述したようにお祭りなどの際には,「混雑現象」が生じ,他の消費者の消費を減少させてしまうこともある。

一方,非排除性について,消防を例にすると,家が火事になった時に,例えば税金を納めていない人の家は消火活動を行わないといったことを消防は決してしない。つまり,非排除性とは,財の便益を享受する個人を排除することが困難であることを意味する。そのため,財の対価を支払わずとも,財を消費する「フリーライダー(ただ乗り)問題(free rider problem)」が生じることもある。

このような排除性と競合性にもとづいて,財を理解すると,表9-2のように全ての財は4つに類型化できる。非競合性と非排除性を兼ね揃えた財は,正確には「純粋公共財(pure public goods)」という。本当の意味で,非競合性と非排除性を兼ね揃えた財は,ほとんどないと言われているが,「空気」は純粋公共財であるとも言われている。

純粋公共財と私的財を除く財は,「準公共財(quasi-public goods)」と呼ばれ,それには「クラブ財(club goods)」と「コモンプール財(common pool goods)」がある。競合性がなく,排除性がある財はクラブ財と呼ばれる。クラブ財の例として,ケーブルテレビの電波や高速道路,入場料のかかる公園などが挙げられる。競合性があり,排除性がない財はコモンプール財と呼ばれる。この例として,自由にアクセスできる漁場の魚や公共駐車場の各ロットなどが挙げれる。

②信頼財としての性質

非営利組織が提供するサービスには,信頼財としての特質もある。消費者の品質判断能力にもとづいて,財を分類すると,「探索財」と「経験財」,「信頼財」に分類することができる。探索財とは,消費者が見たり,触ったり,仕様書を読むなどによって事前に品質を評価可能な財である。スマートフォンなどは,家電量販店などでその製品を見たり,触ったりでき,例えば容量なども数

値で比較可能である。経験財とは，購入時・購入後に使用することで品質を評価可能な財であり，理美容サービスや外食サービスがこれに該当する。

信頼財とは，使用経験後でも品質評価が困難な財である。例えば，大学での講義を例に考えてみよう。サービス・マーケティングを教えているA教授は，自分が執筆したテキストを使用して，毎回1つの章をきっちり講義し，脱線などをせずに講義を行っている。一方，同じサービス・マーケティングを担当しているB教授は，テキストを使用せず，パワーポイントのスライドを使って，その時，社会で話題となったようなサービスの話を織り交ぜながら，講義予定から脱線した講義を行っている。

これらA教授とB教授の講義のどちらが良い講義といえるだろうか。例えば，教科書通り講義を行って欲しいと思う学生はA教授の方が良いと授業評価アンケートで回答するだろう。一方，現実のビジネスの現場で起きている時事を踏まえた「今」を講義に取り入れて欲しいと思う学生はB教授の方が良いとアンケートで回答するだろう。このような例は，医療サービスでも同様であり，非営利組織が提供するサービスには，信頼財的な側面があり，消費者の評価が分かれるという特徴もある。

③外部効果を持つ財

非営利組織の提供するサービスには，「外部効果（externality）」があると考えられる。外部効果とは，ある経済主体の活動が，市場取引によらずに他の経済主体に与える影響を意味する。外部効果には，正のと負の外部効果がある。負の外部効果（外部不経済）の例として，タバコの煙や自動車の排気ガスなどによる環境汚染が挙げられる。

一方，正の外部効果（外部経済）の例として，ある非営利組織が湖などを浄化することなどが挙げられる。NPO法人アサザ基金は，100年後にトキが舞うことを目指して霞ヶ浦の環境保護を行っている。霞ヶ浦は1970年代からのコンクリートによる護岸工事にはじまり，流域に多くの町が作られ多くの人が住むようになり生活排水や工業排水が霞ヶ浦に流れ込むことなど，複合的な要因で水質が悪化していった。アサザ基金はそれを以前の状態に戻すために，様々な事業を行っている。例えば，企業と共同して，霞ヶ浦に流れる水の浄化したり，

霞ヶ浦近隣の小学生に環境教育などを行っている。このような活動は，市場を通じて行われるものではなく，霞ヶ浦の環境改善のために正の外部効果をもたらす活動である。

3 非営利組織のサービス・マーケティング

(1) 非営利組織のマーケティングの特異性

非営利組織は，当然のことながら，企業とは異なる存在である。そのため，非営利組織のマーケティングを考える際には，その特異性を考える必要がある。非営利組織のマーケティングには，**表9-3**のような違いがあることが指摘されている。

非営利組織がマーケティング活動を行う際には，3つのマーケティング活動が考えられる。まず従来のサービス・マーケティングと同様に，顧客に対して，いかにサービスを提供するのかに関する「資源配分のためのマーケティング」である。ただし，非営利組織のサービスの受け手は顧客であるとは限らないし，サービス自体を提供しないこともある。次にマーケティングの手法を用いてボランティアや寄付，会員などの経営資源をいかに獲得するのかに関わる「資源獲得のマーケティング」である。最後に非営利組織が解決している社会的課題を社会全体に訴えかけ，その社会的課題の解決に多様な人や組織が関わるようになったり，制度化を促すことに関わる「社会変革のマーケティング」である。

(2) 資源配分のサービス・マーケティング

非営利組織のマーケティングでは，非営利組織は消費者に提供物（offerings）を提供すると考える。提供物は製品とサービス，その他の行動の組み合わせで提供される。例えば，大学生は，講義を受け（サービス），テキストを買い（製品），勉強をする（学習行動）。その中でも，非営利組織のサービス・マーケティングは，一般的な企業のサービス・マーケティングをそのまま適用することが，提供するサービスの内容によっては可能である。例えば，第15章の非営利のサービス・マーケティングで取り上げる事例のNPO法人フローレンスは，

表9-3 非営利組織のマーケティングの特異性

製品の本質	非営利組織の提供物は，有形財やサービス，社会的行動である
非財務的目標の優位性	財務的な目標は非営利組織にとって手段であり，社会的課題の解決という目標を最優先する
資源獲得の必要性	ボランティアや寄付といった無償の資源を獲得する必要がある
多様なステイクホルダー	組織内部では理事や職員，ボランティア，会員，外部では寄付者や助成財団，行政機関，企業，マスメディア，地域社会などと関わる
組織使命と顧客満足の間の緊張	時には，人の満足を減らす活動（禁煙キャンペーン）が求められる
大衆の監視	非営利組織は企業と比べて，より多くの大衆の注目を集める傾向がある
非市場的圧力	非営利組織の行動は，行政機関や制度などに制約される
無料もしくは廉価な支援を享受する能力	ボランティアや寄付などといった経営資源を無償で利用することはできるが，それをマネジメントするのは非常に困難となる
二重・三重のマネジメント	企業よりマネジメントに関わろうとする人が多い

（出所）Lovelock and Weinberg（1989）より筆者作成。

一般的な企業のサービス・マーケティングとそれほど変わらないと考えても良いだろう。

しかし，上述したNPO法人アサザ基金が提供しているのは環境保全のためのサービスであるが，それを受け取るのは自然，もっと言えば地球であり，無償で提供されている。このような非営利組織が提供するサービスは，企業のサービスと同じ部分もある一方，大きく異なる部分もある。

それ以外にも非営利組織は消費者の需要自体を減退させるためにマーケティング活動を行うことがある。例えば，禁煙を推進している非営利組織（NPO法人ストップ・スモーキングやNPO法人日本肺癌学会など）や肥満症の改善を推進している非営利組織（NPO法人健康都市活動支援機構や一般社団法人日本肥満症予防協会など）が実践するのが，デ・マーケティング（demarketing）である。一般的なマーケティングが消費者の需要を創造するための方法であるのに対し，デ・マーケティングとは，「顧客全般のまたは一定クラスの顧客の需要を一時的にまたは半永久的に抑制するマーケティング活動」を意味する。

デ・マーケティングには，3つの方法がある。第一に一般的デ・マーケティングであり，総需要の水準を下げる際に用いる方法である。第二に選択的デ・マーケティングであり，ある顧客グループの需要を抑制する際に用いる方法である。第三に表面的デ・マーケティングであり，需要を抑制しようと見せかけつつ，実は需要増を図る方法である。

近年は，持続可能な発展のもと，資源を節約することなどが公益財団法人3R活動推進フォーラムをはじめとする非営利組織によって推進されている。3Rというリユース（Reuse），リデュース（Reduce），リサイクル（Recycle）は日本では資源を節約する際にすでに実践されている取り組みである。このような活動を非営利組織が推進する際にデ・マーケティングは有効な方法となる。

(3) 資源獲得のマーケティング：コーズ・リレイテッド・マーケティング

一般的な経営資源として，ヒト，モノ，カネ，情報が挙げられる。これらの経営資源を非営利組織は，無償で獲得できるというのが企業とは大きく異なる点である。まずヒトについては，従業員だけでなく，ボランティアを募集する必要がある。次にモノとカネを無償で提供してくれる寄付者が存在するのも，企業とは異なる点である。このように非営利組織が資源を獲得する際には，対価を支払う必要がないためにそれら資源を獲得するのが困難となる。

非営利組織が企業から資源を獲得し，協働して社会的課題の解決を図る方法として，コーズ・リレイテッド・マーケティング（CRM：Cause-Related Marketing）がある。CRMとは，非営利組織と企業が協働し，マーケティングの手法を用いて社会的課題を解決することである。CRMには，いくつかの類型がある。それは第一に取引ベースのプロモーション（transaction-based promotions）であり，これは企業が製品の販売収益に応じて，一定量の寄付を非営利組織に行うものである。この例として，カード会社のアメリカン・エキスプレスが1983年10〜12月に自由の女神の修復のために，新規カードを1枚発行すると1ドル，カード使用1回ごとに1セントを寄付として集め，合計170万ドルを非営利組織のエリス・アイランド財団に寄付したキャンペーンがある。このキャンペーン期間中，アメリカン・エキスプレスの利用件数は30％増加し，新規カードの

発行は15％増加したのであった。日本での例としては，森永製菓と NGO のエースやプラン・インターナショナル・ジャパンによる「1チョコ for 1スマイル」，日本独自の「ベルマーク」運動がある。

　第二は共同問題プロモーション（joint issue promotions）であり，これはある企業と1つあるいは複数以上の非営利組織が，例えば製品・プロモーションなどを通じて，社会的課題の解決に取り組むことに同意することである。協働での取り組みとは，企業と非営利組織が製品やサービスの販売や広告を通じて社会的課題の解決に取り組んでいることを示すものである。この例として，化粧品を製造しているエイボンが展開している「ピンクリボン活動」がある。

　第三はライセシング（licensing）であり，これは企業に非営利組織の名前やロゴの使用を許可する代わりに，非営利組織に売上高の一定割合の手数料を支払うアライアンスであり，その使用料を寄付するものである。これは例えば，WWF がパンダのロゴマークを団体のマークとしている。このパンダのマークを利用して社会的キャンペーンを展開したり，それの付与された製品を製造・販売する時に，そのロゴマークの使用料を寄付金として支払うことである。

(4) 社会変革のマーケティング：ソーシャル・マーケティング

　社会変革のマーケティングとは，非営利組織が解決している社会的課題が社会全体で解決されるようにするための活動であり，ソーシャル・マーケティング（social marketing）と呼ばれている。ソーシャル・マーケティングとは，「ターゲット顧客と社会一般の便益のために社会行動に影響を及ぼそうとするもの」であり，個人や社会全体の利益のための行動変革させることを目的として実践される。

　具体的に社会的課題が社会全体で解決されるためには，2つの方法がある。第一に社会的課題の解決が制度化されることで，強制的に人の行動変革を促すことである。つまり，非営利組織が制度化のために行うマーケティング活動であり，アップストリーム・マーケティング（up-stream marketing）と呼ばれる。第二にキャンペーン活動を展開することなどを通じて，強制的ではなく，人が自発的に行動変革するように促すマーケティング活動であり，ダウンストリー

ム・マーケティング（down-stream marketing）と呼ばれる。

推薦図書

澤村明・田中敬文・黒田かをり・西出優子（2017）『はじめての NPO 論――一緒に役割を考えよう』有斐閣ストゥディア。

世良耕一（2014）『コーズ・リレーテッド・マーケティング――社会貢献をマーケティングに生かす戦略』北樹出版。

フィリップ・コトラー，デビッド・ヘッセキエル，ナンシー・リー，ハーバード社会起業大会スタディプログラム研究会訳（2014）『グッドワークス！』東洋経済新報社。

フィリップ・コトラー，ナンシー・リー，恩藏直人監訳（2007）『社会的責任のマーケティング――「事業の成功」と「CSR」を両立する』東洋経済新報社。

水越康介・藤田健編（2013）『新しい公共・非営利のマーケティング――関係性にもとづくマネジメント』碩学社。

練習問題

(1) どのような非営利組織があるか調べ，その中の1つの活動を詳しく調べてみよう。

(2) デ・マーケティングについて，具体的にどのような取り組みがなされているか調べてみよう。

(3) コーズ・リレイテッド・マーケティングについて，どのような非営利組織と企業が協働して社会的課題を解決しているか，具体的に調べてみよう。

(4) ソーシャル・マーケティングについて，具体的にどのような取り組みがなされているか調べてみよう。

注

(1) 公益法人は，一般財団法人と一般社団法人，公益財団法人と公益社団法人から構成される。詳細は，内閣府のホームページを参照（http://www.cao.go.jp/others/koeki_npo/koeki_npo_seido.html）。

第Ⅲ部

サービス・マーケティングのケーススタディ

　第Ⅲ部では，飲食業やスポーツビジネスなど，様々なサービス業のケース・スタディをとおして，これまで学んできたサービス・マーケティングの様々な概念や理論への理解を深めていく。

　飲食業のケースでは，サービス・デリバリー・システムやセグメンテーション，サービスの機械化・工業化について，保険業のケースでは，保険サービスのデリバリー・システムやバックヤードのアクチュアリーについて学んでいく。スポーツビジネスのケースでは，サービス・デザインや顧客マネジメントの重要性について，小売業のケースでは，サービスリカバリーに取り組む意義と役割について考えていく。飲食業の中でも，コミュニティ（地域社会）との関係性を重視したカフェのケース・スタディでは，サービスをとおした顧客との関係形成やコミュニティづくりについて知見を深めていく。最後に，環境問題と再生可能エネルギー，少子化と育児問題といった社会的な課題に取り組む非営利組織のサービス・マーケティングについて学んでいく。

第10章
飲食業におけるサービス・マーケティング

　日本では，とても安価な料理からとても豪華なものまで，予算やシチュエーションに合わせた飲食店での時間を楽しむことができる。四季折々の食材を楽しむこともできるし，変わらぬ味を一年中楽しむこともできる。そしておそらくこの国では，世界一もっとも多くの国の料理を味わうことができるのではなかろうか。日本の飲食業のクオリティは非常に高く，寿司などの和食だけでなく，ラーメンやステーキ店，定食屋やカフェを営む企業の海外進出も盛んになっている。本章では飲食業を題材にし，業界全体を俯瞰する立場からサービス・マーケティングの概念を再確認していきたい。

　キーワード：セグメンテーション，有効性基準（測定可能性，実質性，到達可能性，実行可能性），集中型・分化型マーケティング，フランチャイズ・システム（フランチャイザー，フランチャイジー），内発的・外発的動機づけ

1　日本の飲食業の概要

　優れた経営をする飲食店の事例は数多くあり，その事例研究もまた容易に見つけることができる。日々のニュースのなかで飲食店が取り上げられないことなど一日もないだろう。ただしそれは必ずしも良い企業の実践例だけではない。本章において，日本の飲食業界を俯瞰する立場を採る理由の1つは，飲食業界が高い開業率とともに高い廃業率によって特徴づけられることに由来する。だれもが一度は食事をしたことのある大手チェーン店も確かに存在するが，中小規模の飲食店や個人事業主の店舗（以後，個人経営店と呼ぶ）が数多く存在する。居酒屋やバー，喫茶店なども含めたとき，飲食業者の数は圧倒的に多い。日本

の産業構造の大きな部分を占める飲食業界において新規参入と撤退の繰り返される現実は，セグメンテーションを学ぶ恰好の事例ではないか。こうした問題意識にもとづいて事例研究を行いたい。

　はじめに，日本の飲食業の概要について確認しよう。総務省統計局の『経済センサス（平成26年）』によると，2012年から14年までの期間に個人経営の飲食店が約41万店（事業所），法人の飲食店が約21万店存在していた。それぞれ約5万8,000店・約5万7,000店の開業があり，約7万9,000店・約4万5,000店が廃業した。飲食業界では全体で約423万人（個人経営店に約127万人，法人店に約296万人）が働いている。この統計は国内の事業所を対象にしており，全産業の就労者数は5,743万人で，そのうち約7.4％が飲食業に就く計算となる。最新（平成28年）の調査結果のすべては公表されていないが，政府の分類においてもっとも事業所数の多いのが美容業（約17万2,000店）であり，専門料理店のカテゴリーがそれにつづく（約17万1,000店）。ただし，酒場・ビヤホール（5位。約12万5,000店），バー・キャバレー・ナイトクラブ（9位。約9万6,000店），喫茶店（16位。約6万7,000店）を含めると，国内に存在する事業所数において約8.6％をこれらの飲食店カテゴリーが占める計算になる。

　多くの人が飲食業に就く一方で，人材の確保は1つの大きな問題となっている。『日経 MJ』（2018年9月17日）によると，三大都市圏（首都・東海・関西）の飲食店のアルバイトとパートの平均時給は，募集時において1,001円となり，2年間で5％上昇した。農林水産省の報告（2018）によると，正社員の雇用後3年以内の離職率も全産業平均の1.5倍以上であり，欠員率も2倍以上である（宿泊業も含む。『外食・中食産業における働き方の現状と課題について』，2018年3月6日）。人手不足は営業時間短縮や人件費の高騰による収益の逼迫を招いている。昼食時や夕食時に需要が偏ることにより，大手飲食店ほどピークタイムにのみ多くの従業員が必要になる。正社員を一時的に多数動員することは難しく，ピークタイムにはアルバイトやパートを雇用して対応したいところだが，時給がたとえ高くなろうとも，きわめて短時間のみの勤務は厭われる可能性もある。柔軟で短い勤務時間に対応できるアルバイトやパートは近隣から探したいところだが，出店場所によってはそれも難しい。また，当初の予想に反して顧客が

多かったり少なかったりしたとき，アルバイトやパート従業員との関係が良くなければ急な出勤依頼やその取り止めもしづらい。すべての従業員が毎日暇に過ごしているわけではないので，出勤を依頼できる人材は複数，そして多数確保しておきたい。大手ほど時間と空間（店内空間という意味だけではなく）と人的要素のマネジメントが求められる。

　ファミレス業界の大手飲食店のなかには24時間営業を中止するものも出てきた。最大手であるすかいらーくは，ガスト，バーミヤン，ジョナサンなどのチェーン店を経営し，3,694億円の売上高，281億円の営業利益を上げている[1]。サイゼリヤは同じく1,483億円，112億円，ロイヤルグループ（ロイヤルホスト，てんやなど）が1,355億円，59億円を上げている。デニーズは，セブン・イレブン（コンビニ）やイトーヨーカ堂（スーパー）を展開するセブン＆アイグループの傘下にあり，801億円の売上高（営業利益8億円）を上げている（2017年度）。セブン＆アイは農業への参入もするなど垂直的統合に積極的で，例えばコンビニやスーパーで店頭に並べられない農作物をデニーズで活用するなどの工夫を行っている。ちなみに，すかいらーくの出自も食品スーパーである。

　牛角やしゃぶしゃぶ温野菜，かっぱ寿司やフレッシュネス・バーガーを傘下にもつコロワイドは2,350億円の売上高，15億円の経常利益を上げている（2016年度，日本会計基準。同社有価証券報告書。2018年10月26日閲覧）。牛角はアメリカなどへの海外進出も果たしている。また，いきなり！ステーキを展開するペッパーフードサービスは362億円の売上高，23億円の営業利益を上げており（2017年度），2018年9月には日本の飲食チェーン店として初めて米国NASDAQに上場した（同社HP，2018年10月28日閲覧）。大戸屋は国内に353店舗，タイや台湾，インドネシアなど海外に104店舗を構える（2018年3月31日時点，同社HP）。国内では262億円の売上高，47億円の営業利益を上げる。

　コロワイドは居酒屋の甘太郎を傘下にもつ。居酒屋業界では，白木屋や笑笑などのモンテローザ（売上高1,171億円，営業利益60億円），ワタミ（同964億円，6億円），庄やの大庄（同639億円，4億円）が代表的である。鳥貴族（同293億円，14億円）は独特なフランチャイズ・システムをもつ。フランチャイズ・システムとは，本部（フランチャイザー）が加盟店（フランチャイジー）に対して店名やノ

ウハウ，機材や調達システムを貸し出すかわりに加盟料（ロイヤルティ）を徴収するシステムである。独立したオーナーにとっては，加盟店となることによって本部のもつ信用やブランド力により新規参入のリスクを低くすることができ，また本部にとっては，新規出店のための投資を抑えながら多店舗を展開できる。鳥貴族は，現在本部の社員あるいは元・社員の独立の場合のみ，加盟店を増やす意向である（同社 HP，2018年10月28日閲覧）。

　喫茶店やカフェの業界では，スターバックスが1,709億円の売上高（143億円の営業利益）を誇り首位に立ち，ドトールが1,311億円（同103億円）でつづく。両社の価格設定や顧客の平均滞在時間なども対照的だが，スターバックスは直営店を中心として出店し，ドトールはフランチャイズ・システムも活用している。鎌倉パスタの経営にも携わるサンマルクが同690億円（67億円）を上げている。この業界で特徴的なのは，プロント（サントリー），タリーズ（伊藤園），カフェ・ド・クリエ（サッポロ）といった飲料メーカーの存在である。スターバックスはその創業者が自らのビジネスを「商人」や「卸売業」と挙げているように，より良く環境に優しいコーヒーを調達し，流通させることを理念としているし，ドトールもその創業者はブラジルのコーヒー農園で働いた経験をもち，日本にコーヒーや喫茶店を普及・定着させた第一人者である。一方で，飲料メーカー系の喫茶店・カフェでは，原材料の調達や製造設備・技術の多重利用（範囲の経済性）が可能であり，喫茶店・カフェ・コンビニ・自販機といった異なるサービス業・小売業間の競争に臨むにあたり，代替的なチャネルを確保しているともいえる。

　最後にファストフード店の概要を紹介しよう。すき家やなか卯のほか，はま寿司やココス（ファミレス）を展開するゼンショーが5,791億円の売上高と176億円の営業利益を上げている。吉野家ははなまるうどんや京樽（寿司）を傘下に収め，1,985億円の売上高，40億円の営業利益である。松屋は930億円の売上高と41億円の営業利益を上げている。丸亀製麺を展開するトリドールは1,196億円の売上高，76億円の営業利益を上げている。ハンバーガー業界では，マクドナルドが2,536億円の売上高と189億円の営業利益を上げており，モスバーガーは713億円の売上高と37億円の営業利益を上げている。なお，モスはミス

タードーナツを展開するダスキンと資本・業務提携を結んでいる。また，フレッシュネスは上述のとおりコロワイドの傘下にある。

　飲食業界の大手に注目し，さらにそのカテゴリーごとの概要を確認した結果を本節のまとめとしよう。各カテゴリーの売上高や営業利益をみたとき，喫茶店やカフェ業界の利益率の高さに気づくだろう。飲料を中心とした経営の利益率の高さを確認することができる。需要がある程度時間的に分散することも，喫茶店やカフェ業界の利益率に影響を及ぼしているとも考えられる。飲料の販売による利益の確保や需要の分散と集中の問題は個人経営店の存亡にも関わる。また，メーカー，卸売業，小売業を出自とする大手飲食店と創業から飲食業に携わる企業とが存在し，カテゴリーを超えた資本提携や統合も特徴といえる。

2　飲食業のサービス・デリバリー・システム

(1) バックヤード：調達する・調理する・調理する人

　前節の概要から，食材・原材料の調達に特徴のある企業をいくつか挙げることができる。セブン＆アイによるデニーズの経営には，グループとして農作物を調達しその流通経路を複線化するねらいがあった。さらにグループには，総合商社である三井物産が主要な出資者として控えている。スターバックスやドトールもコーヒーの調達や取り扱いに長けているし，飲料メーカーは最終顧客とのタッチポイントを自ら設けている。飲食業のバックヤードで行われる，食材の調達や調理，料理人の確保について考えてみよう。

　食材・原材料の調達は，セントラル・キッチンを設けない企業にとって重要な課題となる。同時にそれは競合との差異化や顧客満足の獲得の鍵となる。特定の場所（工場）で調理をほぼ終えた食材を各店舗へと輸送し，標準化された手順で仕上げの店内調理を行う方法をセントラル・キッチンという。セントラル・キッチンで調理された料理は冷凍されたり，乾燥されたり，濃縮されたりする。例えば，大手のファミレスでは，ハンバーグもステーキもデザートもすべて，店内のオーブン調理器のベルトコンベアに載せると調理が完成する。すべての食材が全く同じ時間・同じベルトコンベアに載ると料理が完成するよう

に標準化されているのである。したがって，店内に料理人は不要である。伊丹他（2017）の大戸屋の事例では，同社がセントラル・キッチンを用いずに，新鮮な食材を店内で調理することに困難を覚えながらも，マニュアルの翻訳や従業員のトレーニング，現地配送業者との折衝を通じて，海外進出を軌道に乗せた姿が描かれている。

　セントラル・キッチンを用いずに，店内調理にこだわりをみせながら多店舗展開をする企業の例として，俺のフレンチなどを展開する俺の株式会社がある。同社は，フランスのミシュラン星つきレストランで修行をしたような料理人を雇いながら，顧客の回転率を高めるための工夫（小規模・立ち食い）をし，リーズナブルな価格設定で創業した（内田他，2015）。創業者によると，料理学校を出た人が10年後も飲食業に携わる確率は1割にも満たず，料理人が魅力を感じる飲食店の経営が求められたという。そこで同社の採った策は給与を上げる，といった外発的な動機づけではなかった。主に料理人の不満は食材の調達やメニューを自ら決められないことにあり，同社は料理人たちに仕入れや価格設定などの裁量権を認めたのである。料理人たちを内発的に動機づけ，実績のあるシェフや有名店で働いていた者たちを雇用することができたのである。

(2) サービス・エンカウンター：見る・見られる・顧客・従業員

　目の前で料理人が腕をふるう姿を見ることのできる特等席。それをシェフズ・テーブルという。ここでは1組の顧客だけが特別に用意された席につき，他の顧客からは隔離された場所で食事を楽しむ。プロの料理人の仕事ぶりを眺めることも最高のエンターテイメントとなろう。顧客が従業員を見て楽しむ例である。特等席につくことのできる顧客であるから当然，それなりの支払いをする顧客であるので，給仕を担当する従業員もまたその顧客の食事やアルコールの進み具合を丁寧にチェックしていることだろう。

　このような特別な例だけでなく，飲食店における顧客と従業員は「見る・見られる」関係をもっている。顧客は従業員の注文のとり方や清潔感，マナーや言葉遣い，気遣い，居場所について見ているし，従業員は顧客の自分に対する用事の有無，待ち時間，食事の時間，食後の時間を見ていることだろう。さら

に顧客は他の顧客の姿を見て微笑ましく思ったり，苦々しく思ったりするし，従業員も他の従業員を見て学んだり，仕事の楽しさを覚えたり，仕事に嫌気がさしたりする。例えばスターバックスの店舗は「見る・見られる」設計をされていることが多い。壁に向かう席でなく，壁を背にして店内に目を向けることができたり，ガラス越しに外を見るようなつくりである。サービス・エンカウンター，すなわち顧客とフロントラインの従業員とが接する現場では，複数の顧客と複数の従業員たちの間に「見る・見られる」関係性がある。この関係性は大手や個人経営に関わらず生じるものである。

セルフサービス式の飲食店では，最初の注文時のタッチポイントの後，追加の注文であったり，店内の空席や清掃の必要な場所を見ることが従業員に求められる。フルサービス式の飲食店では，顧客の注文のタイミングや給仕後の食事の進み具合，困り事はなさそうか，お薦めを言うべきか言わざるべきかといった様子も見る必要があろう。

マナーやルールを守らない他の顧客がいれば，それを苦々しく思う顧客は二度と来店しないかもしれない。特別迷惑なことをする顧客がいなくても，自分と価値観の合わなさそうな人ばかりに囲まれて，場違いに感じる顧客も来店しなくなるだろう。「見る・見られる」顧客間相互作用は，顧客満足や再来店の意志に良くも悪くも影響を与えるのである。それは顧客間のトラブル（例えば言い争い）のように従業員の目に映るものでなかったとしても，である。

フロントラインの従業員間にも「見る・見られる」関係がある。飲食業に限らないが，嫌々接客している従業員の姿を見ていれば，待遇に不満のない従業員もそこで働きつづける意志を失うかもしれない。逆に待遇に不満があっても，共に働く同僚の姿に仕事の満足を覚える従業員もいるだろう。特にサービス業や小売業では，販売実績という目に見える成果以外に技能や待遇の適切さを評価する手段が少なく，内発的な動機をえづらい。それが離職率（当該の勤務先を辞す意）の高さと関連性がある。「より良い勤務先が他にある」と考える従業員にとって，現在の待遇は不満足の原因となるが，他の勤務先についての情報が限定されていれば，離職の意図も抑えられる。他の従業員は，自身の待遇の適切さを測るための準拠集団となるのである。

ここで，大手にも個人経営店にも応用可能な「見る・見られる」関係のマネジメント方法を1つ紹介したい。顧客の再来店を促す方法の1つにロイヤルティ・プログラムがある。例えば，来店頻度や支払い金額に応じて特典を設けるポイント・システムがそうである。飲食店のみならず，多くの企業がポイント・システムを採用していて，顧客との関係管理に用いられる。ところが，一風変わったポイント・システムを採用している企業がアメリカにある。モーズ・ステーキハウスにおいて，ポイントを貯めた顧客は割引以外にも特等席での特別なワインなど，様々な特典を受けることができる（ヘスケット他，2010）。顧客がこの店でポイントを貯めるためには，従業員からの投票を得なければいけない。従業員にとって良い顧客であれば，良いサービスを受けることができるのである。顧客は他の顧客の様子を見ながら，自分自身の態度を見直す。そんな顧客たちの集う店の雰囲気は当然良くなり，従業員も心地よく接客する好循環が生まれるのである。同社の経営者は，従業員の満足が顧客の悪い振る舞いによって損なわれることを問題視し，良い従業員が働きつづけるためには良い顧客を選択することが重要だと考えた。そこで発案されたのが，従業員に「見られる」ことを顧客に意識づけるポイント・システムだったのである。ルール設定による顧客の選別や管理についても第4章で学んだが，顧客間・従業員間・顧客と従業員間の相互作用を促すこのシステムもまた，顧客管理のための有効な手段といえる。

　モーズ・ステーキハウスあるいはスターバックスの事例は「見る・見られる」関係を積極的に活用するコンセプトにもとづいているが，いかなる状況においてもこうした実践が望ましいわけではない。食券制の飲食店で顧客は言葉を発する必要性はないし，一蘭のようなラーメン・チェーン店では，会話のみならず従業員や他の顧客との「見る・見られる」関係をすべて遮断することができる。各店のコンセプトを理解し共感する顧客が来店していれば，両者のリレーションは維持されるのである。即ち個々の飲食店にとっては，自店のコンセプトに共感する顧客を選択し，その収益性を試算することによって経営を安定化させることができ，顧客・従業員双方が満足を得られるのである。個別市場の潜在性や収益性を見極めること，すなわちセグメンテーションである。

3　飲食業のセグメンテーション

　飲食店の新たなコンセプトを考えたり，あるいは不採算店の将来を考えるため，経営者たちは意識的あるいは無意識的にセグメンテーションを行っている。マーケティング担当者の役割は，市場の潜在性や収益性を顧客や競合の分析によって明らかにするものであり，市場に関する豊かな知識を創造することによって，マーケティングの重要性や影響力が社内・店内で共有されるに至る。[5] セグメンテーションは経営戦略の根幹にかかわる問題であり，マーケティング担当者の重要な役割であることは製造業やサービス業に変わりはない。

　市場の潜在性や収益性について精緻な分析をする店もあれば，直感にもとづく経営者もいるだろう。いずれにしても大抵の飲食店にはメインとなるターゲット顧客像があり，ターゲットを見出す以前にはセグメンテーションが行われている。直感にもとづく経営者であっても，周辺の他店の評判を見聞きしたり，オフィス街か住宅街か，街を出歩く人たちはどんな人たちか，をうかがっていることだろう。逆に，他地域の成功事例を場違いに導入しても失敗するだろうし，たとえ優れた品質の料理を優れた従業員が提供するのだとしても，顧客がそのコンセプトに共感できないのであれば成功の可能性は高くない。

　本章では，第1章で確認したセグメンテーションについて，飲食業を題材に少し詳しく学んでいこう。あるセグメンテーションが有効であるかどうかは，測定可能性，実質性，到達可能性，実行可能性の4点から評価される。[6] 測定可能性とは，ターゲット顧客とそうでない顧客とを識別できるかどうか，である。例えば，ある地域の18歳人口などは自治体の公表する資料から確認することができる。しかし，ある地域に住む18歳のうち，薄味を好む者の割合などは一筋縄では把握できない。公表されたデータのみならず，独自の調査データが必要になることもあろう。次に実質性は，あるセグメントが十分な潜在性・収益性をもっているかどうか，である。18歳の薄味好みが1万人いることがわかったとしても，その年代の若者たちの予算は限られていて，利益を薄くして料理を提供しなければいけないかもしれない。第三の到達可能性は，経営者や飲食店

から顧客にメッセージを伝えることができるかの基準である。若者たちがSNSに頼って店選びをしているとして，経営者は自店のニュースや販売促進を若者に伝える手段をもたなくてはならない。また，たとえSNSを通じて活発なメッセージを発信したとしても，若者たちに無視されるようでは到達可能性に問題があると判断せざるをえない。最後の実行可能性は飲食店の経営資源の問題である。18歳の薄味好みの若者たちを店に招き入れることに成功したとしても，優秀な薄味の料理人もおらず，新鮮な食材も準備できず，従業員を十分に教育したり配置したりすることができないのであれば，このセグメンテーションは無意味である。

セグメンテーションの具体例は**表10－1**のとおりである。原典がアメリカの教科書であるので，訳者や筆者が日本風に多少の改変を施している。便宜的に各基準にA～Wのラベルをつけた。いま取り上げた18歳の薄味好み，というようなターゲット像は，年齢（E）や所得（I）によるセグメンテーションの結果として見出される。薄味好み，というような分類方法はこの表から見つけ出すことができないので，この表を万能で網羅的なものだとは考えないでほしい。また，セグメンテーションの基準は複合的にも用いられる。

郊外に出店するファミレスであれば，想定されるのは自動車で来店する顧客で，アルコールの消費も期待しづらい。子育て世代の家族の来店に合わせたメニューづくりがなされるだろうし，子供用のイスやおむつ替えのスペース，玩具などが準備されるだろう。人口規模（B）や密度（C），年齢（E），世帯構成（F），家族のライフサイクル（G）のほか，所得やエンゲル係数（I），社会階層（P），自動車を移動手段とするライフスタイル（Q），アルコールがらみの便益を期待しない点（S）がセグメンテーションに用いられていると推察できる。

訪日外国人客の増加によって宗教的な価値観に合う飲食店も誕生した。ハラル料理は豚を禁忌とするイスラム教徒の料理である。仏寺や神社をめぐりクリスマスを祝う日本人にとっては，料理についてさほど禁忌とされるものがないものの，諸外国では宗教（L）や人種（M）を考慮せざるをえない。野菜や果物を中心としたハラル料理店に集う日本人たちは，宗教にもとづいたセグメン

表10－1　セグメンテーションの基準

			ラベル
地理的変数	地　域	太平洋沿岸，日本海沿岸，関東，中部，関西，九州，北海道…	A
	人口規模	4999人以下，5000人以上…100万人未満，400万人以上…	B
	人口密度	都市圏，郊外，地方…	C
	気　候	北部，南部，降雨，降雪量…	D
人口統計的変数（デモグラフィック変数）	年　齢	6歳未満，6〜11歳…50〜64歳，64歳以上…	E
	世帯規模	1人，2人…5人以上…	F
	家族のライフサイクル	若い独身者，若い既婚者で子供なし，若い既婚者で末子が6歳未満，年配の独身者…	G
	性　別	男性，女性…	H
	所　得	299万以下，300〜599万…1200万以上…	I
	職　業	専門職，技術職，マネジャー，役員，事務職，販売職，職人，熟練工，退職者，学生，主婦…	J
	教育水準	中卒以下，高卒，大学院卒…外国語のレベル…	K
	宗　教	仏教，神道，カトリック，プロテスタント，ユダヤ教，イスラム教，ヒンドゥー教，無宗教…	L
	人　種	アジア人，白人，黒人…	M
	世　代	団塊の世代，団塊ジュニア，ベビーブーマー…	N
	国　籍	日本，中国，韓国，フィリピン，インドネシア，ブラジル，アメリカ…	O
	社会階層	最下層，労働者階級，中流階級，最上流…	P
心理的変数（サイコグラフィック変数）	ライフスタイル	文化志向，スポーツ志向，アウトドア志向…	Q
	パーソナリティ	神経質，社交的，権威主義的，野心的…	R
行動変数	探索される便益	経済性，品質，サービス，迅速性，プレステージ性…	S
	ユーザーの状態	非ユーザー，元ユーザー，潜在的ユーザー，初回ユーザー，レギュラー・ユーザー…	T
	使用割合	ライト，ミドル，ヘビー…	U
	ロイヤルティの状態	なし，中程度，強い，絶対的…	V
	購買準備段階	認知せず，認知あり，情報あり，関心あり，購入希望あり，購入意図あり…	W

（出所）青木幸弘編（2015）『ケースに学ぶマーケティング』，有斐閣，p. 54，原典 Kotler and Keller（2006）の翻訳。さらに筆者が部分的に改変した。

テーションの結果として見出されたターゲットというよりは，健康志向やLOHAS的なライフスタイル（QやR）に特徴のあるセグメントといえるかもしれない。

　本章の冒頭で挙げたように，日本では安価なものから高価なものまで，また多国籍の料理を楽しむことができる。言い換えれば，各店の経営者は細やかに市場全体を分割して，自店のターゲット顧客に向けた集中型のマーケティング戦略を採っていると考えられる。なお，セグメンテーションののち，分化型のマーケティング戦略を採る選択肢もある。例えばドトール（コーヒー1杯220円から）はエクセルシオール・カフェ（同300円より。パスタもあり）やカフェ・レクセル（同430円より。丸の内などに出店。アルコールもあり）などの店舗展開をしており（同社 HP，2018年10月28日閲覧），それぞれ所得や店内滞在時間の長さ，アルコールがらみの便益に応じた出店をすることで市場を広くカバーしようとしている。こうした分化型の戦略を採ることのできる企業は大手に限り，大半の飲食店は集中型の戦略を採っている。

　高度で細やかなセグメンテーションの進行こそがこの国の多種多様でクオリティの高い飲食業を彩っているように思われる。その一方で，個々のセグメントの規模が小さくなればなるほど，その実質性は不安定化し，ある時点で収益性のあったセグメントが加齢や家族構成の変化，環境の変化，流行などによって収益的でなくなれば，それに伴って飲食店も盛衰を繰り返すことになる。新店の誕生と廃業とによって特徴づけられる飲食業界を恰好のセグメンテーションの教材と捉えた根拠はここにある。

　この節のおわりに，大手にも個人経営店にとってもおそらくとても重要なセグメンテーションの基準について触れておきたい。表10−1内には明記されていないその基準は，法人客か一般客か，という分類である。わかりやすくいえば，会計のときに領収書を法人名などで求める顧客のことである。2014年の税制改正により，交際費としての飲食代金の支出がしやすくなった。全く同じ顧客でも，一般客としてあるいは法人客としてでは，予算や飲食店に期待する便益も異なるものとなろう。飲料やアルコールの利益率の高さも見過ごせない。法人客としての顧客は比較的「太っ腹」に振る舞い，とりわけ個人経営店に

とってはこうした顧客をいかに多く囲い込むか，という問題が死活問題につながることもある。

4　飲食サービスの機械化・工業化

　個々のセグメントの規模の小ささは飲食業の多様な彩りとなる反面，個人経営店にとっては経営の不安定化にもつながることを確認した。逆に大きなセグメントをターゲットとするからといって経営が容易なわけではない。大手飲食店でも経営不振に陥ったり，国内市場の限界を感じて海外進出を図るのである。
　大手には，大手ならではの機械化や工業化がみられる。少品目の食材を大量に調達し，機械化・工業化されたセントラル・キッチンで「生産」された料理を小型店やサテライト店に送り，店内でもまた標準化された手続きで仕上げを行い，料理人を不要とするような実践である。安価な食材を世界中から調達するため商社との連携もあろう。機械化や工業化によって，大型スーパーや駅・空港のフードコート，学校や病院といった需要が集中する場所への出店も可能になる。学校や病院のような大口の顧客を対象とする場合，ローカルなチェーン店や工場の経営者にも受注のチャンスがある。学校給食の無料化のような自治体の政策にも影響を受けるだろう。
　機械化や工業化のための設備投資や技術開発のほかにも，安価な食材の調達能力，規模の経済性の実現による低価格設定などは，個人経営店にとって不可能に近い。ケンタッキー・フライド・チキンの圧力釜には大規模な設備と空間が必要で小規模店舗での調理は不可能である。工場で生産されたフライドチキンは冷凍配送され，店内で解凍・加熱される。ミスタードーナツのスチームクッカーは，冷凍された飲茶や麺を短時間で解凍調理するため，加圧した160〜180℃の蒸気を吹きかけながら食品の表面で結露した水をバキューム装置で吸い取り，37秒で仕上げることができる。機械化や工業化を進める場合，食材の配送や保管技術も問われることになる。しかしながら，機械化・工業化のプロセス内での不祥事（例えば偽装）や個々の店舗での管理不行き届き（例えば従業員のおふざけ）はチェーン全体の問題として認知されることになる。直営店

あるいは加盟店にかかわらず，サービス・デリバリー・システム（第4章，図4-3参照）の全工程およびその前段階である調達や加工，冷凍や配送といった一連のシステムを包括して管理することが求められる。機械化・工業化の結果として，全工程に携わる従業員たちのマニュアルやトレーニングによる管理や監視は，大手にとって避けられない経営課題となる。

マニュアルやトレーニングが不要だとはいいきれないが，個人経営店の場合，店舗責任者が目を配るべき範囲が小さくて済む。現地ならではの食材や冷凍が不要なほど新鮮な食材の調達，料理人の働き，あるいは大手とは異なる接客や顧客との関係構築など，個人経営店には大手には真似のできない戦略によって成功する可能性があろう。

現地ならではの食材を生かし切れない大手の事例として，マクドナルドが過去にロシア市場に進出した話を取り上げてこの節を結びたい。ロシアではとても品質の良いじゃがいもを調達することができた。しかしそのじゃがいもはロシアのマクドナルドの美味しいフライドポテトにはされず，アメリカの工場で生産されたものが輸入された（現在は不明）。短すぎたのである。

本章において取り上げた飲食業界の問題は以下のとおりである。ピークタイムへの需要の集中により，大手ほど従業員に柔軟な勤務態勢を強い，勤務先としての業界の魅力を下げてしまう。多数のアルバイトやパートを現地周辺で雇用する店舗責任者の負担も大きい。人件費の高騰は収益を圧迫する。

大量の調達と生産，機械化と工業化，サービスの標準化，料理人への依存の小ささは，効率性や価格の抑制を志向する大手の実践であるが，全工程の一部で生じる問題は全体の問題となる可能性がある。

大手が対象とできない規模のセグメントは個人経営店にとっての適所であろう。しかしその規模の小ささが個人事業主の経営を不安定化させる原因となる一方で，高度で細やかなセグメンテーションの進行は，国際色が豊かで多種多様，さらにクオリティの高い多くの飲食店を生み，日本の飲食業界を彩っているのである。

推薦図書

伊丹敬之・高橋克徳・西野和美・藤原雅俊・岸本太一(2017)『サービスイノベーションの海外展開——日本企業の成功事例とその要因分析』東洋経済新報社。

ジェームス・L・ヘスケット，W・アール・サッサー，ジョー・ホイーラー(2010)『OQ(オーナーシップ指数)——サービスプロフィットチェーンによる競争優位の構築』同友館，川又啓子・福冨言・諏澤吉彦・黒岩健一郎訳。

内田和成・黒岩健一郎・余田拓郎(2015)『顧客ロイヤルティ戦略ケースブック』同文館。

練習問題

(1) 身近な飲食店のセグメンテーションを**表10-1**を使って考えてみましょう。

(2) 食材の調達やメニューを自分で決めることが料理人にとって魅力になることを紹介した。金銭的な動機づけではない方法は，価格をリーズナブルにする効果もあるし，企業が利益を確保するためにも重要な方法といえる。一方で，人手不足の飲食業における人件費の高騰も紹介した。金銭的な方法ではなく，どうすれば飲食業の従業員たちを内発的に動機づけられるか考えてみよう。

注

(1) 日本経済新聞社編(2018)『日経業界地図2019年版』日本経済新聞社。別記がなければ業績情報の出典は本書による。

(2) ハワード・シュルツ，ジョアンヌ・ゴードン(2011)『スターバックス再生物語——つながりを育む経営』徳間書店，月沢李歌子訳。

(3) 黒岩健一郎・牧口松二・福冨言・川又啓子・西村啓太(2012)『なぜ，あの会社の顧客満足は高いのか——オーナーシップによる顧客価値の創造』同友館。

(4) 福冨言(2009)「販売職の人々の準拠集団とインセンティブ・システム——5人の生活誌」，『京都産業大学論集(社会科学系列)』第26号，p. 55-76。

(5) Moorman, C., and R. T. Rust (1999), "The Role of Marketing," *Journal of Marketing*, 63 (Special Issue), 180-197. および Verhoef, P. C., and P. S. H. Leeflang (2009), "Understanding the Marketing Department's Influence within the Firm," *Journal of Marketing*, 73 (2), 14-37.

(6) 青木幸広編(2015)『ケースに学ぶマーケティング』有斐閣。原典 Kotler and Keller (2006) の翻訳。

第11章
保険業におけるサービス・マーケティング

多くの人々にとって，生命保険は不動産に次ぐ高額な買い物である。また，自然災害や事故を補償する損害保険は必要不可欠なものである。この章では，保険業を題材として，そのサービス・マーケティングについて学んでいく。

キーワード：信頼財（信用財），アクチュアリー，ソルベンシー・マージン，コンバインド・レシオ，純保険料，付加保険料

1 保険業のしくみ

はじめに，保険業のしくみを簡略化して説明していく。5人の加入者が保険会社に100万円の保険料を支払うとしよう。保険会社は500万円の収入を得る。のちに加入者の1人であるEが疾病（病気）に罹ったり死亡したり事故を起こしたり事故に遭ったりしたとき，保険会社はEやその遺族に500万円の保険金を支払う。保険会社は5人の加入者から預かった500万円を全てEに補償として支払った。A～Eの支払った500万円は全て保険金として利用されたので，この500万円を純保険料という。実際は，保険会社の従業員はこの保険料から給与を得るし，広告費や営業所の運営費などもまかなわれる。例えば，500万円の保険料収入のうち，保険会社が100万円を人件費や広告費に利用し，Eへの補償を400万円としたならば，5人の支払う保険料のうち，400万円が純保険料であり，100万円を付加保険料という。

なお，「補償」という言葉は一般に損害保険において用いられ，「保障」は生命保険に用いられる。前者は「損なわれたものを埋める」意味合いであり，後者は「将来の備えを万全にする」意味合いがある。本章では，生命保険・損害

第Ⅲ部　サービス・マーケティングのケーススタディ

図11-1　保険業のしくみ（簡略図）

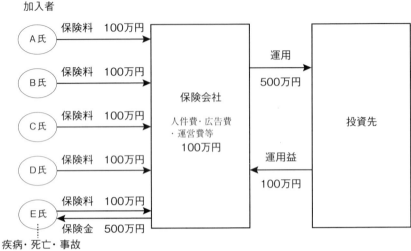

（出所）　筆者作成

保険にかかわらず，保険金の支払い・受け取りを「補償」として記述していく。

　保険会社は加入者からの保険料を預かり，補償の対象となった加入者に保険金を支払うだけがなりわいではない。保険料は資金として投資に運用される。**図11-1**を参照されたい。仮に保険会社が500万円の保険料を資金として100万円の運用益を上げたとすると，Eへの保険金を500万円とできるし，あるいは保険会社の収益を100万円積み増すこともできる。

　次に考えるのは，補償の対象となる加入者の疾病率・死亡率・事故率である。この例ではEのみが補償の対象となっていたが，誰がいつ疾病・死亡・事故に見舞われるかわからない。例えばEに加えてAも補償の対象となったとしよう。このとき保険金はどのように支払われるのであろうか。もっとも簡略化すると，500万円の純保険料をAとEの2人が分割することになる。即ち，100万円の保険料を支払ったA，E各人は250万円の保険金を受け取ることになる。B～Dの3人は，幸いにも健康で無事故であったとすると，彼（女）らの支払った100万円は不幸な2人の保険金と姿を変えるのである。さらに極端な例として，A～Eの全員が不幸に遭ったとしよう。すると100万円の保険料を支払った加

入者の受け取る保険金は100万円であり，商品としての保険の価値が薄れてしまう。さらに，保険会社が保険料から人件費などに100万円費やしていたとすると，純保険料の400万円を5人の不幸者が分割することになり，100万円の保険料が80万円の保険金へと減じられることになる。

それではここで，第2節以降においても検討を重ねる点について，保険業の現実も踏まえながらまとめてみよう。以下の3点に加え，1点補足する。

第一に，保険料と保険金の額は前もって，即ち契約時に定められること。「いくら保険料を納めれば，万が一のときにいくらの補償（保険金）を得るか」を加入者は納得した上で保険会社と契約する。この契約内容を本章では「保険商品」と呼ぶことにする。

第二に，保険料の支払いは大抵の場合，分割で行われること。上記の例において加入者は100万円の保険料を納めているが，その支払いは一括で行われるよりはむしろ「月々いくら」という形をとる。したがって，例えば100万円の保険料と500万円の保険金の保険商品では，加入者が30万円支払った時点でも不幸に遭えば500万円の保険金を受け取ることがある。

第三に，加入者と保険会社双方の立場からして，疾病や死亡や事故の可能性の高い加入者が多ければ問題があるということ。保険会社は契約にもとづいた補償をしなければいけないため，対象者が多ければ多いほど収益が脅かされ，経営が不健全化する。加入者も万が一のときに手厚い補償を受け取るためには，健やかで無事故の加入者が多いほど自らの保険金が確保される。保険会社からすると，加入者の疾病・死亡・事故率を見誤れば破綻の可能性が増し，保険会社の破綻は加入者にとってみれば，契約時に合意した保険金はおろか，支払いつづけた保険料の返還も期待できなくなる。

最後に，加入者個人からみたとき，この疾病・死亡・事故率は各人の事情や知覚によって左右されること。健康に気遣っている人ほど病気を恐れていたり，不健康な生活を送る人ほど「自分は病気にはならない」と過信していたりする。一方で，保険会社からみたとき，疾病・死亡・事故率は統計的な資料にもとづいた一定の予測が可能である。保険会社には，政府等の資料や過去の実績にもとづいて疾病・死亡・事故率を予測するだけでなく，「どういう人とどのよう

な保険料・保険金の契約を結び，純・付加保険料はいくらにすべきか，保険会社の収益はいかほどになるか」を予測・計算する役割を担う者がいる。アクチュアリーと呼ばれる担当者である。

2　保険業の概要

　1996年の保険業法の改正以降，生命保険会社による損害保険業への参入や損害保険会社による生命保険業への参入が認められるようになった。アクチュアリーが加入者の疾病・死亡・事故率などを正確に予想できたとしても，予測不可能な自然災害や経済問題が生じると，保険会社は積み重なる保険金の支払いに経営が逼迫することなる。投資に失敗するリスクを鑑みれば，多くの保険料，即ち多くの運用資金を確保することにメリットがある。予測不可能なリスクに対して保険会社が準備する余力をソルベンシー・マージンといい，健全性を測る1つの指標とされている。

(1) 日本の生命保険業

　日本においても保険会社の吸収や合併がつづき，生命保険業では日本生命が単体で5兆4,220億円の保険料収入，7,227億円の利益（2017年度）を上げながら，2018年には米国マスミューチュアル生命を，2016年には豪州MLCの生命保険事業を買収するなどしている。[1] 2015年に日本生命の子会社となった三井生命も6,945億円の保険料収入と596億円の利益を上げている。規模において日本生命につづくのが，第一生命の4兆8,845億円（5,738億円の利益），明治安田生命の3兆243億円（同5,851億円），住友生命の2兆6,887億円（同3,636億円）であり，これらの生命保険会社とは別に，かんぽ生命（日本郵政）が4兆2,364億円の保険料収入を得ている（同3,861億円）。

　損害保険会社による参入例では，MS&AD（三井・住友・あいおい・同和に由来）が1兆5,532億円の保険料（同216億円）を，東京海上（ルーツは東京海上・日動火災・日新火災）が9,081億円（同305億円），SOMPOグループ（損害保険ジャパンと日本興亜が合併）が4,384億円（同175億円）を収めている。

外資系の生命保険会社では，プルデンシャル（2兆1,968億円，1,324億円），メットライフ（1兆7,867億円，1,324億円），アフラック（1兆4,439億円，2,753億円）などが代表的である。かつてプルデンシャルと合弁で1979年に国内の保険業に参入したソニー生命（1兆592億円，813億円）や，ユナイテッド・オマハとの合弁で1991年に参入したオリックス生命（3,047億円，純利益377億円）（同社HP，2018年10月18日閲覧）などが新興の保険会社といえよう。現在はいずれもソニーとオリックスの100％出資する子会社である。

大手・外資系・新興企業のほかに，インターネットでの契約に特化したライフネット生命の存在を挙げることができる。2006年，同社は保険会社の後ろ盾なしに設立され，2015年にはKDDIとの資本提携を結んだ。従来の保険会社が外交販売員によって加入者を募っていたのに対し，ライフネットはそれを廃止し，顧客（将来の加入者）を広告によってホームページへと誘導するプル戦略のみを採用した。現在は店頭での受付も始めている。なお，保険商品の窓口での販売は，2001年から2007年にかけて段階的に可能となっていった。

このように，日本の生命保険業の特徴には，第一に大規模な保険会社数社の存在と外資系や損害保険系，新興の保険会社の存在を，第二に吸収や合併による大規模化を，第三にオムニチャネル化を挙げることができる。

(2) 日本の損害保険業

次に，日本の損害保険業の概要を確認しよう。東京海上が5兆3,991億円の経常収益，2,841億円の純利益を上げ，MS&ADがそれぞれ5兆2,178億円，1,540億円でつづく。SOMPOグループも同じく3兆7,700億円，1,398億円を上げている。相次ぐ吸収・合併により，国内の損害保険業はこれらの3社によって業界の大部分が占められている。業界全体の収入保険料のうち，49.0％は自動車保険であり，法定の自賠責保険（俗に強制保険と呼ばれる）による収入も12.1％を占め，自動車関連の保険商品が主である。そのほかの内訳には，火災保険の13.7％（地震保険の1.2％を含む），新種保険（14.0％。海上以外の損害保険，たとえば建設工事など），傷害保険（8.2％）が含まれる。

自動車保険業においては，そのほかにも，チューリッヒ，アクサ，ソニー損

保，セコムなど，外資系や新興の保険会社を確認できる。自動車保険もオムニチャネル化が進んでおり，自動車の購入時に自動車販売店の提携する大手損害保険会社を紹介されるケースもあれば，顧客がインターネットで補償内容を詳しく入力し，各社の相互見積もりを得たのちに契約するケースもある。

　一般的には，同じ補償内容でも前者は高額で後者は低額なイメージがあるだろうが，大手には資金の運用力やリスクの分散力があるし，自動車販売店に保険商品の選択を委ねれば，車両のトラブルも事故によるトラブルも窓口を一本化できる。また，大手・外資系・新興それぞれがインターネットでの保険商品の販売を行っているが，インターネット上で細分化されたさまざまな情報を入力し，保険料と補償内容を自ら組み合わせることを厭う者もいれば厭わない者もいるだろう。言い換えれば，自動車販売店あるいは保険会社のお任せセット保険（おそらく高額）を選ぶこともできれば，ドライバーの年齢，同乗者や対物・対人の補償範囲，年間走行距離など，細分化された保険商品を自己判断で組み合わせるネット保険（おそらく低額）を選ぶこともできる。ここで前者を「おそらく高額」と表現する理由は，自動車販売店にとって，提携する保険会社と顧客が契約したとき，車両の販売のみならず保険料にもとづく収入を得ることができるからである。顧客の意向に応じた低額のセット保険を提案することもあるだろうが，保険や自動車ローンといった金融商品は自動車販売店にとって貴重な収益源であり，高額な商品を提案する動機をもつことを付記しておく。

　自動車保険の細分化は1998年以降にはじまった。それまでは，いずれの保険会社も一律の保険料に対して一律の保険金を支払う算定会料率と呼ばれる制度があったが，現在は自賠責保険と地震保険を除いて，各社自由に保険商品を提案できるようになった。火災保険についても，例えば賃貸住宅の契約時には不動産会社の提案するお任せセット保険に加入することが主であるし，戸建ての購入時には，風水害や盗難などの補償を意向に合わせた上で各社の相互見積もりを受け，保険会社を選択できる。相互見積もりは不動産会社などの紹介によってアナログにもできるし，インターネット上での依頼もできる。

　以上より，損害保険業の特徴には，第一に生命保険業と同じように大規模な

保険会社と外資系や新興の保険会社の存在を，第二に同じくオムニチャネル化を，第三には細分化された保険商品を各社が自由に提案できるような制度に変容してきていることが挙げられる。

　各損害保険会社の提案力や経営の健全性を測る指標の1つとして，コンバインド・レシオがある。このレシオ（率）は保険会社の支払った保険金額と経費の合計を収入保険料で割ると求められる。この値が100％を超えると，保険料以上の保険金や経費を支払う不健全な状態と判断される。逆にこの値が小さければ，保険料を集める割に保険金を支払わない保険会社だと思われるだろう。損害保険は予測不可能な自然災害に対する補償も扱うため，ソルベンシー・マージンもまた重要な指標である。台風や地震が瞬時に多くの人々やその財産に被害をもたらし，多額の補償が集中的に必要になることは想像に難くない。

　最後に，生命保険業と損害保険業の概要をまとめつつ1つの注目点を挙げたい。それは保険商品の複雑性である。生命保険の事例において顧客は，将来の災難を事前かつ正確に予測することができないが，それでもなお生涯にわたって高額となる保険商品を探索・検討し，購入する。生命保険には特約と呼ばれる付帯契約が豊富に，そして複雑に存在し，契約に至るまでに得られた満足や納得感が補償時にもまた得られるかは不確実である。生命保険・損害保険のいずれにしても顧客は，複雑な保険商品をあえて自ら詳しく検討するか，保険会社や仲介業者の推奨に任せるか，という選択をする。保険商品は信頼財（信用財）の特性をもち，その価値評価には時間（契約時か補償時か）の問題が伴う。保険会社は自他の保険商品が複雑であるがゆえに，顧客の手助けをするか，あるいは自社にとって合理的な手法を用いるかを選択できる。保険商品の複雑性が，顧客の満足度や保険会社のマーケティングに大きな影響を及ぼすのである。

3　保険の複雑性

　保険商品は信頼財としての特性をもつ。即ち，「保険に入っていてよかった」と顧客が商品の価値を評価し，満足するのは，補償が必要な事態になったとき（一般的にそれは不幸な事態）である。契約時の価値評価と補償時の価値評価は必

ずしも同じではない。第1節の簡略化した事例において、健康で無事故の加入者は100万円の保険料を支払いながら、受け取る保険金は0円である。一般に「掛け捨て」と呼ばれる保険商品を「定期保険」という。もちろん現実には、保険料に見合うリターンのある商品（投資目的で加入する保険や部分的に返戻金のある保険など）もあり、顧客は様々な選択肢を取捨選択しなければいけない。顧客にとって、処理すべき情報は多すぎるといえるだろう。保険商品の複雑性と顧客の情報処理の負荷が、顧客間の相互作用や保険会社のマーケティングを特徴的なものとするのである。

(1) 契約時の顧客間相互作用

はじめに、顧客の立場から保険商品の複雑性を検討してみよう。選択肢の多さも問題だが、「いったい保険料はいくらほど支払うのが適切か」という予算の問題も解決しなければならない。生命保険料等（介護保険や個人年金を含む）は、2012年1月1日を前後として旧保険と新保険に区分されていて、年間に支払う新保険料が2万円以下であればその全額の、8万円を超えるのであれば4万円の所得控除を受けることができる（旧保険では2万5000円以下ならばその全額の、10万円を超えるのであれば5万円の控除を受けることができる）。こうした税制も支払うべき保険料の目安になるかもしれない。

次に注目したいのは、顧客間の相互作用である。ある人が年間いくらの保険料を支払っているか、といった情報が日常会話に上る可能性もなくはない。一方で、誰それが家族にいくらの保険金をかけた、その保険料は月いくらだ、誰それが亡くなったときの保険金はいくらだった、といった類の情報は気軽に会話されるものではなかろう。人の生死、家族との関係、支払う金額など、プライバシーに関わる商品であるがゆえに、支払うべき適切な保険料について、顧客は情報を得づらい状況にある。プライベートな内容もすべて打ち明けられる知人がいたとしても、その知人が複雑な保険商品の選択肢を知り尽くしている可能性も少なかろう。顧客が、その他の顧客との相互作用を頼りにして、適切な保険料と保険金の組み合わせを判断しようとしても限界がある。

さらに特約も保険を複雑にする。保険商品の根本的な価値が「いざというと

きの保障」であるならば，様々に発生する軽微な危機や深刻な危機に対応する様々な策が保険会社によって提供される。例えば，プルデンシャルがはじめて導入したリビングニーズ特約は，加入者が生前に死亡保険金を受け取ることのできるサービスである（生死や尊厳にサービスという言葉を使用することを本章においてのみ容赦されたい）。特約にはそのほかにも，加入者本人だけでなく家族にも範囲が及ぶもの，手術・入院，がん手術・入院，返戻金の有無，骨髄提供手術を対象にするもの，など多様な選択肢がある。多くがセット販売をされているので，加入者は補償が必要になってはじめて契約内容について正しく理解することもあるだろう。例えば「がん診断保険」特約などはわかりやすいが，「解約返戻金抑制型家族収入特約（高度障害療養加算型）」のような名称の特約も少なくないからである。また，契約時と補償時との間には時間的な隔たりがある。生命保険においてはその隔たりが数十年単位になることも通常であり，加入者は契約時に理解した内容を覚えていない可能性もある。

　ここで顧客の立場からみた保険商品の複雑性についてまとめてみよう。本節では生命保険の特約について触れたが，生命保険・損害保険ともに顧客の目に映る選択肢は非常に多く，さらに適切な予算を知る術も限られている。保険商品の価値を知覚するタイミングは契約時と補償時であり，期待された品質が十分にもたらされるかどうかを評価するまでに数年，数十年の時間的な隔たりがある。

(2)　契約時のサービス・デリバリー

　保険商品の複雑性は，信頼財の性質と選択肢の多さ，顧客間相互作用の限界によって特徴づけられる。次に，保険会社の立場からこうした商品を取り扱う実践について，特にフロントラインの販売活動と販売員の人的要素のマネジメントに注目して検討してみよう。

　まず，保険会社は保険に加入することのメリットを顧客に説明することが必要になる。実際の加入者の声を CM や広報誌で伝え，信頼財として，そしてそれは高額な出費を伴う価値のあるものだと説得する。保険会社の不健全性は加入者にとって大きなリスクとなるため，資金の潤沢さや大手企業的なイメー

ジを訴求したメッセージもみられる。外資系や新興の保険会社も，電話やインターネットにおける相談窓口を紹介したり，顧客が自身の意向や既往歴にあわせてカスタマイズができることをアピールしたりする。こうしたプル型の顧客対応のほか，日本の保険会社は伝統的に外交販売員によって加入者を獲得してきていた。団体保険と個人保険に分けて考えてみよう。

団体保険は，保険会社と企業との間で契約を結び，その従業員が（真かどうかは別として）有利な条件で保険に加入するものである。日本生命の有する保険契約のうち約94兆円が団体保険である（2016年度決算。個人保険は約143兆円）。第一生命は約47兆円（同約109兆円），明治安田生命は約113兆円（同約68兆円）の団体契約を保有する。[(2)]

契約企業に社員が毎年入社すれば，保険会社は潜在顧客を定期的に確保できる。需要の時間（入社）と空間（企業）とを捉えることができる。両者の関係が長期になると，保険会社は当該企業の従業員たちの職務内容を把握することができ，健康や生命を脅かすリスクや事故に遭う確率を予測することができる。企業には，経営方針や風土，給与体系によって，同質的な人材が雇用されているとも考えられる。運動不足の人ばかりの企業もあれば，休日や福利の充実した企業もある。給料の高い企業もあれば，低い企業もある。疾病や死亡，事故に遭う確率や顧客の所得を把握できるということは即ち，保険会社にとって適切な保険料・保険金の組み合わせと収益性を把握しやすいということである。

他方で，顧客にとっての適切な保険料・保険金の組み合わせは保険会社の意向と同じではない。しかし，保険会社はバンドワゴン効果を利用して販売活動を行うことができる。適切な保険料を知る術の少ない顧客に対して，外交販売員は「みなさん保険に入っておられます」，「一番多いのがこの契約内容です」といった商品訴求ができる。契約企業の新入社員からすると，直接の顧客間相互作用なしに，保険会社の提案を聞けば，「普通な」契約内容を知ることができる。さらにいうと，契約する内容は「普通」なのだから，内容について理解する必要もないかもしれない。準拠集団が社内に限られるのである。

保険会社は，契約企業の職務内容や保険料，危機の生じる可能性を把握し，同質的な顧客に対して標準的な商品を提案できる。ということは即ち，外交販

図11-2 女性保険外交員の年齢別月間給与（1989年）

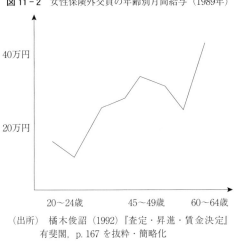

（出所）橘木俊詔（1992）『査定・昇進・賃金決定』有斐閣, p.167 を抜粋・簡略化

売員は標準化されたガイダンスの下で標準化された保険商品の詳細説明に特化した技能を養えばよい。経験の少ない外交販売員にとっては恰好のトレーニングの舞台となるし，見知らぬ個人顧客に対して飛び込み販売をする必要もない。ただし，安定的に現れる新規顧客に対して標準化された商品を訴求する販売員の報酬は多くはならない。従来，大手保険会社は女性販売員の活躍によって多くの契約を獲得してきたが，彼女たちへの報酬は決して多いものとはいえなかった。彼女たちの1990年頃の給与を簡略化したものが図11-2である。

標準化された外交を担う若手女性販売員は安価な労働力とされた。他方，カリスマの存在も同じ図から確認することができよう。個人的な広いネットワークを駆使し，個人保険の獲得に長け，熟練された女性販売員の存在もまた，伝統的な保険商品の販売を特徴づける人的要素のマネジメントだったのである。

伝統的大手とは対照的に，プルデンシャルの保有契約のほぼ全ては個人保険である。かつてソニーと合弁会社を設立して日本市場に参入した同社は，ライフプランナーと呼ばれる，男性を中心にした外交販売員を雇用することで差異化を図った。個人保険において，契約時に必要とされるのは複雑な保険商品を説明し，顧客に納得をしてもらうことであり，業種にかかわらず優れた営業成績を収めた従業員を成果報酬的な給与体系で雇用する方針を採った。保険商品

のなかには，外貨建ての保険など，投資的な意味合いの強い商品も生まれてきた。保険会社の資金運用は国内の証券市場や国債だけを対象としているはずもなく，保険商品にもグローバル化の影響が現れるのは自然なことといえる。優秀な実績を伴う販売員の中途採用は，証券や外貨，投資といった専門性をもつ保険商品を説明・提案する技能を備えさせる上で必要なマネジメントだったのである。

以上の例とは対象的に，外交販売員をほとんど用いないケースもある。ライフネットがその一例である。同社は，マス広告を利用しインターネット・サイトへと顧客を誘導することにより，販売員を採用しない。顧客が自身のプロファイルや家族構成，希望する補償額を自ら入力して契約に至るしくみである。どの補償に対してどれだけ保険料の増減が生じるか，をリアルタイムに知ることができるし，外交販売員であれば話しづらいような事情も含めて，予算に応じた契約に至ることができる。契約時に必要な情報処理を自ら，あるいは家族とともに行いたい顧客にとって価値のあるサービスといえる。保険商品は複雑だが，自発的な情報処理を厭わない顧客にとってみれば，優れたユーザー・インタフェイスがあれば納得のできる契約内容を見出すことができるだろう。なお，損害保険の比較サイトでも，同じようなインタフェイスで情報を入力すれば，複数の見積もりを入手することができる。

(3) 補償時のサービス・デリバリー

加入者が万が一の事態に陥ったとき，契約にもとづいた保険金を滞りなく受け取ることができるか。生命保険，損害保険のいずれにしても，保険会社のサービス品質が改めて評価されるときが訪れる。大抵の場合，加入者にとっては不幸な事態であるので，契約内容のみならず，加入者やその遺族への感情的対応にも心を配る必要がある。自然災害の発生時には多くの人々の財産に損害が生じるため，保険会社の受付も混雑するが，契約内容や損害の実態に応じて適切な保険金を給付するための審査にも時間が必要になる。

補償が必要になったときの受付は保険会社の方針や仲介業者の存在，標準化の有無などによって異なる。標準化された外交販売やインターネットを通じて

保険商品を購入した加入者は保険会社の担当窓口に直接連絡をすることになろう。窓口でもまた標準化された対応から事が進んでいく。火災保険についても同様である。一方で，成果報酬を中心として管理された販売員から保険に契約したり，自動車販売店の（車両販売の）担当者に保険を一任した加入者は，当該の販売員や担当者に連絡することになろう。成果報酬型の販売員は加入者の獲得のみならず保持についても業績評価をされており，加入者が契約後健やかに生活していたとしても，契約の再確認や追加的な提案ができるよう，加入者とのリレーションシップを維持するよう努める。自動車販売店の担当者についても，自動車ローンの成約や保険加入者の獲得は重要な評価指標であり，車検や修理などのメンテナンスを通じて，顧客との関係を維持しようと努めている。

　経済的なことだけをいえば，加入者が十分に満足する保険金を支払うことが究極のサービス品質である。だが，第1節にて確認したとおり，保険会社にある保険料は加入者全体で共有すべき資産であり，緩く拙い審査によって特定の加入者に不当に偏った保険金を支払うことはできない。他の加入者に対する公平性の観点から，補償対象となる加入者の審査は厳密であることが求められる。不幸・不測の事態に陥った加入者へは，こうした厳密性と感情的配慮を両立させて対応しなければならない（もちろん事務的な手続きをすることが加入者や遺族を満足させることもあるだろう）。

4　バックヤードのアクチュアリー

　顧客が将来保険金を受け取るときにはじめて，保険商品の真の価値が問われる。契約時までには，保険会社による各種保険の説明や資金運用上の特徴などの機能的な価値について，また，高額な商品を購入するに値する販売員なのか，複雑な保険契約をわかりやすくカスタマイズできるサイトが準備されているのか，といった感覚的な価値もサービス品質の評価対象となろう。複雑な商品説明をするスキル，信頼される専門知識と人間性，顧客のニーズに合わせた商品やその組み合わせの提案力，フレンドリーなユーザー・インタフェイスの開発は，保険会社のバックヤードにて育成・管理される課題である。

また，補償時までつづく保険契約期間において加入者は，将来の疾病や事故への安心感，家族への責任感，社会人としてのマナー，自身や家族の健康への気遣いといった経験的な価値を覚えることになる。自動車の運転の際には，とくに意識して安全運転に努めることになろう。

　保険の加入者がなぜ健康に気を配ったり，安全運転を心がけるようになるのか。保険契約があるのであえて危険な運転をする者はないのだろうか。一般的に，加入者にとってあえて危険運転をする理由はない。というのも，保険の審査は契約時点で終わるわけではなく，一度病気をしたり事故を起こしたりすると，加入者としての評価を損ねることになる。疾病や事故の可能性が高まればその分適切な保険料は高くなるのである。

　疾病・死亡・事故率の統計にもとづいて適切な保険料・保険金の組み合わせを計算し，保険会社の収益や準備金を管理する担当者をアクチュアリーと呼ぶ，と述べた。アクチュアリーは顧客とのタッチポイントに姿を現さないバックヤードの存在である。顧客の目に触れるのは，彼(女)らが緻密に計算した保険商品（様々に細分化された保険料と保険金の組み合わせ）なのである。

　保険会社はマクロな統計資料も用いて適切な保険商品を開発しようとする。政府が公開する生命表は寿命に関する統計資料であり，2018年4月に改訂された。寿命の伸びや少子高齢化は保険会社の保険料・保険金の見直しに影響を及ぼした。また，大手保険会社であれば契約者の履歴を豊富に蓄積しており，特定セグメントの顧客の疾病・死亡・事故率を予測することができる。観点をかえれば，疾病・死亡・事故率の異なるセグメントを発見することもできる。細分化された保険商品のそれぞれについて，疾病・死亡・事故率の実績や予測に応じて適切な保険料，適切な保険金，保険会社の収益性が計算されることになる。アクチュアリーは高度専門職であり，もっとも優秀な理系の学生がもっとも高額で保険会社に雇用される，ともいわれる(3)。

　具体的な保険商品の開発例を取り上げてみよう。自動車保険の選択肢のなかに，「自動ブレーキ機能が備わっているかどうか」というものがある。自動ブレーキは対人・対物ともに事故率を下げるので，保険料を下げる作用がある。その一方で，自動ブレーキの破損や故障は修理費用を高め，保険料を上げる作

用がある。アクチュアリーは事故率の低下と保険金額の増加を踏まえて，適切な保険料と保険金の組み合わせを見出さなくてはならない。

　保険商品の複雑性を加入者の公平性から改めて検討してみよう。疾病・死亡・事故率は適切な保険料・保険金に影響を与える。したがって，補償が生じる可能性の高い顧客には高い保険料を設定することが公平な対応といえる。公平性の担保こそが，顧客の情報処理や選択に大きな負荷を与えるほどの保険商品のバリエーションを生む原因の1つといえるのである。そして保険会社にとっては，保険料収入や運用資金の安定のため，また競合への対応のため，高度に細分化された契約・保険商品を一社で取り扱う動機をもつのである。

　前章の事例では，セグメンテーションの様々な基準を学び，大手や個人経営の飲食店がそれぞれのセグメントをターゲットとして営まれていることを学んだ。高度で細やかな点は同じでも，保険業の事例では，ある保険会社が単独でフル・カバレッジ（すべてのセグメントに対して適切な商品を訴求する）戦略を採る動機がある。こうした戦略のバックヤードには，疾病・死亡・事故率や保険料・保険金，保険会社の収益性や準備金を緻密に計算するアクチュアリーの存在がある。タッチポイントの外交販売員あるいはインターネット・サイトは，複雑な商品を検討・選択する顧客の情報処理の負荷に対処しなければならない。プライバシーの観点から，顧客間の相互作用はあまり活発でないだろう。しかし，疾病・死亡・事故率の高い顧客と同じ保険に加入することにはデメリットがある。多くの顧客が納得できるように標準化されたセット商品を販売してもよいし，各顧客の事情に合わせて複雑なバリエーションを細やかに説明・訴求して販売してもよい。いずれにしても顧客は，保険への加入によって「いざというときの保障」による安心感や責任感を感じて生活を送る。この経験価値は，補償が必要となる事態までつづき，果たしてその事態が訪れたとき，顧客は保険商品の真の価値を知り，保険会社のサービス品質を改めて評価する。

　国内外の保険会社の吸収・合併が進み，その資金運用や顧客の選択肢もグローバルな時代となった（例えば外資系との契約や投資目的の外貨建て保険への加入）。各国の規制，国債価格や外国為替の変動，政府統計だけでなく，公的な

保険や年金制度も保険会社の経営に影響を与える。次世代の保険商品には，スマートフォンや GPS の活用が予想される。スマートフォンや自動車の位置情報から，顧客の健康状態や性格を把握し，保険料・保険金に反映させるというものである。運動不足やスピード狂のドライバーといった疾病・死亡・事故率の高い顧客の支払う保険料は公平に高額となる。個人情報の取り扱いも含めた規制やルールが整備されたとき，再び新たなセグメントに向けた保険商品が誕生することになるだろう。

推薦図書

シーナ・アイエンガー（2010）『選択の科学（コロンビア大学ビジネススクール特別講義）』文藝春秋，櫻井祐子訳。

黒岩健一郎・牧口松二・福冨言・川又啓子・西村啓太（2012）『なぜ，あの会社の顧客満足は高いのか――オーナーシップによる顧客価値の創造』同友館。

浦沢直樹（2012）『MASTER キートン（完全版）』全12巻，小学館ビッグコミックス。

練習問題

(1) インターネット検索を利用して，各保険会社のソルベンシー・マージンとコンバインド・レシオを調べてみよう。また，ライフネット生命のホームページや自動車保険の見積もりサイトを利用して，市場を細分化する選択肢の多さを体感してみよう。

(2) 各保険会社の CM をみて，その訴求点と訴求された点の品質評価が行われる時間軸を明らかにしてみよう。

注

(1) 日本経済新聞社編（2018）『日経業界地図2019年版』日本経済新聞社。別記がなければ業績情報の出典は本書による。

(2) 保険研究所（2017）『インシュアランス（生命保険統計号）』平成29年版。

(3) 原年廣（2008）『魔法を信じた経営者――プルデンシャル生命・坂口陽史の献身と挑戦』ダイヤモンド社。

第12章

スポーツビジネスにおけるサービス・マーケティング

　サービス・マーケティングのアプローチは，スポーツビジネスの分野でも実施されている。スポーツビジネスの中核的な商品が，試合というサービスだからである。本章では，スポーツビジネスの内，試合興行を直接取り扱うプロスポーツに注目する。そのなかでも，組織の独立採算を強く求められている日本プロサッカーリーグに所属する浦和レッドダイヤモンズを事例として取り上げ，そこで行われている様々なサービス・マーケティングを紹介する。

　キーワード：専門的技能，ロイヤリティ・プログラム，クオリティ・マネジメント，体験サービス，非経済的リカバリー，感情のコントロール

1　浦和レッドダイヤモンズの経営状況

(1)　Jリーグのビジネス構造

　浦和レッドダイヤモンズの事例を紹介する前に，このチームが所属している日本プロサッカーリーグ（以下，Jリーグ）の概要を説明しておこう。Jリーグは，日本のトップレベルのサッカーの試合興行を行う社団法人の組織である。1993年に10チームで開始され，2017年のシーズン開始前には54チームが参加している。各チームは J1，J2，J3 といった各リーグ戦（参加チームが総当たりで試合を行う方式）で試合を行い，それぞれの優勝を競い合っている。

　Jリーグに所属するチームの中核的な商品は試合である。いかなるチームも観客から入場料を取って組織経営に充てているからである。私たちがお金を払ってまで試合を見に行くのは，そこで見ることのできる選手の専門的技能

（パフォーマンス）が優れていると感じているからである。通常，子供たちのサッカーの試合を，お金を払って見る機会は少ない。それは私たちが，子供たちの専門的技能が相対的に優れてはいないと知覚していることによる。

　多くの人々が選手の専門的技能を優れていると知覚すればするほど，試合という商品の金銭的価値は入場料とは別の側面から高まっていく。1つは，選手が用いている様々な道具やサービスに私たちが憧れるために，そうした道具やサービスを生産する企業がそれらを販売しようと，スポーツの試合を広告の機会と捉えるようになることである。企業が試合中に広告を掲出するためにチームに金銭を支払う活動はスポンサーシップと呼ばれている。例えば，選手のユニフォームに企業のロゴが記載されていたり，競技場脇の看板に企業の名前が記載されていたりすることである。もう1つは，競技場に行かない人々でもラジオやテレビを通して試合を楽しみたいという人々が増えるため，ラジオ局やテレビ局などが番組として試合を放送したいと望むようになることである。ラジオ局やテレビ局などが試合を番組として放送するためにチームに支払う金銭を放送権料と呼ぶ。

　このように，チームにもたらされる金銭が入場料であれ，スポンサーシップからであれ，放送権料であれ，それらは多くの人々が選手の専門的技能を優れていると知覚していることを源泉としている。そのため，Ｊリーグに所属するチームの中核的な商品は試合であると考えられているのである。

(2) 浦和レッドダイヤモンズの主要経営指標

　上述したビジネス構造をもつＪリーグに，1993年のスタート以来，浦和レッドダイヤモンズは参加している。このチームは元々，株式会社三菱自動車フットボールクラブが経営していたが，2012年から浦和レッドダイヤモンズ株式会社が経営している。1993年，Ｊリーグは参加する各チームに元々運営資金を提供していた企業から独立して採算をとるように強く求めていた。浦和レッドダイヤモンズが三菱自動車フットボールクラブというチーム名とならなかった理由の1つである。また平田ら（2008）によれば，2005年に三菱自動車工業株式会社からの損失補填契約を浦和レッドダイヤモンズ株式会社は解消した[1]。

第12章　スポーツビジネスにおけるサービス・マーケティング

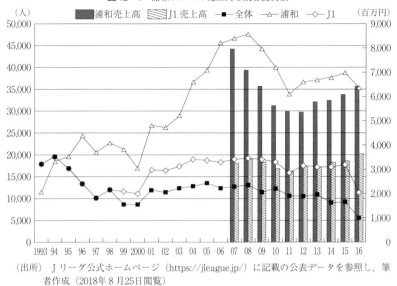

図 12-1　浦和レッズの売上高と観客動員数

（出所）Jリーグ公式ホームページ（https://jleague.jp/）に記載の公表データを参照し，筆者作成（2018年8月25日閲覧）

それゆえ，2005年以降，浦和レッドダイヤモンズ株式会社は独立採算で経営されてきたと推測できよう。

　浦和レッドダイヤモンズ株式会社（以下，浦和レッズ）の資本の動向は次の通りである。1996年に埼玉県と浦和市を株主に加えて増資し，2000年にはさらに27社が株主として加わり増資した。2017年には三菱自動車工業株式会社と三菱重工株式会社が出資するダイヤモンド FC パートナーズ株式会社が株主となっている。2018年1月時点で資本金は2億7,300万円である。平田ら（2008）によれば，従業員は2004年時点で30人ほどであるとされている。山下ら（2017）も J1 クラブは40から50名ほどの従業員がいると報告していることから，浦和レッズの従業員数は他のチームと同様の平均的な数であると考えられよう。[2]

　図 12-1は，浦和レッズの1試合平均の観客動員数と売上高の推移を示している。浦和レッズの観客動員数（図 12-1では，三角の点をつないだ折れ線グラフ）は，1993年と1994年は他の J リーグチームよりも少なかったが，1995年以降2016年に至るまで一貫して他のチームよりも多い。Jリーグの最上位リーグである J1 リーグの他のチームと比べても，その傾向は変わらない。1993年から

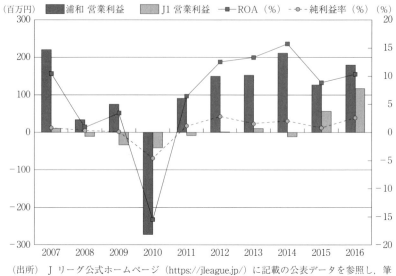

図 12 - 2　浦和レッズの営業利益と利益率

（出所）Ｊリーグ公式ホームページ（https://jleague.jp/）に記載の公表データを参照し，筆者作成（2018年8月25日閲覧）

　2016年までの J1 リーグ所属チームの観客動員数が平均１万6,000人強であるのに対して，浦和レッズのそれは平均３万1,000人強である。これを反映するかのように，浦和レッズの売上高（**図 12 - 1** では，棒グラフ）も2007年以降2016年に至るまで J1 リーグの他のチームよりも高い。当該期間の J1 リーグ所属チームの売上高が平均32億円強であるのに対して，浦和レッズのそれは平均62億円ほどである。この規模は，首都圏でコーヒーショップを展開する株式会社銀座ルノアール（2014年の売上高は約67億円）と同程度である。全国でコーヒーショップを展開する株式会社ドトールコーヒーの2017年の売上高は約760億円で浦和レッズの12倍強に相当する。

　図 12 - 2 は，浦和レッズの営業利益と利益率（ROA と売上高純利益率）の推移を示している。浦和レッズの営業利益（**図 12 - 2** では棒グラフ）は，2010年を除いて J1 リーグの他のチームよりも高い。2007年から2016年までの J1 リーグ所属チームの営業利益が平均900万円程度であるのに対して，浦和レッズのそれは平均9,600万円である。

　しかし，浦和レッズの営業利益と利益率は順風満帆であったわけではない。

営業利益は2010年にマイナスに落ち込むが,その後回復する。売上高が2012年まで落ち込んでいたのとは異なる傾向にある。また,ROA(**図12-2**では折れ線グラフ)は2010年にマイナスに落ち込んだのち,2014年までは15.7％程度まで順調に回復した。一方,純利益率(**図12-2**では点線の折れ線グラフ)は2010年にマイナスに落ち込んだのち,2012年までに2％に回復したが,その後は横ばいである。

(3) 順位と売上高と利益率

　浦和レッズは,他のチームと比較して,多くの観客を集め,売上高や営業利益も多い。しかし,利益率を見ると決して順風満帆ではない。こうした現象が起きるのは,順位が関係しているのではないかと私たちは推測しがちになる。しかしむしろ,この現象は浦和レッズが取り組んできたサービス・マーケティングと強く関わっているようである。以下でそれを説明しよう。

　上述したように,浦和レッズも含めたJリーグに所属するチームの中核的な商品は試合である。なぜならば,チームの収入源は,多くの人々が選手の専門的技能を優れていると知覚していることを源泉としているからである。もしそれが正しいならば,私たちは上位のチームの専門的技能をより優れていると知覚するので,売上高も高くなるだろう。**図12-3**の上側のグラフは,それを示している。縦軸に売上高(対数変換している)を,横軸に前年度の順位(逆数をとって相対化している)をとり,2006年から2008年までの各チームの値をプロットした散布図である。これによると,前年度の順位が高くなって右側に近いチームほど,売上高が高くなって上側に位置づけられることがわかる。散布図中の R^2 は決定係数のことであり,図の左下から右上に引かれた直線(これを回帰直線と呼ぶ)がプロットされた点の82％も説明することがわかる。つまり,上位のチームは専門的技能がより優れていると知覚されるので,確かに売上高も高くなっているのである。

　ところが,上位のチームほど利益を効率よく集めているかというとそうではないこともわかっている。**図12-3**の下側のグラフは,それを示している。縦軸に売上高利益率を,横軸に前年度の順位(上側のグラフと同じ)をとり,2006

第Ⅲ部　サービス・マーケティングのケーススタディ

図12-3　順位と売上高と利益率

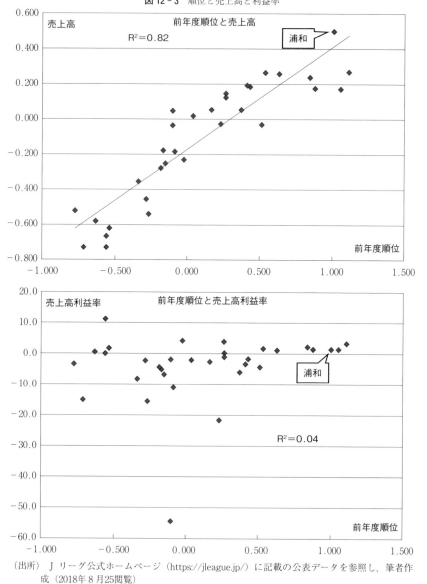

(出所)　Jリーグ公式ホームページ（https://jleague.jp/）に記載の公表データを参照し，筆者作成（2018年8月25閲覧）

年から2008年までの各チームの値をプロットした散布図である。これによると，前年度の順位が高くなって右側に近いチームであっても，利益率が高くなることはないことがわかる。散布図中の R^2 が4％に過ぎないことからもそれが裏づけられているのである。営業利益をいかに効率的に獲得するかという課題に対しては，順位を高めることとは別に，組織的な工夫が必要であることを示している。つまり，他のチームよりも売上高を多く獲得してきた浦和レッズであっても，利益を効率よく獲得するために，サービス・マーケティングの工夫を日々行い，努力しているのである。

2 観客に焦点化したサービス・デザイン

それでは浦和レッズはどのようにサービス・マーケティングを工夫しているのか，その一部を紹介しよう。平均観客動員数の高さからもわかるように，浦和レッズの重要な顧客は，試合を直接スタジアムで見ようとする観客である。そのため，REX CLUB のようなロイヤルティ・プログラムを展開することで，顧客との接点（サービス・エンカウンター）を増やした。

REX CLUB は，浦和レッズが株式会社日立ソリューションズと協力して2015年に構築したロイヤルティ・プログラムである。観客は REX CLUB の会員となることで，オリジナルグッズを受け取ることができ，スタジアムに来場したり，チケットを購入したり，マッチデープログラムを購入したり，グッズを購入したり，レストランで食事をしたり，あるいは応援している選手が当日の試合で活躍するたびに，ポイントが加算される。このポイントは，会員となって継続すればするほど貯まりやすく制度設計されている。ポイントは，保冷用のボトルやピンバッジといった様々なグッズと交換できる。また，チケット購入やグッズ購入の際に割引される金額としてもポイントは使用できる。さらには，選手のロッカールームに入ることのできるツアーや選手が登場するイベントに参加できるといった体験サービスにもポイントは使用できる。

このようなロイヤルティ・プログラムを導入した背景には，顧客を一元的に管理する必要が浦和レッズに生じていたことがある。浦和レッズには，顧客と

接点をもつための手段が数多くあった。例えば，3人以上1組となって入会する仕組みのオフィシャル・サポーターズ・クラブや，シーズン全ての試合を観戦できるチケットであるシーズンチケットの制度や，試合運営のボランティアを行う浦和レッズ後援会などである。そのため，1人の顧客がオフィシャル・サポーターズ・クラブの入会者でありシーズン・チケット・ホルダーでもあり，浦和レッズ後援会にも入会しているといったことがありえた。このような顧客に浦和レッズがバラバラにマーケティングを行うことにより，重複するコミュニケーション（例えば，顧客に同じ年賀状が何枚か届いたといったこと）を最適化する必要が生じたのである。

　そればかりでなく，彼ら観客は浦和レッズに好意を抱くがゆえに，浦和レッズのスポンサーにも好意を抱く可能性が高い。逆に，スポンサー商品の顧客が間接的に彼ら観客に影響を与える可能性もある。そのような機会を最大限生かすことができるように，潜在的なスポンサーに対して Reds Business Club のようなスポンサーシップ・パッケージを販売している。このパッケージを購入することで，スポンサーはスタジアムで広告を掲出したり，自社の封筒やホームページに浦和レッズのロゴを掲載したりすることができるのである。

　以上のように浦和レッズは，試合に来る観客を，単に自らのチームにとっての顧客とみなすだけでなく，スポンサーにとっての標的顧客でもあると認識することで，試合興行というサービスの価値をなるべく高めるように工夫しているのである。このような努力は，Jリーグの他のチームでも見られるようなデザイン上の工夫である。

3　サービス・デリバリーに合わせた組織

　浦和レッズは，サービス・デリバリーに合わせた組織再編も行っている。**図12-4** は簡略化した組織図を示している。この組織図を見ると，上の2009年時点では社長に直結した部署は9カ所もあった。ところが下の2016年時点では，そうした部署は6カ所にスリム化されている。バックヤードと分類される事業部スタッフらと社長のコミュニケーションは，この再編により，もっと効率良

第12章　スポーツビジネスにおけるサービス・マーケティング

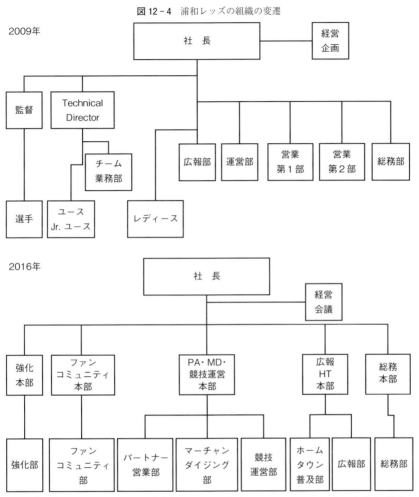

図12-4　浦和レッズの組織の変遷

（出所）　浦和レッドダイヤモンズ公式ホームページ（http://www.urawa-reds.co.jp/）に記載のデータを参照し，筆者作成（2018年8月25日閲覧）。

くなったと考えることができるだろう。これらは，サービス生産を効率化することによるコスト低下を狙うマス・サービス設計の1つであるとみなすことができよう。

　また，この再編は，サービス・デリバリーの明瞭化をねらったと考えることもできる。2009年時点の組織図に示されたトップチーム選手，ユース選手，レ

ディース選手らは，2016年時点では強化部にまとめられている。これは，選手らがフロントラインの一端を担うにすぎないことを示している。なぜならば，選手が観客と接する時間は試合中に限定されがちであるからだ。ところが，観客はチケット購入を検討するなどといった試合会場に来るはるか以前からサービス・デリバリーの時間軸のなかに立ち，レストランで仲間と試合結果を話すなどといった試合終了後に至るまでサービス・デリバリーの時間軸のなかに立ち続けている。それゆえ，サービス・デリバリーのなかで果たす選手の役割はもっとコンパクトなものであろう。以上のように，浦和レッズは，自らのサービス・デリバリーに適合させながら組織編成を行っている。

4 ファンのマネジメント

　浦和レッズの観客の多くは，熱狂的なファンであるが，そうでないファンもいる。通常のメーカーであれば，顧客のマネジメントはクオリティのマネジメントとは異なるけれども，生産と消費が同時に行われるサービス業においては，顧客のマネジメントがクオリティ・マネジメントにつながることがある。浦和レッズもサービス業であるために，ファン同士のマネジメントが，提供するサービスのクオリティをマネジメントすることとつながっている。

　多くの他のJリーグチームと同じように，浦和レッズも熱狂的なファンとそうでないファンがスタジアム内の同じ座席から応援することを推奨していない。公式ホームページには座席の種類によって応援の仕方が異なることが示されている。例えば，浦和レッズが守るゴールの裏の北側は，立って応援するエリアであると記され，南側は，着席での観戦をお願いしているエリアであると記されている。いずれの座席でも，対戦チームを応援したり，グッズを身につけたりすることはできない。レストランの隣の席に大声でわめく客がいた時，不快になるのと同じように，熱心に浦和レッズを応援している隣で，対戦チームを応援されると不快になるだろう。顧客同士の相互作用が提供サービスのクオリティに影響する例である。それゆえ，応援の仕方に応じて推奨する座席を

変えることにより，クオリティをマネジメントしているのである。

このような座席の推奨は，顧客ミックスの概念で理解できる。顧客ミックスとは，様々な属性をもつ顧客の集まりのことである。浦和レッズはルールを準備することで顧客ミックスの適正化を図っている。熱狂的に応援したいファンは立って応援するエリアに来ても満足するだろうが，彼らの連れてくる友人は着席を望むかもしれない。スタジアム全体が立って応援しなければならない座席しか準備していないならば，このような友人が満足することは難しくなるだろう。

そればかりでなく，他のチームと異なって，浦和レッズはファン同士の社会関係資本をマネジメントすることでクオリティを管理することにうまく対応したと考えることもできる。このような指摘をした井上 (2008) は，社会関係資本を社会組織において協調を促すネットワーク構造や規範のこととし，浦和レッズがオフィシャル・サポーターズ・クラブへの入会を，3人以上を1組として認めたことが重要であったと報告している。[3] オフィシャル・サポーターズ・クラブへ入会するには，①自分で3人の仲間を誘って入会するか，②既存のオフィシャル・サポーターズ・クラブに参加するかしかない。そのためファンは，周囲の仲間に浦和レッズの話題をもちかけて誘ったり，オフィシャル・サポーターズ・クラブの事務局にどのようなクラブがあるのかを尋ねて情報交換したりすることが生じた。このようなファンのもつ社会関係資本を，浦和レッズは熱狂的なファンになる推進力として取り込んだのである。

スポーツの試合は他のサービスと同様に，そのクオリティをファン1人で事前に判断することが困難である場合が多いだろう。こうした場合，一緒に試合観戦する仲間の情報はファンのもつ知覚リスクを低減することになるだろう。例えば，次の試合が面白くなるかどうかはよくわからないけれど，この人と一緒に行くのだったら，楽しくなりそうだから，試合を見に行ってみようと感じやすくなるであろう。

5 カスタマー・ジャーニー・マップの活用

　浦和レッズは，試合を頻繁に見に来ないような顧客に対して，カスタマー・ジャーニー・マップを公式ホームページ上で公開することにより，彼らの経験価値をより豊かにしようと目論んでいる。ここで提供しているマップは，時間型のカスタマー・ジャーニー・マップである。マップでは黄色の矢印で時間の進行が示されている。そこには，自宅から公共交通機関を使って浦和美園駅に行き，そこからスタジアムに入って試合前のイベントを見た後に，試合を見て，レストランで食事をして自宅に帰るまでが描かれている。

　注意深くこのマップを見ると，試合が始まるまでの間に，ロイヤルティ・プログラムを紹介している箇所が見える。上述したように浦和レッズは，顧客との重複するコミュニケーションを最適化するため，顧客を一元的に管理するロイヤルティ・プログラム制度を2015年に導入した。このようなロイヤルティ・プログラムは，通常，顧客との関係性を管理するために使われる手段である。しかし浦和レッズは，このロイヤルティ・プログラム参加者に対して，様々なイベント体験を準備している。選手のロッカールームの見学体験やピッチ内の芝生に入って清掃をするといった体験である。即ち，浦和レッズが展開しているロイヤルティ・プログラムは，顧客との関係性管理だけに使われているわけではなく，顧客とのタッチポイントとして使われ，それにより経験価値を付加しようと試みているのである。

6 ファンへのクレーム対応

　熱狂的ファンの多い浦和レッズは，彼らからのクレームや彼らが引き起こすトラブルへの対応も行っている。とりわけ，2014年に起きた3人の熱狂的ファンによるトラブルは，社会的にも大きなインパクトをもった。具体的には，観客が人種・民族差別を想起させる横断幕をスタジアムに掲出したトラブルである。これに対して浦和レッズは，試合終了後まで横断幕を掲出させたままにし

た。このトラブルを受け，所属するJリーグから無観客試合を実施するよう制裁が科された。浦和レッズは，当事者の無期限の入場禁止を決め，他のサポーターには，一定期間，横断幕や旗の掲出を禁止することとし，役員報酬のカットや関係社員の処分を決めた。このような対応は，非経済的失敗 (non-economic failure) に対する非経済的リカバリー（謝罪）と考えることができるだろう。

　もちろん，経済的失敗 (economic failure) に対する経済的リカバリーも行っている。例えば，なかなかチケットを入手できないホームタウン居住者に対して，ホームタウン優先販売を浦和レッズは行っている。ホームタウン優先販売とは，埼玉県民に特定の試合を抽選で優先的に販売する制度である。これは，サービス・リカバリーの分野における情報の交換による対応と考えられるだろう。このような販売制度は，他のチームではあまり見られない制度である。

7　駒場から埼玉へ

　スポーツもエンターテイメントの1つであるため，浦和レッズの従業員は，自らの本来の感情をコントロールする必要（感情のコントロール）に迫られている。そういった問題は，浦和レッズのホームスタジアムが駒場スタジアムから埼玉スタジアム２○○２へ変更される現象に象徴的に表れたと吉田 (2005) が報告している。[4]

　2002年の日韓ワールドカップ開催のために，埼玉県が建設した埼玉スタジアム２○○２は2001年に完成した。埼玉県は，当初からこのスタジアムが浦和レッズのホームスタジアムとなるように働きかけていた。浦和レッズ側も収容人数が拡大して入場料収入が増加するため，このスタジアムをホームスタジアムとしたい意図をもっているようであった。しかし，駒場スタジアムを設置するさいたま市はサポーターの心情を考えて移転には慎重になるべきとの見解を示した。当の浦和レッズのサポーターは，駒場スタジアムに愛着を感じていた。とりわけ，次の逸話がファンに愛着を持たせることになった。それは，県と市の対立が報道された2003年，Jリーグカップ準決勝で清水エスパルスと対戦し，

他のスタジアムでは禁止されていた紙吹雪を使用し，浦和レッズが6点をとって勝利したことである。これにより，ファンの駒場スタジアムへの愛着が強化された。

これに対して，浦和レッズはきわめて慎重に行動したように見える。浦和レッズは2018年時点でも埼玉スタジアム2○○2だけでなく駒場スタジアムもホームスタジアムとしている。しかし2010年以降，リーグ戦においては，駒場スタジアムは使用されていない。サポーターの心情を考慮し，この問題に従業員全体で静かに対応する必要があったと考えられるのである。

8　スポーツにおけるクオリティのジレンマ

最後に，浦和レッズの2010年の利益率が伸び悩んだ原因について簡単に触れておこう。これまで述べてきたように，浦和レッズは他のチームよりもはるかに優れたサービス・マーケティングを展開している。したがって，浦和レッズのマーケティングが稚拙だったと考えるのは適切ではない。その原因は現時点で明瞭になっていないけれども，読者がそうした誤解に至ることのないよう注意を促すため，あえて記しておきたい。

Jリーグの観戦者調査によれば，浦和レッズの2010年における観客の観戦歴は平均11.2年であり，2009年が平均10.4年（2011年は平均11.2年）であったことからすると，観客のリピート率が下がっているわけではない。それにもかかわらず，利益率が落ちているのは，浦和レッズが制御できなかった要因があったのかもしれない。その1つとして考えられるのは，結果の不確実性仮説で説明されうるスポーツビジネスに特有の現象である。結果の不確実性仮説とは，商品の評価を事前に予測できないほど，消費者の購買確率が増すというものである。通常，購買する商品の評価が事前に予測できなければできないほど，消費者は知覚リスクが高まるため，そうした商品を購入しようとはしない。ところが，スポーツの試合では，どちらが勝つのか前もってわかっていないほど，消費者はそうした試合を面白いと感じ見ようとする。

涌田ら（2013）の調査によれば，2010年シーズンは2009年シーズンよりも各

チームの勝率が散らばっており,優勝争いの予想をしやすい状況にあった。浦和レッズは,2009年シーズンは7月の第18節まで2位であった(最終第34節終了時は6位)。一方2010年シーズンは,4月の第8節まで3位であったが,その後はそれ以上の順位とならず,最終第34節終了時は10位であった。

このような状況で知覚リスクを下げようとサービス・マーケティングの努力を行うと,事前に結果の予想が立てやすくなり,かえって観客にとって魅力がなくなってしまうかもしれない。スポーツビジネスの市場は,チームの努力がかえってクオリティを下げてしまうという他の市場よりも難しい経営環境にあることに注意が必要なのである。

推薦図書

柳沢和雄,清水紀宏,中西純司編著(2017)『よくわかるスポーツマネジメント』ミネルヴァ書房。

原田宗彦,藤本淳也,松岡宏高編著(2018)『スポーツマーケティング改訂版』大修館書店。

涌田龍治(2018)「第21章スポーツ・マーケティング論Ⅰ」武井寿,小泉秀昭,広瀬盛一,八ッ橋治郎,畠山仁友編著『現代マーケティング論第2版』実教出版,p. 213-222。

練習問題

(1) 次の文章を読み,空欄を埋めなさい。

通常,子供たちのスポーツの試合を,お金を払って見る機会は少ない。しかし,私たちがお金を払ってまで試合を見に行くのは,そこで見ることのできる選手の_____が優れていると感じているからである。

(2) グループでプロスポーツチームのサービス・マーケティングの工夫を調べてみよう。

注

(1) この記述は,平田竹男・佐藤峻一・浦嶋亮介・柴田尚樹・梶川裕矢(2008)「浦和レッドダイヤモンズの自律的経営と成長要因」『スポーツ産業学研究』18(1), p. 59-77を参照。

(2) この記述は,山下博武・柳沢和雄(2017)「プロスポーツ組織におけるフロントスタッフに対する人的資源管理の実態と課題」『体育・スポーツ経営学研究』31(1), p. 25-39を参照。

(3) この記述は，井上達彦（2008）「顧客コミュニティにおける社会関係資本の構築」『早稲田商学』416，p. 1-48を参照。
(4) この記述は，吉田幸司（2005）「『スポーツの持つ公共性』という『大義』を巡る抗争」『スポーツ社会学研究』13，p. 85-97を参照。
(5) この記述は，涌田龍治・西政治（2013）「日本プロサッカーリーグにおける結果の不確実性と入場者数の関係」『京都学園大学経営学部論集』23（1），p. 129-140を参照。

第13章

小売業におけるサービス・マーケティング

本章では，小売業におけるサービス・マーケティングについて，事例や調査結果をもとに検討する。理論編で学んだサービス・マーケティングの概念や理論のうち，特に「サービス・リカバリー」に着目して事例を読み解く。

キーワード：市場志向，サービススケープ，悪質クレーム（迷惑行為）

1 なぜ，サービス・リカバリーに着目するのか

コンビニエンスストアでご飯を買ったり，休日に友人とショッピングセンターへ遊びにいったり，スマホから EC サイトにアクセスして洋服を買ったり。私たち消費者にとって，小売業はもっとも身近なサービスの1つといえる。

サービス・マーケティングの視点からも，小売業は話題に事欠かない業界である。蔦屋書店のように経験価値を巧みに訴求するライフスタイル提案型小売業もあれば，Amazon Go[1] のようにサービス・デザインを見直し，顧客の買い物体験を抜本的に変え得る小売業も登場しつつある。

上記のような小売業の華々しい側面について検討することで，サービス・マーケティングにとって興味深い示唆を導くことができるだろう。しかし，小売業の先端動向について扱った書籍は数多く存在する[2]。本章では視点を変えて，サービス・リカバリーの側面から小売業におけるサービス・マーケティングについて考察していきたい。その狙いは2つある。

第一に，どれほど先進的な取り組みをしている小売業であろうと，サービスの失敗と無縁ではいられないからである。むしろ，リスクをとって先進的な取り組みをしているからこそ，新たなサービスの失敗が生じやすいとも考えられ

る。しかし，サービスの失敗によって生じた苦情をもとに継続的なサービス改善に取り組むことで，顧客満足を向上させ，ひいては企業の収益を向上させることも可能になる。本章では，「市場志向」という概念を通じて，苦情への効果的な対応が顧客満足に結びつくことを説明する。

第二に，小売業で働くサービス提供者たちが遭遇する苦情の実態について議論するためである。第7章では，顧客が不満足を感じた際にとりうる選択肢の1つとして，「サービス提供者に対する苦情」があることを説明した。だが，一口に「サービス提供者に対する苦情」といえど，真っ当な指摘から，理不尽な言いがかりや暴力を伴う過激な苦情まで濃淡がある。第7章では，適切なサービス・リカバリーを行う重要性を強調したが，それはあくまで顧客から寄せられる苦情が正当な要求であることを前提としている。度を超えた苦情などに対しては，サービスの利用禁止といった毅然とした対応をとるべきである。どこまでを「正当」とし，どこからを「逸脱」とすべきか，明確な基準を示すことはできないが，現実に寄せられる苦情への対応を考える一助として，本章の議論が少しでも役立てばと考えている。

以下ではまず，第7章で見たような「正当な苦情」に対して，優れたサービス・リカバリーの取り組みを行っている小売業の事例を紹介する。さらに，事例の検討から浮かび上がる論点として，「サービススケープの管理」についても議論していきたい。

2　小売業におけるサービス・リカバリーの事例

(1) 湘南ステーションビル株式会社の概要

湘南ステーションビル株式会社（以下「湘南ステーションビル」）は，東日本旅客鉄道株式会社（以下「JR東日本」）のグループ会社である。社名の通り，神奈川県の湘南地域においてショッピングセンター（駅ビル）の管理・運営を手がけている。湘南ベルマーレ（Jリーグ）のオフィシャルパートナーを務めるなど，地域に密着した会社であり，現在は，平塚，熱海，茅ヶ崎，小田原の4駅にて「ラスカ」の名前で駅ビルを管理・運営している。

JR 東日本の駅ビルといえば,「ルミネ」や「アトレ」が有名だが,湘南ステーションビルの運営する「ラスカ平塚」(1973年開業)は,それらに先駆けて開業した国鉄事業初の駅ビルとして長い歴史を有している。2016年には,観光振興策によって賑わいを取り戻した熱海に「観光地型駅ビル」を開業したことも話題になった。地域住民と観光客,双方にとって使いやすい駅ビルをつくる試みとして関心を集めており,各地からの視察も多いという。

(2) サービス・リカバリーの「見える化」

　湘南ステーションビルでは,接客サービスの向上やテナント構成の見直し,施設の改善などに生かすべく,顧客からの苦情や要望を重視している。1人でも多くの顧客の声を集めるために行っているのが,受付(インフォメーション)や電話,メール,館内に設置されたアンケート箱といった多様なチャネルを通じた苦情要請である。

　第7章で学んだように,顧客はサービスに対して何らかの不満足を覚えたとしても,苦情を申し立てるのを面倒に思ったり,サービス提供者に対して面と向かって物を言うのをためらったりする傾向がある。そこで,各々の顧客にとって,もっとも都合の良い方法で苦情や要望を申し立てられるよう,複数のチャネルを設置している。これにより,苦情申し立てに対して感じる知覚コストを軽減させ,苦情を促進させることが期待できるのである。

　湘南ステーションビルの取り組みは,苦情の要請にとどまらない。集めた顧客の声を,社内で共有する仕組みにも優れた工夫が見られる。同社では,苦情や要望を受けた担当者が店名や内容,発生箇所,顧客への対応,再発防止内容などの情報を規定のフォーマットに登録し,クラウド上の掲示板にアップロードしている。情報を登録するフォーマットは,以前は店ごとに異なっていたが,16年から共通化したものを使用するように変更された。

　アップロードされた苦情の情報は全社員が閲覧できるとともに,チャット機能によりコメントを加えることもできるようになっている。クラウドにアップロードされた情報には,経営トップも毎日目を通しているために,担当者にもより良い対応をしようという緊張感が生まれている。こうした工夫により,

図 13-1　湘南ステーションビルにおける苦情情報の共有の仕組み

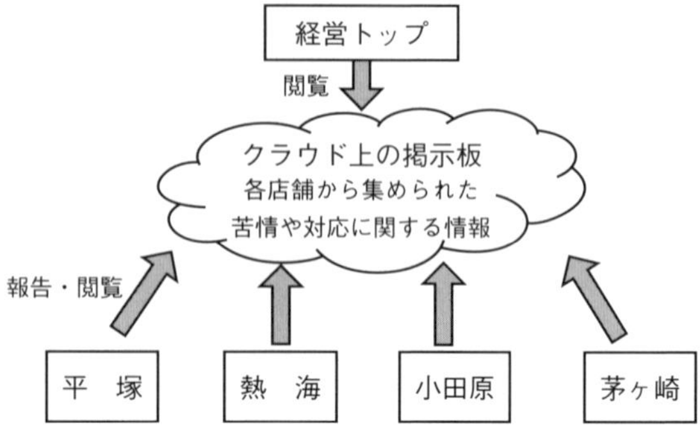

```
                    ┌─────────┐
                    │ 経営トップ │
                    └─────────┘
                         │ 閲覧
                         ▼
              ╱‾‾‾‾‾‾‾‾‾‾‾‾‾‾‾‾╲
             │  クラウド上の掲示板   │
             │  各店舗から集められた  │
             │  苦情や対応に関する情報 │
              ╲_____╱
         ▲         ▲      ▲        ▲
  報告・閲覧│         │      │        │
         │         │      │        │
      ┌────┐  ┌────┐ ┌────┐  ┌────┐
      │平 塚│  │熱 海│ │小田原│  │茅ヶ崎│
      └────┘  └────┘ └────┘  └────┘
```

出所：西川（2018）を参考に筆者作成

「クレーム発生からクロージングまでの過程が，全社員に『見える化』され」，他店の優れた対応を参考にできるようになった（図13-1）。その結果，スタッフへのマナーに関する指摘が2016年度から12件減り，17年度はわずか3件にとどまるなど，サービス改善にまつわる成果も着実に現れているという。

(3) 苦情の重視と市場志向

「苦情の要請」や「苦情情報の共有」といった湘南ステーションビルの取り組みは，ラスカを利用する顧客の満足度向上に貢献していると考えられる。このことを市場志向（market orientation）という概念を用いて整理してみよう。

市場志向とは，「現在と将来の顧客ニーズに関する市場知識の全組織的生成，部門間でのその知識の普及，そしてその知識への全組織的反応」と定義される組織の活動を指す。顧客のニーズについて積極的に情報収集をし，それを組織全体で共有し，一丸となって迅速に対応する組織は，市場志向の組織ということになる。

湘南ステーションビルでは，様々なチャネルを通じて苦情情報を集めている点（知識の生成），クラウドによる苦情情報の全社的な共有を促している点（知識の普及），苦情情報を基に着実なサービス改善につなげている点（知識への反応）など，市場志向を構成する3つの活動が実施されている。さらに，経営トップが毎日苦情情報を閲覧することで，社員には「うちのトップは顧客から

の苦情を重視している」というメッセージが伝わる。こうしたトップによる苦情の重要性の強調は、市場志向を強化する要因になる。

過去の研究によれば、市場志向は顧客満足や収益と正の相関を有することが明らかになっている。つまり、同社はサービス・リカバリーに関する活動（苦情の要請、苦情情報の共有、苦情への対応）を着実に行うことによって、顧客満足を向上させていると考えられるのである。

(4) 「トイレ」の改善

実は、湘南ステーションビルには、他にもユニークな顔がある。全国の商業施設に先駆けて、トイレの改善に注力してきた点である。同社では1994年に「日本一のトイレ」を目標に改装を実施、以降も継続的にトイレの改修工事を行ってきた。現在のラスカ平塚には、車椅子でもゆったりと利用できるマルチトイレやパウダースペースを併設した女性用トイレのほか、調乳機やパック飲料の自販機なども揃えた子ども連れ用のトイレなど、様々な利用者のニーズを反映した個性的なトイレが設置されている。

また、改修直後の95年からトイレメンテナンス会議を立ち上げ、トイレの環境設備や利用状況などについての話し合いを継続的に行っている。さらに、トイレ清掃のイメージを変えるために、マーメイド（女性）とポセイドン（男性）と呼ばれる若いスタッフを清掃員に採用した。マーメイド・ポセイドンスタッフは、トイレ清掃のほか、館内の誘導や体の不自由な方の買い物サポートといった幅広い業務を担っている。

上記のトイレ改善に関する取り組みの有効性は、サービススケープ（servicescape）という概念によって説明できる。サービス・マーケティングでは、サービスを提供する物理的環境（例：音楽、匂い、気温、内装など）をサービススケープと呼び、その管理の重要性を指摘してきた。サービススケープが心地よいものであれば、顧客が長く店舗に滞在したり、購入金額が増加したりといった効果が期待できる。反対に、サービススケープに不備があればサービスの失敗につながり、顧客の離脱を招きかねない。ラスカをはじめとする小売業にとって、トイレは重要なサービススケープの1つである。トイレに汚れや

臭気が残っていたら，駅ビル自体の利用を控える顧客もいるかもしれない。トイレの改修やマーメイド・ポセイドンスタッフによる清掃の徹底は，そうしたサービスの失敗を予防するという意味で，重要な役割を担っていると考えられる。

3　小売業における苦情の実態

　本章では最後に，「度を超えた苦情」について考えていきたい。第7章で学んだように，顧客は提供されたサービスの水準に満足できなかったときに，企業に対して直接的な苦情行動をとることがある。多くの場合，顧客の要求は正当なものである。しかし，現実には限度を超えた要求が行われたり，要求自体は正当であっても苛烈な言動を伴う苦情行動も少なくない。

　2017年にUAゼンセンが発表したアンケート調査結果[18]は[19]，小売業界で働くサービス提供者が直面している「悪質クレーム（迷惑行為）」に焦点を当てたものである。本調査は，スーパーマーケットやGMS，百貨店，ドラッグストアといった小売業において，販売やレジ業務，苦情対応などに従事している10代～70代の男女計4万9,876名（有効回答数）を対象に行われた。調査結果の公表後，全国紙をはじめ各種メディアで取り上げられた社会的関心の高い調査である。以下ではアンケート調査結果から，小売業における苦情の実態を確認していきたい。

(1)　どの程度の人々が悪質クレームに遭遇しているのか

　まず，「あなたは，業務中に来店客からの迷惑行為に遭遇したことがありますか」という質問への回答である。図13-2を見ると，小売業全体の平均で70.1％に相当する人々が「遭遇したことがある」と答えていることがわかる。業種別に見ると，百貨店と家電関連における遭遇率の高さが目を引く。スーパーマーケットにおける遭遇率が低いことから，接客の度合いや購入単価が高い小売業において迷惑行為の遭遇率が高くなると推測できる[20]。

第13章　小売業におけるサービス・マーケティング

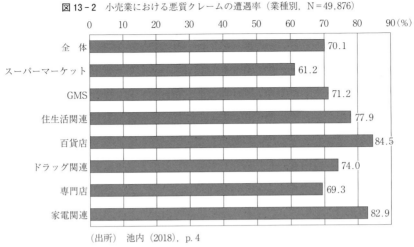

図 13 - 2　小売業における悪質クレームの遭遇率（業種別, N = 49,876）

（出所）　池内（2018），p. 4

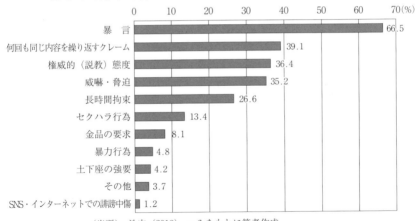

図 13 - 3　具体的な悪質クレームの種類（全体平均, N = 34,984, 複数回答可）

（出所）　池内（2018），p. 6 をもとに筆者作成

(2)　どのような悪質クレームに遭遇しているのか

　次に，サービス提供者が具体的にどのような悪質クレームに遭遇しているのかも確認しておこう。図 13 - 3 をみると，暴言が66.5％と突出して高く，それに「何回も同じ内容を繰り返すクレーム」「権威的（説教）態度」「威嚇・脅迫」などが3割強と続いている。他方，それらよりも割合こそ低いものの，「長時間拘束」や「暴力行為」といった身体への影響が懸念される悪質クレー

177

第Ⅲ部　サービス・マーケティングのケーススタディ

表13-1　悪質クレームの種類ごとのサービス提供者への影響

	人数（人）	精神疾患になったことがある（％）	強いストレスを感じた（％）	軽いストレスを感じた（％）	影響なし（％）
合計	34,984	0.5	54.2	37.1	6.3
暴言	23,268	0.6	60.1	33.2	4.7
何回も同じ内容を繰り返すクレーム	13,683	0.7	61.7	30.9	5.4
権威的(説教)態度	12,729	0.7	64.5	28.9	4.5
威嚇・脅迫	12,326	0.7	69.3	24.7	4.1
長時間拘束	9,299	0.8	65.1	27.9	4.7
セクハラ行為	4,702	1.1	62.1	30.5	4.5
金品の要求	2,845	1.0	70.5	22.2	5.0
暴力行為	1,679	1.7	69.9	21.1	5.3
土下座の強要	1,471	1.2	73.9	18.2	5.8
SNS・インターネット上での誹謗中傷	422	1.7	69.2	21.8	4.0

（出所）　池内（2018），p.11を一部修正

ムも一定数存在している。

(3)　**悪質クレームはサービス提供者にどのような影響を与えているのか**

　それでは，上記のような悪質クレームはサービス提供者に対してどのような影響を及ぼしているのだろうか。悪質クレームの種類とサービス提供者への影響をクロス集計したものが**表13-1**である。

　まず注目すべきは，割合としてはごくわずかではあるものの，何らかの悪質クレームによって精神疾患になったと回答しているサービス提供者が1％前後いることである。続いて，精神疾患まではいかないまでも，どの悪質クレームに対しても「強いストレスを感じた」と回答している人の割合が6割を超えている点である。特に，「金品の要求」「暴力行為」「土下座の強要」の上位3つに至ってはその割合がおよそ7割にもなる（**表13-1**の網掛け部分）。最後に，反対に「影響なし」と回答している人々はどの悪質クレームでも5％前後と少

図13-4 顧客の迷惑行為の影響

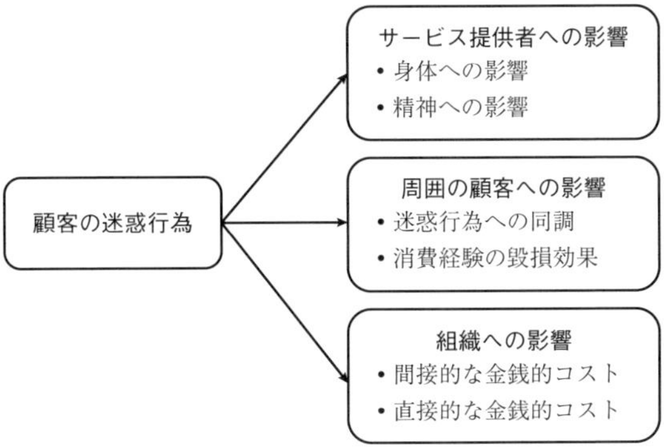

```
                    ┌─────────────────────┐
                    │ サービス提供者への影響 │
                  ┌→│ • 身体への影響        │
                  │ │ • 精神への影響        │
                  │ └─────────────────────┘
┌───────────┐    │ ┌─────────────────────┐
│           │    │ │ 周囲の顧客への影響    │
│ 顧客の迷惑行為 │───┼→│ • 迷惑行為への同調    │
│           │    │ │ • 消費経験の毀損効果  │
└───────────┘    │ └─────────────────────┘
                  │ ┌─────────────────────┐
                  │ │ 組織への影響          │
                  └→│ • 間接的な金銭的コスト │
                    │ • 直接的な金銭的コスト │
                    └─────────────────────┘
```

出所:Harris and Reynolds (2003), p. 150, 一部修正

ない点である。これらの結果を総合すると,悪質クレームを受けることで,サービス提供者は強い精神的ストレスを感じているといえる。

厚生労働省によれば,状況によって違いはあるものの「顧客や取引先からクレームを受けた」経験は,「業務に関連し,違法行為を強要された」などの経験と同程度の心理的負荷があるという。企業は,悪質クレームのネガティブな影響の大きさを十分に理解し,サービス提供者に対して配慮する必要がある。

(4) 悪質クレームの広範な影響

悪質クレームの被害者は,サービス提供者に対する身体的・精神的影響にとどまらない。サービス提供者を雇用している企業や悪質クレームの現場に居合わせた他の顧客にも及び得る(図13-4)。

企業には,迷惑顧客への対応に従業員を投入しなければならないコスト(間接的な金銭的コスト)や顧客による備品の破損の復旧などにかかるコスト(直接的な金銭的コスト)などが生じる。さらに,その場に居合わせた他の顧客に対しても,影響を及ぼしうる。例えば,迷惑顧客から他の顧客に怒りが伝染して,騒ぎが大きくなってしまうといったことが起こりうる(迷惑行為への同調)。また,悪質クレームの現場を目撃したことで,せっかくの良い気分が台無しになり,不快な気分になってしまうこともある(消費経験の毀損効果)。実際に,消費者1,000人を対象にした調査によれば,何らかの悪質クレームを直接見聞き

した人の割合は58.4％であり，そのような言動を行う人に対して「非常に不愉快」だと思っている人は66.9％もいることが明らかになっている。[23]

このように，悪質クレームを働く消費者を放置しておくのは，企業にとって明らかな損失といえよう。正当な苦情と悪質クレームを見極めて，後者に対しては毅然とした対応をとらなければならない。

(5) 今後の課題

本章では，サービス・リカバリーに着目して，小売業におけるサービス・マーケティングについて検討してきた。顧客の悪質クレームといった暗い側面にもフォーカスしてしまったため，将来，小売業界への就職をためらってしまう人もいたかもしれない。しかし，顧客の悪質クレームはあらゆる業界で生じていることであり，小売業特有の問題とはいえないのが実情である。[24]

悪質クレームに対する解決策はまだ確立されていないが，結局のところ，私たちの消費者としての行いが，仕事をしているときの自分たちに返ってきているという認識は持っておく必要がある。顧客の悪質クレームをなくし，心地よく仕事ができる環境を作っていくためには，消費者としての私たち1人ひとりの意識を変革していくことが有効だと思われる。

推薦図書

一般社団法人リテール AI 研究会（2018）『リアル店舗の逆襲――対アマゾンの AI 戦略』日経 BP 社。
関根眞一（2010）『苦情対応実践マニュアル――『日本苦情白書』のデータが実証する』ダイヤモンド社。
山田一成・池内裕美編著（2018）『消費者心理学』勁草書房。

練習問題

(1) 以下の 1 と 2 に当てはまる語句を埋めなさい。
顧客の苦情は正当なものばかりとは限らない。暴力や金品の要求といった度を超えた悪質クレーム（迷惑行為）も少なからず起きている。顧客の迷惑行為はサービス提供者に対してのみならず， 1 や 2 にも悪影響を及ぼし得るため，企業には毅然とした対応が求められる。

(2) アルバイトをしていて苦情を言われた時の経験を思い出し，そのときの気持ちについてグループで共有してみよう。あわせて，自分だったら組織にどのような支援をしてほしいかについても話し合ってみよう。

注

(1) 大手 EC の Amazon がシアトルなどに展開している実店舗型の小売業である。顧客は店舗の入り口に備え付けられた自動改札機に，Amazon アプリの提示を求められる。これにより，店舗は誰が来店したのかを把握する。さらに，多数設置されたカメラやセンサーによって，顧客が棚からどの商品をとったのかも認識している。そのため，レジに立ち寄って店員にバーコードをスキャンしてもらう必要がない。決済は，顧客の Amazon のアカウントを通じて行われるため，顧客は棚からとった商品をそのまま持ち帰るような形で買い物をすることができる。本稿執筆時点（2018年10月）では日本未参入である。(「レジなしコンビニ "驚異的買い物体験" の秘密」『日経デザイン』2018年7月号)

(2) 推薦図書に挙げた一般社団法人リテール AI 研究会（2018）などを参照。

(3) SC（駅ビル）のディベロッパーである湘南ステーションビルは，正確には「不動産賃貸業」であるが，消費者から見た SC は小売業であるため，本章でケースとして取り上げている。

(4) 当時の運営会社は平塚ステーションビル。現在の湘南ステーションビルは，平塚ステーションビルとほか2社が合併して2005年に誕生した。

(5) 平塚市（2002）『広報ひらつか市制施行70周年特集号』。

(6) 『日経 MJ』「駅ビル『ラスカ熱海』地域の食 にぎわい生む」2017年1月30日，9面。

(7) 同社のサービス・リカバリーに関する記述は次の記事にもとづいている（西川立一[2018]「湘南ステーションビル 共通シートとクラウドで個人の経験を組織で共有」『商業界』2018年5月号，p. 94-95)。

(8) 西川（2018），p. 94。

(9) Kohli, A. K. and B. J. Jaworski (1990), "Market Orientation: The Construct, Research Propositions, and Managerial Implications," *Journal of Marketing*, 54 (2), 1-18. 邦訳は次の文献の p. 444 を参照。黒岩（2010）「市場志向の先行要因の探索——トップマネジメントによる苦情の重視」『武蔵大学論集』第57巻第3・4号，p. 441-470。

(10) 黒岩（2010）

(11) Kirca, A. H., S. Jayachandran, and W. O. Bearden (2005), "A Meta-Analytic Review and Assessment of Its Antecedents and Impact or Performance," *Journal of Marketing*, 69 (2), 24-41.

(12) 小売業ではないが，苦情の重視を主軸として市場志向的な組織の仕組みづくりを行っている企業の例として「カルビー」や「資生堂」などが挙げられる（カルビー

お客様相談室 2018；黒岩 2010）。
⒀　本項における記述は同社ウェブサイトと次の文献を参考にしている。平塚ステーションビル株式会社 CS 推進室編（2004）『ラスカのマーメイド・ポセイドン物語』交通新聞社。
⒁　同社のトイレ改革が他の駅ビル会社などに波及し，改善事例の報告などをする全国トイレ連絡会議が毎年開かれるようになった。（参考：「トイレ文化を育てる②　始まりは「5K」への憤り」『日本経済新聞』2015年9月1日，夕刊，12面。）
⒂　「トイレ文化を育てる②　始まりは「5K」への憤り」『日本経済新聞』2015年9月1日，夕刊，12面。
⒃　ラスカ平塚ウェブサイト（2018年10月28日閲覧）
⒄　Bitner, M. J. (1992), "Servicescapes: The Impact of Physical Surroundings on Customers and Employees," *Journal of Marketing*, 56 (2), 57-71.
⒅　2017年9月時点で約172万人が加盟する日本最大の産業別労働組合である（UA ゼンセンウェブサイト，2018年10月20日閲覧）。UA ゼンセンは「製造産業部門」「流通部門」「総合サービス部門（レストランチェーン，交通・運輸，エネルギー，金融，ホテル，レジャーなど）」の3部門に大きく分かれている。本章で取り上げる調査は「流通部門」に所属する人々を対象に行われたものである。
⒆　池内裕美（2018）「悪質クレーム対策（迷惑行為）アンケート調査分析結果――サービスする側，受ける側が共に尊重される社会をめざして」を参照した。
⒇　池内（2018）
㉑　厚生労働省（2011）「心理的負荷による精神障害の認定基準について」https://www.mhlw.go.jp/stf/houdou/2r9852000001z3zj.html（2018年10月29日閲覧）
㉒　Harris, L. C. and K. L. Reynolds (2003), "The Consequences of Dysfunctional Customer Behavior," *Journal of Service Research*, 6 (2), 144-161.
㉓　日本労働組合総連合会（2017）「消費者行動に関する実態調査」
㉔　日本労働組合総連合会（2017）によると，「情報通信」「運輸・郵便」「金融・保険」「飲食店・飲食サービス」「医療・福祉」「公務」など，幅広い業界で働く人々の過半数が顧客からの迷惑行為の経験があると回答している。

第14章

コミュニティにおける外食サービスのマーケティング

本章ではまず,企業(サービス生産者)と顧客との関係性や絆の構築の重要性を確認する。その上で,地域の抱える悩みや問題を見抜き,それを解消する機能をカフェに持たせるという事例を紹介する。そこでは,関係性の構築を生産者と顧客との間にとどめず,顧客同士や,顧客と非顧客の地域住民にまで拡大することで,コミュニティが再生・発展できることが明らかにされる。

キーワード:リレーションシップ・マーケティング,サービス・トライアングル,RFM 分析,ロイヤルティ・プログラム,絆の構築,コミュニティカフェ

1 リレーションシップ・マーケティング

(1) サービス・トライアングル

モノの場合,生産と消費が分離しており,両者の間に流通業者が介在することも多い。よって生産者にとって顧客は,流通業者からの注文数でしか捉えられない,匿名的な取引相手となりがちである。他方,サービスの場合は,生産と消費の同時性のため,生産者と顧客が同じ時間と空間に居合わせることが多く,また在庫ができないため,あるサービスを気に入った顧客は反復的に購入・利用することになる。このようにサービスの生産者と顧客は接触を繰り返し,互いに顔や名前で識別し合う関係になりえるため,その関係性が長期的かつ良好なものになることを目指すリレーションシップ・マーケティングが必要となる。

顧客との関係構築においては,企業の従業員のうち,レストランのホールス

第Ⅲ部　サービス・マーケティングのケーススタディ

図 14-1　サービス・トライアングル

```
              企業／店
              ／＼
インターナル・／　　＼エクスターナル・
マーケティング　　　　マーケティング
          ／　　　　　　＼
     サービス ←――――――→ 顧客
     提供者　インタラクティブ・
            マーケティング
```

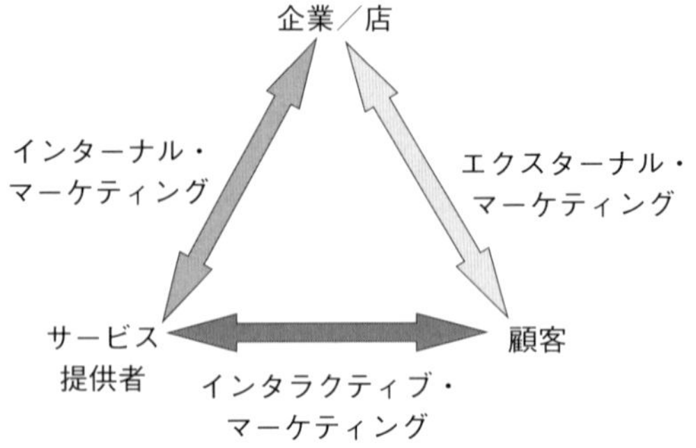

（出所）　ジェームス・L. ヘスケット（1992）『サービス経済下のマネジメント』千倉書房, p. 75 を一部修正.

タッフなどフロントラインで顧客と接触する「サービス提供者」が特に重要となる。よってサービス提供者は，バックヤードにいる従業員や企業本部（レストランのキッチンスタッフや経営者など）から見て，社内の従業員だが顧客と同様に大事に扱うべき「内部顧客」とみなされる。このように，企業や店と，その従業員のうちサービス提供者を分けて考えると，企業や店は外部（エクスターナル）顧客に対する通常のマーケティングとともに，内部（インターナル）顧客にもマーケティングを展開していると言える。またサービス提供者と顧客の間では，互いに関与する相互作用的（インタラクティブ）マーケティングが求められる。この企業や店，顧客，サービス提供者の三者関係は，サービス・トライアングルと呼ばれる（図 14-1）。

(2)　リレーションシップ・マーケティングの成功条件

リレーションシップ・マーケティングの成功には，優良顧客の識別と維持，および，正三角形に近いサービス・トライアングルが欠かせない。

まず，優良顧客の識別と維持である。これは，価格設定や品揃え，顧客へのアクションなどを含むエクスターナル・マーケティングのために，企業や店が行う業務である。顧客の優良度の識別には以前より，顧客ごとに Recency（最終購入日からの経過時間），Frequency（一定期間内の購入頻度），Monetary（一定

期間内の購入金額) のデータを取りランクづけする「RFM 分析」が利用されてきた (奥瀬・久保山 2012)。顧客の再購入の見込みは R のランクで判断され，これが同じなら F のランクで判断するのが原則である。1 回限りの高額サービスの購入・利用がありえるので，M のみでは判断できないということである。分析の結果，売上の 8 割は 2 割の優良顧客がもたらしているという経験則がよく知られており，「80：20の法則」「パレートの法則」などと呼ばれる。

　こうして識別した優良顧客の愛顧心 (ロイヤルティ) を高め，維持するための方法の 1 つに，1981年にアメリカン航空が導入したロイヤルティ・プログラムがある。同社は，収益の70％は，月 1 回以上という高頻度で利用する 5 ％の顧客によること，その大半はビジネス客で，レジャー客よりも価格に利用が左右されないことに気づいた。それゆえ彼らの利用が少ない路線のみ，他社と価格競争すればよいという判断に至ったのである。その後，様々な業界で導入されたロイヤルティ・プログラムでは，金銭的特典として割引価格の提示や付与したポイントの還元などが，また非金銭的特典として優先予約やイベントへの招待などが提供されている。ただし今や競合他社も導入していることや，特典が魅力的だと知覚されないこと，あるいは特典があっても競合他社より価格が高いと購買動機にならないことなどから，プログラムの効果はなく，それよりもサービス提供者と顧客，ないし顧客同士の間に，絆を構築する方が強いとも指摘されるようになった (ラブロックら 2008)。そこでエクスターナル・マーケティングのみならず，サービス提供者を軸としたインターナル・マーケティングとインタラクティブ・マーケティングを含めた，サービス・トライアングルが必要となるのである。

　サービス・トライアングルが正三角形に近い方がよい理由は，次のとおりである。まずエクスターナル・マーケティングにおいて，企業や店と顧客の距離が近すぎると，見込みのない客にいつまでも DM を送るなど，優良度の低い顧客まで維持することになる。逆に距離が遠すぎると，優良顧客が離脱することになる。次にインターナル・マーケティングにおいて，企業や店とサービス提供者の距離が近すぎると，離職率が低いため不要な人材を維持することになり，距離が遠すぎると，離職率が高いため新たな人材の募集・選抜・訓練の手

間暇がかかる．最後にインタラクティブ・マーケティングにおいて，特定の美容師や医師を顧客が指名するように，サービス提供者と顧客の距離が近すぎると，サービス提供者の離職時に顧客も一緒に離脱するという経営上のリスクがある．逆に両者の距離が遠すぎると，モノと同じく匿名的で淡泊な取引となってしまうのである．

2　カフェの起源と役割

　以下では，外食サービスにおいてサービス提供者と顧客の間や顧客同士の相互作用を醸成し，コミュニティの再生と発展に貢献しようとする事例として，株式会社ダブリューズカンパニー（W's Company，以下 W 社）によるカフェビジネスを取り上げる．

　日本標準産業分類によると，「喫茶店」（カフェ）は「主としてコーヒー，紅茶，清涼飲料などの飲料や簡易な食事など」を提供し，「レストラン」は「主として主食となる各種の料理品」を提供するとされる．また，酒類や，その場で調理する食事を提供するには，保健所から「喫茶店」ではなく「飲食店」での営業許可を取らなければならない．よって，コーヒーや，調理不要のメニュー（出来合いのサンドイッチやケーキなど）を提供するのが一般的なカフェだとすると，W 社の店は調理をし，酒類も提供するため，カフェ利用を重視したレストラン（カフェレストラン）と言える．

　そして，提供するメニューよりも同社が重視するのが，提供する機能・価値である．スターバックスコーヒーは，職場と家庭の間に，くつろげる第三の場所（サードプレイス）を提供するという目的で知られる．W 社もカフェをサードプレイスと呼んでいるが，同社はカフェを単にくつろげる場所というより，職場・学校，家庭の枠を超えて，コミュニティへの帰属意識や関心を高め，人間味豊かな社会の再生と発展を果たす手段と捉えている．パリの歴史あるカフェは，知識人が談義を交わし，画家がそのカフェのポスターを手掛け，壁に飾られたポスターやその画家の絵画の売買がなされる「社交場」だったという．W 社の代表取締役会長の入川秀人氏は，このカフェの起源を理想としている．

この点でW社のカフェは，社会福祉的な発想が含まれる「コミュニティカフェ」ともやや異なる。「地域社会の中で『たまり場』『居場所』になっているところの総称」（全国コミュニティカフェ・ネットワーク）とされるコミュニティカフェは，定年退職後の高齢者や１人親家庭の子供など，どちらかというと社会的弱者や家の中に引きこもりがちな人を，家の外に連れ出し居場所を与えるイメージが強い。近年の実態調査としては2016年に南関東１都３県の78カ所から回答を得たものがあり，その調査でも福祉支援型が３割強と最多だった(1)。ただ，問題は収益性である。月平均の利用者数が100〜499人のカフェが最多の約３割を占め，自治体などからの助成金を全体の５割強が受給しており，この助成金を含めても収支が黒字なのは約１割だった。これでは受給期間後に赤字となり，顧客にとってもせっかくできた居場所がなくなる恐れがある。よってW社は収益性にこだわり，ビジネスとしてコミュニティの再生と発展に貢献しようとするのである。

3　ダブリューズカンパニー流のカフェづくり(2)

　カフェの出店というと，ストアコンセプトと，売り物となるメニューや食材を起点に，それを求める客層のいる立地や空き物件を探すという手順を想定する人は多いだろう。だがW社のカフェづくりは，それとは真逆のプロセスをたどる。立地は先に決まっており，しかも人通りが少なく土地の形がいびつなど，敬遠される立地のことも多い。同社はこうした立地の開発コンペに参画したり，ディベロッパーから開発を依頼されたりして，立地を起点にカフェづくりをするのである。

　具体的なカフェづくりは，①地域特性の深い理解，②ターゲット顧客とストアコンセプトの導出，③カフェが持つ機能への落とし込み，という手順で進む。まず，①地域特性の深い理解は，観察法による街・店・人の把握でなされる。街については，周辺事業所の業種や規模，水辺や緑地帯などの自然環境，交通アクセスなどの点から，土地柄を把握する。店については，周辺飲食店を中心に料理のジャンルや価格帯，席数や客層を調べる。人については，昼夜間人口

や年齢構成，所得といった定量データを取るのはもちろんだが，同社がより重視するのは定性データである。通行人の持ち物やヘアメイク，同伴者などから，趣味，ライフスタイル，出身地などをプロファイリングするのである。その際には，特定のタイプの人に目が奪われたり先入観にとらわれたりしないよう，写真を何千枚と撮り，それを見て客観的，全体的な分析をするという。

こうしてその立地の地域特性，特に悩みや問題を見抜くと，②ターゲット顧客とストアコンセプトを導出し，それを③カフェが持つ機能に落とし込む。これをW社は「立地×ターゲット＝機能」と表現する。①で理解した地域特性と，②で導出したターゲット顧客を思い浮かべ，彼らの悩みや問題を解決するためにカフェが持つべき機能を具体化するのである。建物，外装・内装，植栽，フロアレイアウトを含めた店舗デザインも，この②と③にもとづき決定される。

この手法で，次々とユニークなカフェを開業・運営してきたW社にとって，カフェによるコミュニティづくりの集大成となったのが，2010年に東京の豊洲に開業した「CAFE；HAUS」（カフェハウス）である。

4　CAFE；HAUS の開発事例

本節では，前節で述べたカフェづくりのプロセスにのっとり，CAFE；HAUS の開発事例を見ていく。

(1)　地域特性

まず，街についてである。東京都江東区豊洲とは，都心の銀座や東京駅方面から行くと，隅田川と運河を越えた先にあり，大正後期にできた東京湾の埋立地である。1988年に地下鉄有楽町線が開業し，有楽町線の銀座一丁目駅から豊洲駅までは，3駅6分の近さである。もとは昭和10年代に石川島播磨重工業（IHI）の造船所が建設された工業地域で，昭和40年代に大規模な都営住宅団地やセブン-イレブン1号店が開業するなど，工場や物流倉庫とそこで働く人の生活が隣接する庶民的なエリアだった。だが，1992年に NTT データ，翌年に日本ユニシスの本社が移転すると，メインストリートの晴海通り沿いを中心に

高層オフィスビル街の様相を呈し始める。2000年代に入ると北側や東側のエリアを中心に次々とタワーマンションが完成し，都心で働く高所得の新住民が急増した。特に2006年はIHIの本社移転，新交通システム（専用路の無人運転車両）「ゆりかもめ」の豊洲駅開業，芝浦工業大学の新キャンパス開校，大型ショッピングモール「ららぽーと豊洲」の開業が重なった。こうして住民，通勤・通学者，来街者が急増したものの，W社が開発計画に参画した2008年時点では，街づくりが追いついていないような状況であった。

店については，周辺で働く会社員向けにはオフィスビル内のレストランや弁当屋，来街者向けにはららぽーと内のカフェやレストランがあったものの，高所得で銀座の飲食店にも慣れているような新住民の需要には応えていなかった。

人については，新住民の多くが，子供をこれから持つ共働き世帯や，乳幼児がおり母親が育休中か専業主婦の世帯であることは，統計などの定量データで確認できた。加えて，通行人の観察でベビーカー利用者の多さに気づいた同社は，価格（高価-安価）軸とデザイン（トレンド-ベーシック）軸からなるマップ上にカウントしたところ，若干トレンド志向の高価格帯ベビーカーが多いという結果だった。またそれを押す母親はハイヒールを履いて身ぎれいにしており，その母親（祖母）が同伴していることも多かった。この観察法で得た定性データを加味して，新住民は「夫婦とも地方出身で，実家や先祖は地方で旅館や新聞社を経営。大学進学ないし就職時に上京し，結婚を機に職場から近い豊洲での暮らしを選択。実家の両親は，我が子が『銀座のすぐ近く』に住んでいると言えるのが自慢。この両親からの金銭的な支援もあるため，高級のマンションやベビーカーが買える」などとプロファイリングした。

(2) ターゲット顧客とストアコンセプト

W社は以上の地域特性にもとづき，3タイプのターゲット顧客を導出した。メインターゲットは，近隣の新築マンションに越してきた新住民の中心である，20〜30歳代のニューファミリーである。サブターゲットは，周辺で働く会社員と，来街者（ニューファミリーの友人や親類，豊洲の幼稚園やららぽーとの利用者）である。

メインターゲットに向けた新店舗のコンセプトは、「コミュニティカフェ」である。居住地域が同じでも、住民間に地縁（人間関係）がなければ、コミュニティとは呼べない。だがニューファミリーには、町内会や子供会、寺や神社など、地縁づくりの場所がない。かといって、庶民派の旧住民の領域に入っていくことはできないし、ライフスタイルも異なる。これが彼らの悩みや問題だと考え、「コミュニティ・ハブとなり、新たなライフスタイルを提案するカフェ」というコンセプトを導出したのである。

(3) 店舗デザイン

店舗は天井の高い平屋で、自動車のショールームと同様、サッシのないガラス製カーテンウォールが四辺のうち三辺で採用されているため、豊かな植栽や芝生が目に入るつくりとなっている（図14-2）。晴海通り側のメイン出入口には目を引くスロープが併設され、店内のテーブル間隔も余裕があるため、ベビーカー利用者に優しい。

敷地は屋内の「カフェスペース」と「ハウススペース」、屋外の「テラス」と「ガーデンスペース」に主に分かれる。カフェスペースは、小テーブル21卓のほか、ママ会を開きやすい中テーブルが3卓、大人数ないし1人客の相席向けになる大テーブルが6卓（普段は2卓ずつつなげて特大3卓にしている）、それに晴海通りに面したカウンター席がある。椅子は木製や、スチールに布張りのダイニングチェアが多いが、布張りの1人用ローソファも並ぶ。

カフェスペースの奥が、ハウススペースである。ここは一軒家のリビング・ダイニング・キッチン（LDK）風に、ラグの上にローテーブルとソファ、壁にはローボードとテレビ、そして3口のIHキッチンとダイニングテーブルを備えている。そのため、後述するワークショップ時の会場、パーティー時の控室や更衣室、プロモーション時の倉庫やスタッフルームなど、多目的に使える。カフェスペースとの境に相当する位置には引き戸にも間仕切りにもなる可動式の上吊り戸があり、用途の自由度をさらに高めている。

テラスは、ガラス製カーテンウォールを開ければ店内からひと続きになり、ウッドデッキ上にガーデンテーブルとチェアが並ぶ。その外がガーデンスペー

第14章　コミュニティにおける外食サービスのマーケティング

図 14-2　CAFE；HAUS の正面写真と間取り図

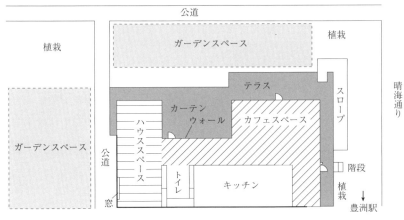

（出所）　CAFE；HAUS

スである。高層オフィスビル街の中での植栽と芝生やウッドチップ敷きは，目に優しく異彩を放っている。テラスとガーデンはペット連れ可能である。

(4)　機能① 通常営業

　まずは通常のカフェ営業についてである。飲み物は，コーヒーや紅茶が各8種ほどあり，ジュース，スムージー，自家製レモネードなどを加えたソフトドリンクは計40種ほどある。また酒類も，ビール，ジンやウオッカ，カクテル，ワインなど計60種ほどある。料理は，平日の昼は会社員のランチ需要に応える

ため，パスタ，ハンバーグなどにサラダと飲み物がついた1,000円前後のいわゆる「カフェめし」5種類が週替わりで提供され，このランチの利用者は1杯無料でコーヒーをテイクアウトできる。また，乳幼児連れのママ会も多いため，グラタンやカレーなどに飲み物がついた700円前後のキッズメニューも5種ほどある。夜は，近隣の家族や，オフィスの同僚同士でのディナー向けに，カフェめし各種に加え，酒類のおつまみになる生ハムやチーズなどの前菜，牛ステーキやサーモンのグリルなどのメインディッシュ，そしてケーキやアイスクリームなどのデザートも提供される。

　以上の食材や調理法や品揃えには，率直に言って際立った特徴はない。それでも，「機能さえ提供すれば，仮にコーヒーはまずくても人は来る」（入川氏）のである。そこで以下では，通常営業以外の機能を見ていく。

(5) 機能② ワークショップ（WS）

　WSとはもともと，「進行役や講師を迎えて行う美術・音楽・演劇・舞踏などの体験型講座」（『広辞苑』第七版）のことだが，今では芸術分野以外に教育現場などでも行われている双方向型のグループ学習形態を広く意味する。CAFE；HAUSでは週1～2回，平日の午前中から3時間程度，近隣に住む乳幼児のいる母親の参加を想定したWSが開かれている。開催例としては，ほぼ毎月1回開催のパン教室が最多で，他にもヨガなど産後のエクササイズ，赤ちゃんへの手作りファーストシューズ教室など記念品制作，おんぶ講座や収納講座などの実用講座がある。大半はハウススペースを使用するため定員は10組程度で，料金は3,000円程度が多い。

(6) 機能③ バーベキュー（BBQ）

　ガーデンスペースでは毎日11時，15時，19時から，3時間制でBBQが楽しめる。食材と米Weber社の本格グリルを含む全てが提供され，準備も片付けも不要の「手ぶらでBBQ」をうたい，肉3種と野菜6種にサイドメニュー3品，飲み物3杯がついた最安のプランで約5,000円である。カフェスタッフの一部は日本BBQ協会公認インストラクターの資格を取っており，手本を示す

ために肉や野菜を焼いて見せることもあるが，基本的には客が自ら焼くスタイルである。なおタープ（雨除け）テントもあるため，雨天時も問題ない。ガーデンスペースには大人なら4～5人ほどが座れるベンチが両側についた特大テーブルセットが並び，最大200名が利用できる。よって個人のグループ客のみならず，数十人以上の法人利用も可能である。

(7) 機能④ パーティー

　W社のカフェは大手チェーンなどのカフェより坪数・席数が多いため，中～大人数でのパーティー会場にもなる。カフェスペースでの結婚式の二次会や法人の歓送迎会が多いが，ハウススペースでの10～20人ほどのホームパーティーや，ガーデンスペースでのカジュアルウエディングも可能である。食事と飲み放題のついたプランは1人5,500円から設定があり，カフェスペース利用の場合は着席で70名，立食で250名まで利用できる。スクリーン，プロジェクター，マイクなどの機材も別途レンタル可能である。

(8) 機能⑤ プロモーション

　パーティーは主に個人，たまに法人利用であるのに対して，完全に法人利用なのが企業のプロモーションの場としての利用である。過去には，某出版社のライフスタイル関連書籍の販売，某インテリアショップの商品カタログの配布，某ブランド調理鍋の商品展示およびそれを使った期間限定メニューの提供など，通常営業内に店舗の一角で実施した例もあれば，カフェスペースとガーデンスペースに自動車を並べた某メーカーのプレス発表会の開催など，全館貸切にした例もある。カフェスペースはカウンターを除く全てのテーブルと椅子が固定されていないため，プロモーションに合わせてレイアウトを変更でき，またガラス製カーテンウォールを採用しているため，自動車を店内に入れるようなプロモーションもできるのである。料金は，丸1日全館貸切だとBBQ分の売上補償を含めて約150万円，室内のみの貸切だと30万円強からである。

5 カフェビジネスによるコミュニティづくりの仕組み

　以上の機能を持つ CAFE；HAUS が，ビジネスとしてコミュニティの再生と発展に貢献できるのは，収益性を高める以下の仕組みによる。

(1) 宣伝費をかけない新規顧客の誘客

　まず，宣伝費をかけない新規顧客の誘客についてである。一般的に，新規顧客の獲得には宣伝費などがかかるため，既存顧客を維持する方がよいとされる。だが，常連客ばかりでは，企業や店が客とともに歳を取り，いずれ先細りするため，時には費用をかけて新規顧客を誘客することも必要である。だが W 社および CAFE；HAUS では，宣伝費をかけずとも新規顧客の誘客につながるインターナルおよびエクスターナル・マーケティングが展開されている。

　まずインターナル・マーケティングについてである。W 社には約50名の社員がいるが，部署はない。会長の入川氏，社長と副社長，総務や人事の兼任担当者がいわゆる「本部」に相当するほかは，全てフラットである。社員の店舗は固定されておらず（社内では，各社員の勤務日とその日の居場所に関する最低限の情報共有だけはされている），接客マニュアルも存在しない。

　これだけ権限委譲（エンパワーメント）されると，従業員はどうなるだろうか。接客マニュアルがないと，サービス提供者は顧客の顔をよく見て，それぞれに合わせた声がけをするようになるだろう。部署や役割がないと，接客以外に，BBQ インストラクター，ウエディングプランナー，後述する感謝祭でのバンドメンバーなど，マルチに活躍するようになる。また，他店に出向くと，店ごとの地域特性や問題に気づきやすくなり，過去に例がない WS やプロモーションのアイデアがひらめくかもしれない。これが，従業員と顧客との良質な関係性の構築，および新規顧客の来店動機になる新たな WS やプロモーションの企画につながるのである。

　さらに，エクスターナル・マーケティングでは，顧客の囲い込みをしていない。ランチカードはあるが，10個スタンプが貯まれば1回無料になるというア

ナログな紙媒体であり，顧客管理のためのロイヤルティ・プログラムとは全く趣が異なる。その代わり，WSの時間・料金には必ずランチを含めている。WS中は講師と自分，ないし我が子との関係しかなかった参加者でも，一緒にランチをとることで会話が生まれる。こうして乳幼児と家の中にこもりがちだった参加者同士がママ友となると，その後は一緒にWSに参加したり，それぞれのママ友を含めたママ会を開いたり，数家族合同でBBQをしたりするかもしれない。さらに，このママ会やBBQの様子は，建物の三辺がガラス張りで，ガーデンスペースの間と脇は公道に接するため，通行人に見えてしまう。しかし和気あいあいとした様子を見ると，その通行人も自分の友人を誘って来店したくなるだろう。こうして宣伝しなくとも，顧客が直接的に，そして可視性の高い店舗デザインが間接的に，新規顧客を誘客しているのである。

(2) 新たなライフスタイル提案の場に対する協賛の獲得

　第二に，サービス提供者と顧客との良質な関係性を背景にした，リアルなライフスタイルの提案の場への協賛企業の獲得である。CAFE：HAUSは，協賛企業15社から建築や外装・内装の資材，照明やキッチンや家具などの提供を受けて完成した。建物の施工と資材は大和ハウス工業から，ガラス製カーテンウォールやトイレの鏡はAGC（旧社名は旭硝子）から，テーブルや椅子はイケアから，といった具合である。本来なら約3億円を要する店舗建設や屋内外の設備投資の一部をこれらの企業が負担したため，開店時の初期投資やその後の減価償却費が抑えられている。

　なぜこれらの企業は協賛したのか。その理由の1つ目は，企業独自のショールームにはない自然さだと入川氏は言う。企業のショールームは，事前予約，顧客シートへの記入，専属アドバイザーの案内などを伴うため，敷居が高く，購入を真剣に考えている人しか集客できない。また，広い空間にきれいな商品が，ブランドやカテゴリーごとにずらりと並んでいるため，リアリティがない。一方，生活者の現実はというと，リビングの広さは10～15畳で，ソファは1～2脚あればよく，そのソファには異なるブランドのテーブルやラグを組み合わせ，それらは使用により経年劣化していく。よってショールームよりも

CAFE：HAUS の方が，顧客は自然に使用イメージをわきたてられる。

2点目は，ターゲット顧客における戸建てへのニーズの深読みである。具体的には，豊洲のニューファミリーは今はタワーマンション住まいでも，5年後や10年後は生まれ育った地方の実家のような庭つきの一軒家を建てて引っ越したいはずだと，入川氏は深読みをしていた。CAFE：HAUS という店名や，テラスやガーデンは全て，この一軒家のイメージにつながる。これが協賛企業にとっては，見込み客への1つのアクセスだと感じられたのだ。実際，店内の書棚には，子供向けの絵本などに混じり，建築家の著書や大和ハウス工業の情報誌（注文住宅の写真や施主へのインタビュー記事がある）なども置かれている。

3点目が，サービス提供者と顧客とのインタラクティブ・マーケティングにおける，セミ・ウェットな関係性である。「いらっしゃいませ」とは言わず「こんにちは」「今日はなんだか疲れていますね」と挨拶するスタッフと顧客との間には，ゆるやかな絆がある。だからこそ，「この椅子，可愛いですよね」「どこのメーカー？」といった会話も弾むのである。ただし，これらの会話に備えて，スタッフは開業前に協賛企業の社員から商品説明を受け，商品名や社名など最低限の知識を問うテスト（**資料14-1**）に合格する必要があった。開業後しばらくは協賛各社に対して，顧客からの質問や感想を月次で報告していたというが，そこにはショールームでは得られない，来店者の率直な反応が記されていただろう。

以上の3点を入川氏は，「カフェのフィルターを通す」と表現する。店内には戸建てに必要な設備や家具が実際に使用され，店外にはテラスや庭があり，顔なじみの店員とは雑談ができる間柄がある。これらが重層的に，近い将来のリアルなライフスタイルを顧客にささやきかけるのである。

(3) **顧客の関与の高さと法人向けプロモーションという収益源**

第三に，顧客のサービスへの関与によるコスト節約と，法人向けプロモーションの収益への貢献である。前者については，5つの機能の充実ぶりに対して，動員されるスタッフは少ないことに気づく。ランチ利用者への無料コーヒーは，会計を済ませた後に自然と目に入る位置に案内板とともに置かれてい

第14章　コミュニティにおける外食サービスのマーケティング

資料14-1　CAFE；HAUS テスト

■History
（　1　）が所有していた（　2　）坪の土地を（　3　）が再開発受託。再開発にあたり，（　3　）は（　4　）にプロデュースを依頼。この再開発には（　5　）において，賑わいを創出するための飲食店を設けることが定められており，（　3　）の全面協力のもと，「CAFE；HAUS」を作ることになりました。

■Concept
CAFE；HAUS は，食事を愉しみながら，さらに（　6　）を考えるヒントが得られるというまったく新しいコンセプトのカフェです。明るく開放的な（　7　）と，自宅のリビングにいるようにくつろげる（　8　）の，2つのエリアを持つのが特徴。15社の協力企業から提供された最新鋭の住宅設備やインテリア提案でお客様をもてなします。

■Supplier
◎ 照　明　（　9　）
定番の形ながら素材を見直し，細部のつくり込みの精度を上げた（　10　）。（　11　）や電球型蛍光灯など，パナソニックの省エネ型照明器具を光源としているので環境にやさしく，柔らかな光が気持ちを安らげてくれます。

◎室内緑化（　12　）
店内の観葉植物は土を使わず，水が鉢底から排出されず衛生的な（　13　）によるもの。お子様がいる家庭にも安心な栽培法です。

◎キッチン（　14　）
（　7　）に置かれたキッチン（　15　）はゲート＆キューブ型なので，収納スペースを自由にアレンジできます。

◎厨房機器（　16　）
プロキッチンで，最適サービスを実現。

◎内外装ガラス・ミラー（　17　）（　18　）（　19　）
内装でスタイリッシュなガラスとアートワーク，化粧室のクリアな鏡も。外装には光熱費を節約する（　20　）や（　21　）カットガラスの防犯ガラス，（　22　）でも使われるクリアなガラスなど。

◎衛生機器（　23　）
（　24　）でコンパクト。さらには節水型で環境にもやさしい便器（　25　）を設置。また洗面台やトイレ壁面タイルの一部も提供。水まわりの最新機器を体感できます。

◎ 窓　（　26　）
外壁面に大きな開口を確保する「窓」。（　27　）（　28　）（　29　）に優れた窓は十分な採光を確保しつつ，外気や湿気から室内を守ってくれます。

◎ロールスクリーン（　30　）
光と風の演出で，家の印象は大きく変わります。このロールスクリーンは（　31　）でオリジナルデザインを施せるというもの。デザインによって光の入り具合が異なり，窓辺の景色に豊かな表情を与えてくれます。

◎屋上防水・屋上緑化（　32　）
地球環境に関心が集まるこの時代，屋上緑化も注目を集めています。しかし，屋上は雨を漏らさないことは当然として，屋上緑化では植物の根の侵入を許さない防水層が必要です。
（　33　）から建物を守り，（　34　）のコストも削減。

◎ウッドデッキ（　35　）
（　36　）のウッドデッキと店内壁面の（　37　）で使用。木の質感は落ち着きとやすらぎをもたらしてくれます。選び抜かれた天然木のウッドデッキとシートが，都会生活に自然のぬくもりを与えて

くれます。

◎オーディオ・ビジュアル機器（ 38 ）
（ 39 ）型の大画面3Dディスプレイ（業務用）が（ 8 ）に。楽器のような美しい響きを奏でる，同社独自の「木」の振動板を採用した（ 40 ）とともに，新たなオーディオビジュアルの世界を体験してください。

◎セミオーダーシステム収納（ 41 ）
クローゼット内に設置されたシステム収納。システマチックな収納は，整理上手になれる第一歩。生活スタイルに合わせて，自由にレイアウトが可能です。組み合わせ方次第で，小さな書斎をつくることもできます。

◎壁紙・天井・壁の塗料（ 42 ）
ヨーロッパの伝統的な壁紙は，インテリアにアクセントを加えるのにぴったり。ペイント専用の（ 43 ）を貼れば（ 44 ）られるので，ゴミも出ず環境にやさしいのがポイント。まるで衣替えをするように，気軽にイメージチェンジできます。

◎家具（ 45 ）
リビングにしつらえた北欧デザインの家具は明るく開放的な空間にぴったり。

（注）社名等の内容は開業時のもの。正解：1．IHI　2．3000　3．大和ハウス工業　4．入川スタイル＆HD　5．街づくり協議会　6．住空間　7．カフェスペース　8．ハウススペース　9．パナソニック　10．MODIFY　11．LED　12．大和リース　13．ハイドロカルチャー　14．サンウエーブ工業　15．アクティエス　16．キッチンテクノ　17．旭硝子　18．AGCグラスプロダクツ　19．ガラスプラザ　20．エコガラス　21．紫外線　22．美術館　23．INAX　24．タンクレス　25．サティス　26．YKK　27．断熱性　28．気密性　29．水密性　30．トーソー　31．レーザーカット　32．ロンシール　33．太陽熱　34．冷暖房　35．北三　36．テラス　37．天然木シート　38．JVCケンウッド　39．46V　40．ウッドコーン　41．デザインアーク　42．カラーワークス　43．下地クロス　44．何度でも塗り替え　45．IKEA
（出所）CAFE：HAUS

るだけであり，それを読んだ顧客がセルフサービスでテイクアウトする。WSの準備や運営は全て講師に任せており，スタッフに追加の業務は発生しない。BBQも，スタッフが焼き方のレクチャーや炭の補充，網の交換を行うものの，基本はセルフサービスである。パーティーではスタッフがプランニングや使用機材の貸し出し，調理や給仕はしても，当日の司会や景品搬入などは利用団体の幹事がするだろう。プロモーションでは，スタッフが書籍販売やカタログの配布などはするものの，自動車などの複雑な機能を持ち詳細な説明が必要な商品の場合は，当該企業の社員が担当する。

　発生頻度の高い順に価格を整理すると，毎日のランチは1,000円前後，週に1，2回のWSはランチ代込みで3,000～5,000円程度，毎日開催だが実際は週末利用に集中するBBQは約5,000円からである。対照的に，平均すると月に1，2回の利用があるパーティーは1人5,500円からなので，参加人数により

第14章 コミュニティにおける外食サービスのマーケティング

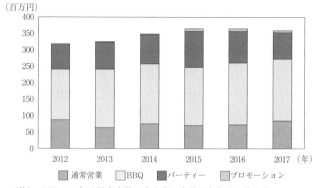

図14-3 CAFE；HAUS の売上高推移

(注) 2008〜11年は開店直後で売上高の変動が大きく，非公表。
(出所) W's Company

数十万円の売上となる。さらに，平均すると隔月に1，2回開催されるプロモーションでは，100万円規模の売上も立つ。

このうちプロモーションは，最も収益性が高い。W社のプロモーションとは空間や雰囲気の単なるレンタルではない。ポスター等の販促物の製作と掲示，生演奏の企画と手配，メニューの開発など，タイアップする商品や企業の魅力を伝える施策も手掛けるプロモーションであり，それゆえ売上と利益が大きい（備品・消耗品の仕入や製作の外注などで費用が発生する場合もあるが，その際はこれらの必要経費を請求するため売上も増す）。社員のうちプロモーションの企画・商談力があるのは，10人ほどいるという。

以上の仕組みにより，CAFE；HAUS では，ガーデンスペースでの BBQ，さらには発生頻度が少なくとも売上が桁違いのパーティーやプロモーションなど，通常カフェ営業以外の売上が約8割を占め，一般的なカフェの約3倍の売上高を誇る（図14-3）。また，売上に占める FL 費（原材料費と人件費）は，業界標準の55％より10ポイントほど低い。こうして安定的に収益性を高めることで，収益の一部を次に述べる感謝祭の原資にできるのである。

(4) CAFE；HAUS 感謝祭

感謝祭とは，毎年1回，2月か3月の丸1日を使ったイベントである。カ

図14-4 CAFE；HAUS 感謝祭の様子

（出所） CAFE；HAUS

フェスペースではバルーンアートやミニライブが，ハウススペースでは10ほどの WS が，ガーデンスペースではたこ焼きやおでんの屋台が揃う。アーティストなど外部から招く者もいるが，スタッフも特技を活かしてライブ演奏やバルーンアートなどでもてなす。特筆すべきは，餅つき，和太鼓，空手，茶道など，日本のお祭りや伝統文化との接触や体験が必ず取り入れられている点である。ニューファミリーの父母も，子供時代には実家の最寄りの神社の祭りに参加していただろう。よって感謝祭では，なおさら実家や戸建て住宅に思いを馳せたり，この日に合わせて実家の両親を呼んだり，来られない両親には初体験に喜ぶ子供の様子を動画に収めて送信したりするのである。さらに，壊れたおもちゃを，電気や機械工学にたけたシニアが修理するという「おもちゃ病院」

ブースでは，普段来店しないような旧住民のシニアとの会話や交流も生まれる。こうしてメイン顧客のニューファミリーと非顧客の地域住民の間に地縁ができることが，コミュニティの再生・発展に寄与するのである。

　最後に，入川氏の忠告を紹介する。地域の開発や再生の案件では，「入口と出口」の両方を通貫してプロデュースすることが重要なのに，日本ではこれがバラバラになされがちだという。入口とは，地域特性を踏まえた開発計画上の思想であり，出口とはそれを表現するメディアとなる施設である。入川氏はこの両にらみができるからこそ，思想を施設が持つべき機能に落とし込み，その機能を発揮できる施設を設計しておくことで，その施設を通じて地縁が生まれるとする。入川氏には「建築家兼商業ディベロッパー」という肩書きがよく用いられるが，実は「街のプロデューサー」なのであり，その街にあるカフェが従業員と顧客，顧客同士，顧客と非顧客という様々な相互作用のハブとなっているのである。

推薦図書

入川秀人（2012）『カフェが街をつくる』クロスメディア・パブリッシング。
奥瀬喜之・久保山哲二（2012）『経済・経営・商学のための実践データ分析』講談社。
クリストファー・ラブロック，ヨッヘン・ウィルツ（2008）『ラブロック＆ウィルツのサービス・マーケティング』ピアソン・エデュケーション。
WAC（社団法人　長寿社会文化協会）編（2007）『コミュニティ・カフェをつくろう！』学陽書房。

練習問題

（1）　サービス・トライアングルの3つの辺とは何を指し，また正三角形がよい理由は何であるかを，それぞれ記述しなさい。

（2）　立地を1つ選択し，そこにカフェを出店すると想定して，①地域特性の深い理解（特に悩みや問題の発見），②ターゲット顧客とストアコンセプトの導出，③カフェが持つ機能への落とし込みの3つを体験してみよう。

注

（1）　この調査結果は，小谷野結希らが『日本都市計画学会　都市計画報告集』No. 15で報告している。またこの調査より古いが，2011年に全国166カ所から回答を得た

大分大学福祉科学研究センターの調査では，運営目的として地域活性化が最多の68％を占め，次いで高齢者・子ども・障がい者などへの保健福祉が56％だった（複数回答）。全国調査のため，ここでの地域活性化には高齢化・過疎化対策も含まれると推察される。他方 W 社は，人間関係の希薄な都心での地縁の再生という意味合いが強い。

(2) 第3節から第5節の記述は，入川氏の修士論文「コミュニティ型カフェの実践と研究——ソーシャルカフェ創造への挑戦」（多摩大学大学院経営情報学研究科）と，2018年9月21日に実施した同氏へのインタビューにもとづく。

(3) 参考までに，上場廃止直前の2014年3月期のスターバックスの1店舗あたり売上高は，約1.2億円である。

第15章

非営利のサービス・マーケティング

　サービス・マーケティングは，非営利組織でも用いられている。非営利組織がサービス・マーケティングを実践する際には，それを用いて社会的課題を解決を図る。この章では，再生可能エネルギーを推進することで地球環境問題の解決を図る NPO 法人北海道グリーンファンドの取り組みと，病児保育を推進することで少子化と育児問題の解決を図る NPO 法人フローレンスの取り組みを考える。

　キーワード：温室効果ガス，再生可能エネルギー，グリーン料金制度，市民出資，共働き世帯，待機児童，病児保育，共済型価格設定，こどもレスキュー隊員，認定病児保育スペシャリスト

1　地球環境問題と再生可能エネルギー

(1)　地球環境問題におけるエネルギー問題

　地球の環境破壊が進行しているのをはじめて聞いたという人は少ないだろう。地球環境は「オゾン層の破壊」やそれに伴う「地球温暖化」といった言葉に代表されるように，日々悪化の一途をたどっている。地球温暖化の原因の1つが，温室効果ガスである。温室効果ガスとは，温室効果をもたらす大気中に拡散された気体のことを意味する。京都議定書では，温暖化防止のため，二酸化炭素やメタン，亜酸化窒素などが削減対象の温室効果ガスと定められた。温室効果ガスのうち大半を占めているのが，二酸化炭素である。「IPCC 第5次評価報告書」によると，温室効果ガスは，二酸化炭素が76.0％，メタンが16.0％，亜酸化窒素が6.2％が排出量が高いガスである。

　図15-1は2015年の世界の国別の二酸化炭素排出量を示している。最も排出

第Ⅲ部　サービス・マーケティングのケーススタディ

図15-1　2015年世界の二酸化炭素排出量

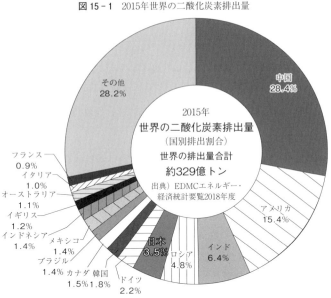

（出所）JCCCA（日本地球温暖化防止活動推進センター）ホームページ
（http://jccca.org）より

量が多いのが中国であり，次いでアメリカ，インドとなっている。日本は3.5％とロシアに次いで世界で5番目に排出量が多い国である。2005年までアメリカが二酸化炭素排出量が最も多い国であったが，2006年以降，中国の排出量が最も多くなっている。また2005年までインドより日本の排出量が多かったが，2006年に日本を上回り，2009年にはロシアを上回り，中国ほどではないが，その排出量は増えている。

温室効果ガスの削減を決定したのが，1997年の「地球温暖化防止京都会議（国連気候変動枠組み条約第3回締約国会議）」で採択された「京都議定書」である。京都議定書で決定した内容は，温室効果ガスの先進国における削減率を1990年基準として各国別に定め，共同で約束期間内に目標を達成することである。これを契機に世界は温室効果ガス削減のために，エネルギー源変換とエネルギー消費削減へと動き出した。具体的な削減目標は，国（地域）によって異なる（図15-2）。その中でも，現在，日本は2003年を基準として，2030年までに26％削減することを目標としている。また排出量が世界一である中国は，2030

図15-2 各国の温室効果ガスの削減目標
国連気候変動枠組条約に提出された約束草案より抜粋

国　名	削減目標	
 中　国	GDP当たりのCO_2排出を2030年までに60-65% 削減 ※2030年前後に，CO_2排出量のピーク	2005年比
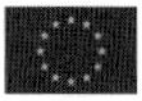 Ｅ Ｕ	2030年までに40% 削減	1990年比
 インド	GDP当たりのCO_2排出を2030年までに33-35% 削減	2005年比
日　本	2030年までに26% 削減 ※2005年度比では25.4%削減	2003年比
 ロシア	2030年までに70-75% に抑制	1990年比
 アメリカ	2025年までに26-28% 削減	2005年比

2015年10月1日現在

（出所）　JCCCA ホームページ（http://jccca.org）より

年前後が二酸化炭素排出量のピークを迎えると予測した上で，GDP 当たりの二酸化炭素排出を60〜65％削減することを目標としている。

　温室効果ガスの中でも，その大半を占める二酸化炭素の排出をいかに削減するのかが，目標達成のための鍵となる。戦後，高度経済成長を経た日本は，大量の二酸化炭素を排出し続けていた（全国地球温暖化防止活動推進センターホームページを参照）。それが京都議定書が採択された1997年には一度低下するものの，再び増加していった。日本は京都議定書では，1990年を基準年として，2012年までに6％削減することを目的とした。近年，日本の二酸化炭素の排出量は，概ね，11億5000万〜13億5000万トンであり，2009年の11億6300万トンが最小の排出量となっている。しかし，周知の通り，2011年に発生した東日本大震災は，二酸化炭素の排出量を再び増加させる結果を招いてしまった。

　日本は2005年度比では，温室効果ガスを25.4％削減することを目的としている。東日本大震災発生後の2012年は2005年比で1.2％，2013年は2.3％増加したが，その後削減量が増加し，2016年には−5.2％となっているものの，目標値達成への道のりは長い。

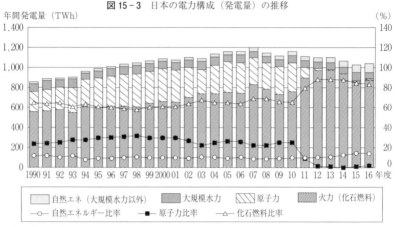

図15-3 日本の電力構成（発電量）の推移

（出所）環境エネルギー研究所「自然エネルギー白書2017」より

(2) 再生可能エネルギー

では，どのようにすれば，日本は温室効果ガスを削減できるのであろうか。日本で温室効果ガスの中の二酸化炭素を最も排出しているのは，発電所などのエネルギー転換部門であり，2016年度には総排出量約12億600万トンのおよそ42％を占めている。私たちの日々の生活にエネルギーは欠かせないものとなっている。車を動かすのも，携帯電話を充電するのもエネルギーがないと，それらは単なるモノになってしまう。日本は世界の中でもエネルギー自給率の低い国である。OECDの加盟国でエネルギー自給率が最も高いのは，ノルウェーであり，702.6％となっている一方，日本は34位であり，自給率はわずか7.4％と極めて低い値となっている（2017年度版『日本のエネルギー』）。

日本の電力構成（発電量）を示したのが図15-3である。日本は東日本大震災が発生する前までは，火力（化石燃料）と原子力でエネルギーの大半をまかなっていた。震災以前は原子力発電の割合がおよそ20％程度あったものが，ゼロとなり，それを補ったのが供給側では火力発電と自然エネルギーである一方，需要側では節電や電力消費量の少ない家電への買い替えなどであった。

自然エネルギーとは，自然現象から得ることができるエネルギーを意味する。自然現象から生まれるエネルギーは尽きることがないため再生可能エネルギーとも呼ばれる。再生可能エネルギーとは，一度利用しても比較的短期間に再生

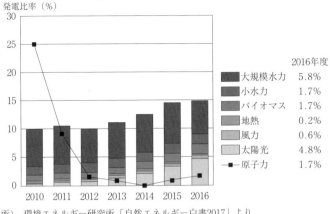

図15-4 再生可能エネルギー（発電量）と原発の比率

（出所）環境エネルギー研究所「自然エネルギー白書2017」より

可能であり，資源が枯渇しないエネルギーである。具体的には，太陽光や太陽熱，水力，風力，バイオマス，地熱が再生可能エネルギーである。

再生可能エネルギーの発電量を示したのが**図15-4**である。再生可能エネルギーの中で最も発電量が多いのが，大規模水力発電である。政府の施策もあり，近年，発電量を増やしているのが，太陽光発電である。太陽光発電は，空き地などにパネルを設置する容易さもあり，発電量を増やしている。環境エネルギー政策研究所によると，2017年度の総発電量に占める自然エネルギーの割合は，15.6％となっており，中でも太陽光発電は5.7％であり，2014年の1.9％から大幅に増加している。

2　北海道グリーンファンドによるエネルギー問題解決のためのサービス・マーケティング

(1) 北海道グリーンファンドの概要

NPO法人北海道グリーンファンドは，エネルギー消費の抑制と自然エネルギーの普及を目指して，生活クラブ生活協同組合・北海道が母体となって，1999年に設立された。北海道グリーンファンドは，**表15-1**の5つの活動をしている非営利組織である。

表15-1 北海道グリーンファンドの活動

活動名	活動内容
グリーン料金制度	月々の電気料金に5％のグリーンファンド分を加えた額を支払い，グリーンファンド分を自然エネルギーによる「市民共同発電所」を建設するための基金として積み立て運用する
市民共同発電所づくり	グリーン電気料金制度などによる寄付を積み立てた基金で市民共同発電所の建設に取り組んでいる
自然エネルギー・省エネルギー啓発活動	会員や市民を対象に自然エネルギー・省エネルギーに関する講演会や学習会などを開催している。
エネルギー環境提言	専門家や非営利のシンクタンクなどとともに「持続可能な北海道のエネルギー政策」を発表している
ネットワークづくり	市民風車や各種啓発事業，エネルギー政策提言などの活動をさまざまな主体と連携している。

(出所) 北海道グリーンファンドホームページより筆者作成

表15-2 自然エネルギー普及のための組織

組織名	設立年	その他
NPO法人北海道グリーンファンド	1999年（設立）2000年（法人登記）	会員：約700名
株式会社市民風力発電	2001年	従業員：20名，資本金：1億8,810万円，風力発電事業開発，風力発電事業管理運営，風力発電事業コンサルティング
株式会社自然エネルギー市民ファンド	2003年（有限会社）2004年（株式会社）	資本金：1,000万円，第二種金融商品取引業，市民風車ファンド組成，出資募集，運用と管理

(出所) 北海道グリーンファンドホームページより筆者作成

　北海道グリーンファンドは，自然エネルギー普及のために，株式会社市民風力発電と株式会社自然エネルギー市民ファンドを設けている（表15-2）。これら組織が自然エネルギー普及のための組織ポートフォリオを形成している点が非営利組織固有のサービス・マーケティングの展開方法である。北海道グリーンファンドは，市民の出資による風力発電所の建設と運営をすることで自然エネルギーの普及を図っている。具体的には，市民風車設置のための資金調達と

図15-5 グリーン料金制度の仕組み

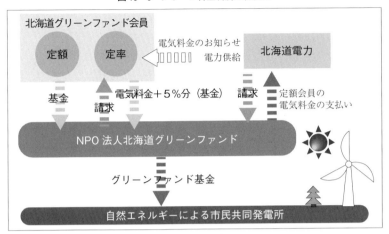

(出所) 北海道グリーンファンドホームページより

して「グリーン電気料金制度」と「市民風車を設置するための市民出資」を展開している。

(2) エネルギー問題解決のためのサービス・マーケティング

グリーン電気料金制度とは、1999年から開始された、月々の電気料金に5％のグリーンファンド分を加えた額を我々電気使用者が支払い、そのグリーンファンド分を自然エネルギーによる「市民共同発電所（風車による風力発電所）」を建設するための基金として積み立て、運用する仕組みである。例えば、1カ月の電気料金が8,000円だとすると、400円が基金となる（図15-5）。この仕組みは電気使用者が電気料金の5％を追加的に負担するのではなく、省エネや節電をすることで電気料金を5％浮かせて、その分を基金にすることを意図している。北海道グリーンファンドでは、「コーヒー1杯分（400円）の基金で原発も地球温暖化もない未来をつくろう」というスローガンのもとで、この制度の普及を図っている。

北海道グリーンファンドは、グリーン電気料金制度を利用して基金をつくり、それをもとに風力発電のための風車を建設している。それを北海道グリーンファンドでは、市民自らが事業者となり、組合を組成するなど広く市民の出資

第Ⅲ部　サービス・マーケティングのケーススタディ

図15-6　市民風車の展開状況

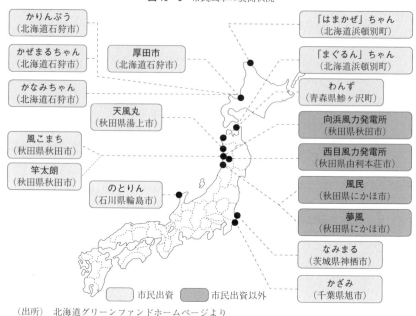

（出所）北海道グリーンファンドホームページより

参加により取組まれる風力発電事業を「市民風車」と呼んでいる。

　日本国内初の市民風車は，2001年9月に北海道浜頓別町で運転を開始した「はまかぜ」ちゃんである。2003年3月には，秋田県天王町（現，潟上市）に2基目の市民風車である天風丸を建設し，さらには2003年に青森県で初めての市民風車わんずの建設に協力した。その後は2005年石狩市に市民風車かぜまるちゃん，続いてかりんぷを建設した。このような市民風車は日本全国に広がり，2018年10月現在，13基が稼働中である（図15-6）。

　実際，我々が支払う5％分は「グリーンファンド基金」として，毎年積立し，北海道グリーンファンドが計画した「市民共同発電所」計画に拠出している。2001年9月に誕生した「はまかぜ」ちゃんの場合，建設のために設立した株式会社市民風力発電の資本金として1,000万円の基金を拠出した他，秋田や石狩の市民風車にも計1,600万円の基金を拠出している。

　現在，北海道グリーンファンドの作り出した，グリーン電気料金制度は，北海道電力をはじめ，東北電力など，電力会社10社が同じような制度を始めてい

る（終了したものもある）。また，2003年2月に株式会社自然エネルギー市民ファンドを立ち上げ，市民の出資でつくる市民風車を全国的に広めるための活動をしている。

　非営利組織でありながら，事業から利益を得て，それを風車の建設資金にするという仕組みは，まさに環境破壊を防ぐという社会的課題を解決するための革新的なビジネススタイルである。このような仕組みが日本社会に広がっていけば，経済発展と地球環境の維持の両方を同時に行う「持続可能な発展」を推進することができるだろう。

(3) 風車建設のためのサービス・マーケティング
①市民出資による風車建設のための組織構築

　グリーン料金制度は，消費者に節電などの電気を使用するという意識を変えるために有効な方法である。しかし，風車の建設には，例えば出力1,000キロワットの建設には1基2億円程度の費用がかかる。グリーン料金制度だけで風車を建設するとなると，1基設置するまでに50年近くかかる。そのため，北海道グリーンファンドは，風車の建設資金を市民に出資してもらうことで風車を建設している。

　実際，市民風車の大半は，市民からの出資で建設されたものである。例えば，「はまかぜ」ちゃんの場合では，総事業費2億円のうち，総勢217名の出資者から，およそ1億5千万円が出資された。ただし，北海道グリーンファンドは特定非営利活動法人であり，制度上，その出資金を扱うことができない。そのため，2001年に「株式会社北海道市民風力発電」を設立した（現在の名称は「株式会社市民風力発電」[2]）。その後，この会社は，自前で市民風力発電建設の計画と計画，管理の一連のプロセスを担い，「風力発電事業の開発業務全般（風力発電事業への投資および企画立案，各種調査，風況解析，電力協議，ファイナンス組成など）」と「風力発電事業の操業管理全般（風力発電事業の管理運営および風力発電設備のオペレーション・メンテナンス業務など）」を行う，いわば風力発電のためコンサルティング会社へ事業内容を変更している。

　市民から風車建設の出資を募るための組織としては，2003年に中間責任法人

(現一般社団法人)自然エネルギー市民基金と株式会社自然エネルギー市民ファンドを設立している。このうち,自然エネルギー市民ファンドは,風力発電の市民出資を募るための組織である。具体的には,「各地の市民風車プロジェクトに係る匿名組合出資の募集・運営及び管理」と「日本各地の市民風車プロジェクトに対する事業計画・資金計画のサポート」「自然エネルギー普及に資するファイナンスに係る新たなビジネスモデルの開発」を主な事業内容としている。

②資金調達方法のパッケージ化

東日本大震災では,福島第一原発がメルトダウンしたことで,東京電力管内では電力の需要量が供給量を超える可能性があることから,計画停電が実施された。その後,原子力発電の安全性が議論され,その代替エネルギーとして,再生可能エネルギーを使用した電力発電に注目が集まった。

図15-3にあったように,東日本大震災が発生し2011年以降,総発電量に占める自然エネルギーの比率は増加した。また図15-4に示したように太陽光および風力による発電量は飛躍的に増大した。それを後押ししたのが,国による電力の買い取り制度であった。国は2012年に再生可能エネルギーの固定価格買取制度(Feed-in Tariff：FIT)をはじめた。この制度は,再生可能エネルギーで発電した電気を電力会社が一定価格で一定期間買い取ることを国が約束する制度である。この制度が創設された背景には,電力会社が買い取る費用の一部を電気利用からの賦課金という形で集め,まだコストの高い再生可能エネルギーの導入を促すという目的があり,さらに発電設備の高い建設コストも回収の見通しが立ちやすくなることも意図されていた。対象となる再生可能エネルギーは,太陽光発電と風力発電,水力発電,地熱発電,バイオマス発電である。

買取価格については,太陽光発電のみ,制度が創設された2012年から買取価格は毎年下落している。しかし,それ以外の発電は,2017年までは同じ価格が維持された。なかでも,北海道グリーンファンドが設置した風力発電は,20キロワット未満が1kwhあたり55円＋税,20キロワット以上が1kwhあたり22円＋税となっている(いずれも買取期間20年間)。この買取価格は,例えば風車が建設され,それが発電をはじめた年から20年間,上述した価格で買取される。

北海道グリーンファンドが風車を建設する際には，詳細な方法は2009年から変更しているものの，市民自らが出資して，風車を建設するというスタイルは変更していない[5]。風車が発電をはじめると，出資をした市民は出資額に応じて，売電した利益からそれぞれ配当を得るという仕組みも変わっていない。このような市民が再生可能エネルギーを使用した電力発電施設に出資をして，その対価として売電から配当を得るという仕組みは，それ以外の再生可能エネルギーでも用いられるようになった。

　2018年現在，北海道グリーンファンドだけでも，13基の市民風車が稼働している。北海道グリーンファンドが構築した市民出資で再生可能エネルギーによる発電設備を建設する方法は，例えば地方公共団体では，横浜市が2006年に「ハマウィング（横浜市風力発電所）[6]」の運転をはじめ，生活クラブは市民出資の[7]仕組みを利用して太陽光パネルの設置や風車などを建設している。生活クラブは，2014年に株式会社生活クラブエナジーを作り，自然エネルギー普及のために様々な取り組みを行っている[8]。

3　少子化と育児問題

(1)　少子高齢化問題

　日本における重要な社会的課題の1つに少子高齢化がある。日本は1970年に人口に占める高齢化率が7％を超える「高齢化社会」になり，1995年には高齢化率が14％を超える「高齢社会」，さらに2007年には高齢化率が21％を超える「超高齢社会」となった（**図15-7**）。今後も日本で少子高齢化は進行すると考えられており，現在の傾向が続くと，2050年代に総人口は1億人を割り，2065年には高齢化率は40％に迫り，より若者が少なく，高齢者が増える社会になると予測されている。

　少子高齢化という社会的課題を解決する1つの方法が，生まれる子どもを増やす方法である。つまり，高齢者が増えるのと同時に子どもの数，いわゆる出生率も高まれば，高齢化問題は残るものの，少子化問題は解消される。「1人の女性が一生のうちに出産する子どもの平均数」である合計特殊出生率の推移

第Ⅲ部　サービス・マーケティングのケーススタディ

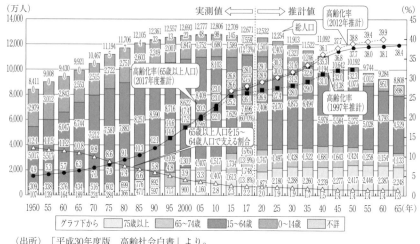

図15-7　少子化と高齢化の推移と将来推計

(出所)　「平成30年度版　高齢社会白書」より。

を見ると，戦後最もその値が高かったのが，1949年の4.32であり，その後は出生率は低下したが，もう一度上昇し，1973年には2.14となった。その後，若干の上下はあるものの，出生率は1％台前半の値で推移している。

現在の日本は医療技術の発達もあり，人間の寿命がのびる一方で，子どもが生まれない社会にある。少子高齢化が社会的課題だと言われる理由は，いくつかあるが，それを経済的な側面で考えてみると，年金の問題があげられる。日本の年金は65歳になると支給されることになっている。では，どのような財源をもとに年金は高齢者に支出されているのだろうか。年金財政には，積立方式と賦課方式がある。積立方式とは，働いているときに振り込んだお金を積み立てて，老後にそのお金を受け取る仕組みである。一方，賦課方式とは，現在働いている人が払い込んだ金を現在の高齢者に支給する仕組みであり，この賦課方式によって「世代間扶養」が実現できると言われている。日本では，後者の賦課方式を採用して年金が支出されている。

図15-7には，65歳以上人口を15〜64歳人口で支える割合が△の折れ線グラフで記載されている。これはお金を稼いで年金を納付する生産年齢人口が年金を受け取る高齢者1人を何人で支えているのかを表している。グラフを見る

図 15-8 共働き等世帯数の推移

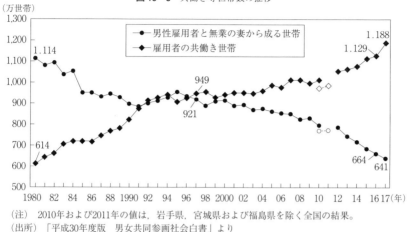

(注) 2010年および2011年の値は，岩手県，宮城県および福島県を除く全国の結果。
(出所) 「平成30年度版　男女共同参画社会白書」より

と，第二次世界大戦後の1950年には，12人で1人の高齢者を支えていた。この数値は高齢化率が高まるのと比例して，年を追うごとに減少している。2010年の値は2.8となっており，現在はおよそ3人で1人の高齢者を支える時代となっている。その傾向はさらに進行し，推計では2025年には2人以下で1人の高齢者を支えることになる。

このような少子高齢化に伴う生産年齢人口の減少を防ぐために，安倍内閣は，2014年に「女性が輝く日本！」と銘打ち，女性の社会進出，特に出産後の再社会進出を促すための政策を打ち出している。では，現在の日本で女性が社会で輝く環境は整っているのであろうか。

(2) 女性の再社会進出と育児環境の変化

近年，女性の再社会進出が政策として取り上げられるようになり，いわゆる「働く女性」が増えている。日本社会は，男性が働いてお金を稼ぎ，女性は家事や育児に専念する専業主婦という形で家族の役割を分担してきた。特にそういった役割分担が鮮明だったのが「昭和の時代」であり，それが「平成の時代」になって変化していった。図15-8にあるように昭和の時代は，「男性雇用者と無業の妻からなる世帯」が圧倒的の多かったものの，平成の時代に入っ

図15−9 女性の年齢階級別労働力率の推移

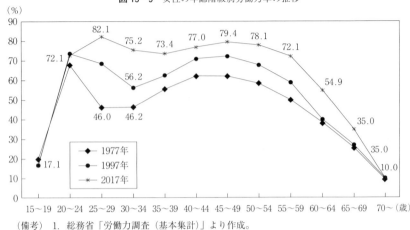

(備考) 1. 総務省「労働力調査(基本集計)」より作成。
2. 労働力率は,「労働力人口(就業者＋完全失業者)」／「15歳以上人口」×100。
(出所) 総務省「労働力(基本調査)」より

てから徐々に「雇用者の共働き世帯」が増え始め,1990年代後半を境にその値は逆転し,2017年には共働き世帯の方が圧倒的に多くなった。

このような共働き世帯の変化を女性の年齢階級別労働力率で見てみよう。昭和の時代は,女性は25歳くらいで働くのをやめて,出産し,その後も専業主婦を続けるか,もしくは育児が終わると再び働き始めていた。それがわかるのが図15−9である。1977年に25歳〜35歳くらいまで女性の労働力率は50％以下であり,半数以上の女性が出産と育児が終わるまで専業主婦であった。しかし,特に近年,2017年には25〜29歳の女性の労働力率は80％を超えており,その後もいわゆる定年する60歳前までその割合は7割以上となっている。このように女性の出産・育児と働くというバランスが大きく変化してきていることがわかるだろう。

2016年2月に育児に関するあるニュースが話題となった。それが「保育園落ちた日本死ね！！！」(https://anond.hatelabo.jp/20160215171759)である。この書き込みは大きな反響があり,国会でも取り上げられるほどであった。日本では1995年に国が待機児童数を発表し,その後はその待機児童数を減らすための政策が地方自治体でも進められているものの,それを解消したと言える自治体の

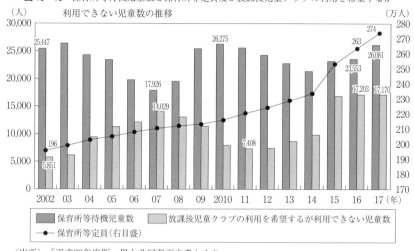

図15-10 保育所等待機児童数と保育所等定員及び放課後児童クラブの利用を希望するが利用できない児童数の推移

（出所）「平成29年度版 男女共同参画白書」より

数は限られている。

図15-10は保育園の待機児童数だけでなく、小学校の放課後児童クラブの待機児童数の推移を示したものである。図15-10を見ると、待機児童数は、現在、2000年代の初頭と同じおよそ2万5,000人前後存在している。しかし、数は変わらないものの、保育所の定員がその頃より大幅に増えていることを考えると、むしろその数は増えていると判断できる。また放課後児童クラブの待機児童数も大幅に増加しており、近年ではおよそ2万人が存在している。

つまり、日本では、少子化が進んで子どもの数が減少している一方で高齢化が進んでいる。政府は生産年齢人口を増やすために女性の再社会進出を促すための政策をとったことも一因となり、その数は増加している。しかし、女性が働きながら育児をする環境は、以前と比べて、それほど変化していないとデータからは判断することができる。

数値にはまだ現れていないものの、育児を積極的に行う父親である「イクメン」という言葉が社会で流行したことからもわかるように育児に積極的に関わる男性は増えていくだろう。実際、男性の育児参加を促すために、2008年にNPO法人ファーザーリング・ジャパン（Fathering Japan）も設立されている。

このように日本の育児環境は現在，新しい育児の仕方へ変化するその最中にあると考えることができよう。育児には，待機児童などの課題がある一方，それ以外にも多くの課題がある。以下では，親が育児をしていくプロセスで病気になった子どもと働くことを結びつけて，その課題解決を図っている NPO の活動を考えていこう。

4　フローレンスによる育児問題解決のための　サービス・マーケティング

(1)　フローレンスの概要

NPO 法人フローレンスは，病気の子ども（病児）の面倒を見る病児保育事業を行う非営利組織として，2004年に設立された。[9] フローレンスは，日本の社会的企業の中でも代表的な存在である。日本で社会的企業が台頭してきた初期に起業され，数多くの受賞もある団体である。また多くのマスメディアに取り上げられているだけなく，2015年に TBS 系列で「37.5℃の涙」としてドラマ化されるほど，社会に大きな影響を与えた存在でもある。

保育園では，一般的に37.5℃以上の熱があると子どもを預かってくれない。子どもが熱を出すのは当たり前であるが，それが原因となり，仕事を失う人もいる。そういった人たちだけでなく，育児に関わる総合的な社会的課題の解決を図っているのがフローレンスである。フローレンスは，病児保育サービスを提供したのを皮切りに多くの育児問題の解決のためのサービスを提供している（表15-3）。

(2)　育児問題解決のためのサービス・マーケティング

①フローレンスの病児保育サービスの提供方法

本節では，フローレンスが提供するサービスの中でも，病児保育サービスのマーケティングについて検討していく。病児とは，文字の通り，病気にかかった子どもである。一般的に子どもが37.5℃以上の熱があると病児になり，保育園では預かってもらうことができない。朝37.5℃以下の熱でも，保育途中

表15-3 NPO法人フローレンスの事業

社会的課題	開始年	事業名
病児保育問題	2005	訪問型病児保育事業（フローレンスの病児保育）
待機児童問題	2010	小規模保育事業（おうち保育園）
障害児保育問題	2014	障害児保育事業（障害児保育園ヘレン，障害児訪問保育アニー）
子育て問題	2011	コミュニティ創出事業（グロースリンクかちどき）
赤ちゃん虐待死問題	2015	赤ちゃん縁組事業
1人親家庭の貧困問題	2008	1人親家庭支援（寄付会員制度）事業

（出所）フローレンスホームページより筆者作成

に熱が上がると，親のところに連絡が行き，迎えに行かなくてはいけない。子どもが熱を出すのは，当たり前のことであり，もちろん子どもによって程度の差が存在するが，熱を出しやすい子どもを持つ親は，熱が上がるたびに仕事休むか，早退をしなくてはならない。フローレンスを設立した代表の駒崎弘樹氏は，母の友人の子どもが熱を出しやすい体質であることから，遅刻や早退を繰り返していた結果，クビになったのがフローレンスを立ち上げる一因となったという。

フローレンスが病児保育サービスを始めるまで，病児を預けるには病児保育施設に子どもを連れていく必要があった。病児保育施設は，フローレンスが起業される前年の2004年に全国にわずか500施設しかなかった。その後，病児保育施設の開設が全国で進み，2012年にはおよそ1,500施設が設置されるようになった。

このように多くの病児保育施設が開設されたことで，以前より病児を保育する環境は向上したと考えることができる。しかし，病児保育施設が提供するサービスとフローレンスのそれとは，提供方法が大きく異なる。病児保育施設では病児がある施設に集まって保育されることから，家から子ども連れ出す必要がある。また，他の病児と一緒に保育されることから，他の病気が移ることを親であれば心配するだろう。フローレンスの病児保育サービスの特徴は，第一に子どもの自宅で提供される形式となっており，親は二次感染を心配する必要がない。第二に子どもが病気になった当日の朝8時までに連絡をすれば，保

育スタッフを派遣してくれることから，急な病気にも対応してもらえる。第三に病児保育を行なっている自宅まで女性提携医師による往診があり，なおかつその往診は保険診療で実施される。第四にフローレンス病児保育専門スタッフ（こどもレスキュー隊員）は，保育の実務経験が1年以上あるか，または子育て経験7年以上の経験者を採用して直接雇用している。特に子どもレスキュー隊員は，5分おきに呼吸確認を行うなど，常に子どもの容態や症状の変化を気にかけ，体温の変化や排泄回数，食事の量などきめ細やかに「病児保育記録」を記入し，当日の病児保育サービス終了時にそれ親に渡すという方法を採用している。

②サービスの利用方法

フローレンスが自宅訪問型の病児保育サービスを提供し始めた2005年当初の会員数は，わずか38名であった。それが2017年度には6,000名を超え，病児保育件数は累計5万件を超えた。フローレンスを利用できる条件は，生後6カ月から小学校6年生までの集団保育（幼稚園や保育園など）または小学校に通っている子どもである。利用可能日は月〜金曜日であり，利用時間は8時〜18時30分（早朝保育7時30分からと夜間保育20時までのオプションあり）となっている。基本的に，はしか以外，全ての疾病・病状で利用できる。対象エリアは，東京23区と都下（12市），千葉県（5市），神奈川県（川崎市（7区）・横浜市（18区）），埼玉県（4市）となっている。

フローレンスの病児保育サービスの価格は，共済型の価格設定となっている。共済型の価格設定とは，利用会員が支え合う月会費制の共済型である。具体的にサービスを利用する際には，子ども1人あたり入会金3万2,400円（税込）と月会費9,288円（税込）×2カ月分（入会月・翌月）の合計5万976円（税込）を支払うことで開始することができる。月会費には，毎月1回目の保育料（8時〜18時30分の間で上限9時間の利用分）が含まれており，月会費は利用頻度によって増減する。利用が少ない場合は減少し，利用が多い場合は増加し，利用料金の見直しは3カ月に1回実施される仕組みとなっている。

より具体的には，フローレンスは，サービスを利用しやすくするために「ベーシックプラン」を設けている。入会費は3万円であり，兄弟が入会する

第15章　非営利のサービス・マーケティング

図15-11　3つの利用方法

	前日15時～ 前日20時まで （推奨します）	前日20時～ 当日8時まで	当日8時～ 当日15時まで
予約受付時間	 8時	 5時	 3時
予約方法	利用会員専用サイト	利用会員専用サイト	利用会員専用サイト
レスキュー 出動対応	100％対応	100％対応	ベストエフォート対応 ※こどもレスキュー隊員がいる場合のみ対応
到着時間	朝8時以降の予約時間（※1）	予約確定（※2）から90分～120分ほど	予約確定（※2）から90分～120分ほど（朝9時～10時が最短でお伺いする目安になります）
予約確定時間	前日夜22時以降	当日の朝7時以降	当日の朝8時以降
予約確定 連絡方法	メール 利用会員専用サイト	メール 利用会員専用サイト	メール 利用会員専用サイト

※1　感染症の流行期など，予約件数が増加した場合は，朝9時前開始の保育予約締切が早まります。その場合は最短で朝9時開始の予約のみお受けいたします。
※2　予約確定とは，担当のこどもレスキュー隊員が決定した時点のことを指します。
（出所）　フローレンスホームページより

場合は，2人目以降は半額となる。2年目以降も継続の場合は，更新料1万円が毎年発生し，兄弟で利用の場合は，2人目から15％割り引かれる。月会費は5,100～2万5,300円であり，年齢と病児保育の利用回数によって年に4回見直しが行われる。月会費には，月1回目の病児保育利用料（8時～18時30分の間で上限9時間）が含まれる。また月1回目の初回無料枠（上限9時間）を超えての利用する場合，または月2回目からの保育料は1時間2,000円である（課金は5分ごと）。その他，実費として，こどもレスキュー隊員の交通費は1,000円を上限とし，実費を支払う。

実際にサービスを利用する際は，3つの方法がある（**図15-11**）。例えば，イ

ンフルエンザに感染した2日目以降は，次の日も休む必要があることから，フローレンスが推奨する前日の15時〜20時までに予約をする。夜に子どもが体調を崩した場合は，前日20時〜当日8時までに予約をする。それ以外は，当日8時〜15時までにそれぞれ専用サイトにて予約を行う。

　フローレンスのサービスの利用には，クーポンや助成なども使用することができる。クーポンについては，公益社団法人全国保育サービス協会がベビーシッター派遣事業割引券を発行しており，それを保育料に充てることができる。助成制度は，主に東京23区の自治体がそれを設けている。千代田区は病児・病後児保育の助成制度を設けており，会員が病児保育サービスを利用する時のみ利用可能となっており，半額が助成され，月1回目の病児保育利用時間にも適用され，1日最大1万2,500円が割り引かれる。フローレンスは国や自治体に，利用者への補助を求める働きかけを続けている。

　③サービス品質の維持と向上のための取り組み

　フローレンスは，病児保育サービスを提供するこどもレスキュー隊員を育成するための取り組みも実施している。それが「認定病児保育スペシャリスト」である。認定病児保育スペシャリストとは，一般財団法人日本病児保育協会が認定する日本初の病児保育の専門家になるための資格である。この資格を取得することで，病児保育施設や体調を崩した子どもを保護者が迎えに来るまでの預かる保育所，病児の預かりも行うベビーシッターなど行うことができる。

　日本病児保育協会は，フローレンス代表の駒崎弘樹が理事長となり，病児保育の担い手を養成し，病児保育の質と認知度の向上を図り，さらには担い手同士が「繋がる場」を生み出すことを目的として，2012年9月に一般財団法人として設立された。認定病児保育スペシャリスト資格取得には，「全13回のweb講座受講」→「1次試験の合格」→「病児保育施設での実習（24時間以上）」→「認定試験の合格」が必要となる。受講の申し込みから最短で約1カ月，平均すると2カ月ほどで実習まで終えることができるという[13]。

　このような認定病児保育スペシャリストの有資格者は，フローレンスでこどもレスキュー隊員として働いている。こどもレスキュー隊員がサービスを提供する，つまり病児を保育する際にはそれを保護者へしっかりとサービスを提供

したことを伝えるための取り組みもなされている。第一にオンライン経過報告である。保護者は当日14時以降にフローレンスの会員サイトから，保育の途中経過を確認する仕組みを構築している。第二に保育シートである。こどもレスキュー隊員は，保護者が帰宅した時に，子どものその日の体調や体温変化，食事や昼寝の時間，排泄回数や量，機嫌や遊びの内容まで事細やかに記された「病児保育記録」を渡している。このようにサービス提供の途中と提供後にそのサービスを提供された側である子どもの状態を把握することができる。

推薦図書

恩蔵直人・芳賀康浩・安藤和代・外川拓（2013）『エネルギー問題のマーケティング的解決』朝日新聞出版。
駒崎弘樹（2011）『「社会を変える」を仕事にする——社会的企業家という生き方』ちくま文庫。
駒崎弘樹（2015）『社会を変えたい人のためのソーシャル・ビジネス入門』PHP 新書。
「自然エネルギー促進法」推進ネットワーク編（2002）『自然エネルギー100％コミュニティを目指して』かもがわ出版。
谷本寛治編（2016）『ソーシャル・ビジネス・ケース』中央経済社。
谷本寛治・大室悦賀・大平修司・土肥将敦・古村公久（2013）『ソーシャル・イノベーションの創出と普及』NTT 出版。
北海道グリーンファンド監修（1999）『グリーン電力——市民発の自然エネルギー政策』コモンズ。

練習問題

(1) 北海道グリーンファンドのサービス提供は，サービス・マーケティングの理論から考えて，どのように理解できるか，考えてみよう。

(2) フローレンスのサービス提供は，サービス・マーケティングの理論から考えて，どのように理解できるか，考えてみよう。

注
(1) それぞれの活動の詳細については，北海道グリーファンドのホームページ（http://www.h-greenfund.jp）を参照。
(2) 詳細な活動内容については，株式会社市民風力発電のホームページ（http://www.cwp-wind.jp）を参照。
(3) 詳細な活動内容については，株式会社自然エネルギー市民ファンドのホームページ（http://www.greenfund.jp）。

(4) 詳細は，資源エネルギー庁のホームページ（http://www.enecho.meti.go.jp/category/saving_and_new/saiene/kaitori/index.html）を参照。
(5) 出資の仕組みの変更については，谷本・大室・大平・土肥・古村（2013）を参照。
(6) ハマウィングの詳細については，横浜市のホームページ（http://www.city.yokohama.lg.jp/kankyo/ondan/furyoku/）を参照。
(7) 具体的な取り組みついては，生活クラブのホームページ「原発のない社会をめざして（http://seikatsuclub.coop/eco/nonukes.html）」を参照。
(8) 具体的な活動内容については，生活クラブエナジーのホームページ（https://scenergy.co.jp/）を参照。
(9) 詳細はフローレンスのホームページ（https://florence.or.jp）を参照。
(10) 価格の詳細は，「フローレンスの病児保育：ベーシックプランガイドライン【料金・利用案内】（https://byojihoiku.florence.or.jp/pdf/guideline_basic.pdf）を参照。
(11) それ以外にも提携先の企業などの会員の場合は，5～30％割引となる（https://byojihoiku.florence.or.jp/fee/）。
(12) 9時間を超えた場合は保育料が発生し，無料枠を2回目以降や翌月に繰り越すことはできない。
(13) 資格の取得には，web 講座受講料5万2,000円と受験料8,000円，登録料5,000円，実習料1万円（全て税抜）がかかる。

おわりに

　現代社会において，我々がサービスを利用しないような日はない。朝，顔を洗うために水道の蛇口をひねる。朝食を作るためにガスコンロや電子レンジのスイッチを入れる。電車やバスで通勤・通学する。車内ではスマホでメールやニュースをチェックする。昼はレストランで食事をとる。インターネットで仕事や勉強に関する情報収集をする。仕事の後は，フィットネスクラブに通ったり，居酒屋に行ったり，映画やコンサートを見に行ったりする。帰宅後は温かいシャワーを浴びて寝る。

　我々の生活の大半はサービスの取引で成り立っているのだが，そのことを意識することは意外に少ない。天災などで電気やガスなどのインフラが停止した時，改めてそのありがたみを感じる。同時に，当たり前のようにコンビニやスーパーが毎日営業していること，いつもほぼ定時に電車やバスが来ること，映画やコンサート，テーマパークは日常生活にエンターテインメント（娯楽）のひとときをもたらしてくれること，そして，病院は我々の健康を支えてくれていることに気づく。

　様々な企業や非営利組織の絶え間ない努力の蓄積があってこそ，サービスは発展していくのであり，それによって，我々は豊かな生活を享受することができるのである。つまり，サービスの発展課題を考えることは，我々の日常生活のあり方を考えることに通じるのである。

　サービス・マーケティングの研究は，1980年代以降，目覚ましい発展を遂げ，その研究領域も多方面に及んでいる。他方，ビジネスの現場では，次々と新しいサービスが登場したり，新しいサービス・マーケティングやマネジメントの手法が展開されたりしている。同時に，サービス取引にまつわる課題やトラブルも生じており，その解決に向けた学術的・実務的取り組みも盛んに行われている。

こうした状況を鑑みて，包括的な視点からサービス・マーケティングを整理したのが本書である。サービス・マーケティングの基礎的な概念や理論を踏まえた上で，できるだけ最新の研究成果を取り入れていくとともに，サービス・マーケティングの書籍ではあまり取り上げられてこなかったサービス・リカバリーや感情労働，スポーツビジネス，地域コミュニティ，非営利サービスといったトピック（領域）についても議論を広げていった。

　本書を通して，サービス・マーケティングを包括的に理解するとともに，日常生活におけるサービスの役割について新たな知見が得られることを読者には期待している。

神原　理

索　引

あ行

悪質クレーム（迷惑行為）　176
アクチュアリー　142, 151, 152
Act（行動的経験価値）　75
イクメン　217
インターナル・サービス・リカバリー　92
インターナル・マーケティング　194
ウェブルーミング　73
浦和レッズ　157
営利組織（営利のサービス組織）　3
エクスターナル・マーケティング　194
NPO 法人の活動分野　111
NPO 法人フローレンス　218
NPO 法人北海道グリーンファンド　207
エネルギー自給率　206
エンパワーメント（権限委譲）　92
お客様の声　57
オムニチャネル　73, 143, 144
温室効果ガス　203

か行

外発的な動機づけ　129
外部経済の内部化　22
外部効果　117
家計の外部化　22
カスタマー・ジャーニー・マップ　76, 166
価値判断の困難さ　33
活動補完型非営利組織　112
CAFE；HAUS　188
感覚的経験価値　74
感覚的な価値　151
感覚的な反応　71
観察法　62
感情管理　98
感情規則　99
感情作業　98
感情的な反応　71
感情的不協和　100
感情のコントロール　167
感情労働　98
機会主義的行動　114
絆を構築　185
機能代償仮説　79
機能的な価値　151
ギャップ・モデル　66
競合性　115
共済型の価格設定　220
京都議定書　204
クオリティ・マネジメント　164
クオリティのジレンマ　168
クオリティの不安定性（変動性）　54
クオリティの不確実性　53
クオリティ評価の知覚依存性　55
苦情行動　83, 84
　――のタイプ　83
　――の動機　83
苦情対応　95
苦情の重要性　83
苦情の要請　83
苦情を申し立てるチャネル　88
クチコミ意図　91
クラブ財　116
グリーン電気料金制度　208
グリーンファンド基金　210
クレーム対応　166
グローバル化　150
経験価値　70, 166
経験財　28
経験的な価値　152
経済的交換　3
経済的失敗　167
経済的リカバリー　167
契約の失敗理論　114
結果の不確実性仮説　168
決定係数　159
権限委譲　194
研修　92

権利（使用権・利用権）の移転　30
公共財　115
合計特殊出生率　213
コーズ・リレイテッド・マーケティング
　　　（CRM）　120
公正理論　88
行動的経験価値　75
行動的な反応　71
高齢（化）社会　213
顧客間相互作用　130, 146, 148
顧客のマネジメント　164
顧客満足　59, 91
顧客ミックス　48, 165
個人主義文化　91
こどもレスキュー隊員　220
コミットメント　91
コミュニティカフェ　187
コモンプール財　116
混雑現象　116
コンバインド・レシオ　145

　　　　さ　行

サード・セクター　109
サービス　3, 4
サービス・エンカウンター　47, 129, 130, 161
サービス・クオリティ　53
サービス・クオリティ・マネジメント　53, 66
サービス・クオリティの不安定性　35
サービス経済化（経済のサービス化）　14
サービス需給の時間的斉合　34
サービススケープ　175
サービス生産における顧客の関与　35
サービス提供者に対する苦情　84
サービス・デザイン　40, 161
サービス・デリバリー　147, 150, 162
サービス・デリバリー・システム　46, 128, 137
サービス・デリバリーの地理的分散　34
サービス・ドミナント・ロジック　84
サービス・トライアングル　184
サービスのコンセプト　45
サービスの価値連鎖　49
サービスの可視化　36
サービスの工業化　20
サービスの失敗　84

サービス品質　150, 151
サービス保証　87
サービス・マーケティング　2
サービス・リカバリー　86, 172
サーベイ　57
再購買意図　91
再生可能エネルギー　206
再生可能エネルギーの固定価格買
取制度　212
産業（生産）のサービス化　14
算定会料率　144
事業型非営利組織　113
Jリーグ　155
資源獲得のマーケティング　118
資源配分のためのマーケティング　118
市場　5
市場志向　174
自然エネルギー　206
自然エネルギー市民ファンド　212
慈善型非営利組織　112
質的なインサイト　78
質問紙調査法　56
私的財　115
市民共同発電所（風車による風力発電所）　209
市民風車　210
市民風車を設置するための市民出資　209
市民風力発電　211
ジャーニー・モデル　77
社会関係資本　165
社会的企業　113
社会的交換　3
社会的な反応　71
社会変革のマーケティング　118
謝罪や説明　90
集団主義文化　91
集中型のマーケティング　135
周辺要素　28
準拠集団　75, 130, 148
準拠集団や文化との関連づけに関する価値　75
準公共財　116
純粋公共財　116
純保険料　139
少子高齢化　213
情緒的経験価値　74

索　引

湘南ステーションビル　172
消費生活センター　85
消費のサービス化　15
情報の非対称性　114
ショールーミング　73
触知可能性（物理的特性）　28
触知不可能性（非物質的特性・無形性）　28, 31
女性の年齢階級別労働力率　216
Think（認知的経験価値）　75
深層演技　100
人的要素のマネジメント　126, 147, 149
信頼財（信用財）　28, 116, 117, 145
垂直的統合　126
スポンサーシップ　156
政策提案型非営利組織　112
生産と消費の同時性　33
生産年齢人口　214
正の外部効果（外部経済）　117
政府の失敗理論　114
生命表　152
セグメンテーション　10, 131, 132, 134, 153
選好　72
Sense（感覚的経験価値）　74
セントラル・キッチン　128, 136
専門的技能（パフォーマンス）　155, 156
戦略的経験モジュール　73
相互作用的公正　88
ソーシャル・イノベーション　113
ソーシャル・ビジネス　113
ソーシャル・マーケティング　121
ソルベンシー・マージン　142, 145

た　行

ターゲット　132
ターゲティング　10
待機児童　216
体験サービス　161
第三者機関への告発　84
第三セクター　109
タッチポイント　71, 128, 152, 166
ダブリューズカンパニー　186
探索財　28
知覚コスト　88
知覚リスク　54, 165, 168

地球温暖化　203
地球温暖化防止京都会議（国連気候変動枠組み条約第3回締約国会議）　204
チャネル　127
中位投票者　115
中核的要素　28
超高齢社会　213
積立方式　214
ディズニー　78
提供物　118
手続き的公正　88
デ・マーケティング　119
トイレの改善　175
特定非営利活動促進法（NPO法）　110
特定非営利活動法人（NPO法人）　110
独立行政法人国民生活センター　84
共働き世帯　216
トレーニング　92
度を超えた苦情　176

な　行

内発的に動機づけ　129
内容把握の困難さ　32
二酸化炭素排出量　203
日本の電力構成（発電量）　206
日本版顧客満足度指数　59
入場料　155
認知的経験価値　75
認知的な反応　71
認定病児保育スペシャリスト　222
ネガティブ感情　84
ネガティブなクチコミ　84
ネット・プロモーター・スコア　61
年金　214

は　行

バーンアウト・シンドローム（燃え尽き症候群）　93, 101
排除性　115
80：20の法則　185
バックヤード　47, 81, 128, 152, 162
パフォーマンス　31
パレートの法則　185

範囲の経済性　127
バンドワゴン効果　148
非営利組織（非営利のサービス組織）　4, 109
東日本旅客鉄道（JR 東日本）　172
非経済的失敗　167
非経済的リカバリー　167
ヒューマン・サービス　97
ヒューマン・サービスのジレンマ　105
病児　218
病児保育サービス　220
病児保育施設　219
表層演技　100
表層的機能　79
品質評価の困難さ　32
Feel（情緒の経験価値）　74
フォーカス・グループ・インタビュー　62
賦課方式　214
付加保険料　139
付随要素　28
負の外部効果（外部不経済）　117
不満足　84
フランチャイザー　126
フランチャイジー　126
フランチャイズ・システム　126
フリーライダー（ただ乗り）問題　116
フル・カバレッジ　153
プル型　148
プル戦略　143
フロントライン　47, 81, 147, 164
分化型のマーケティング　135
分配的公正　88
ペルソナ　77
放送権料　156
ポジショニング　11
補償　88
ボランティア元年　110
本質的機能　79

ま・や 行

マーケティング　4
マーケティングの7P　7
マーケティングの4P　6
マーケティング・ミックス　8
マーメイド・ポセイドンスタッフ　175
マス・サービス　163
マルチユーザー型サービス・システム　43
見える化　173
ミステリーショッパー法　63
迷惑顧客　179
面接法　61
ユーザー・インタフェイス　150

ら 行

ラスカ　172
利益の非分配制約　114
リカバリー・パラドックス　91
離職　93
量的なインサイト　78
Relate（準拠集団や文化との関連づけに関する価値）　75
リレーションシップ　151
リレーションシップ・マーケティング　92, 183
レンズ　77
ロイヤルティ　127
ロイヤルティ・プログラム　131, 161, 185

欧 文

CRM（Cause-Related Marketing）　120
JCSI（Japanese Customer Satisfaction Index）　59
NGO（Non-Governmental Organization）　109
NPO（Non-Profit Organization）　109
NPS（Net Promoter Score）　61
RFM 分析　185
SERVQUAL　57, 58, 80
STP　10

《執筆者紹介》

神原　理（かんばら・さとし）編著者　はじめに・第1章〜第4章・第8章・おわりに
　　編著者紹介欄参照。

北村真琴（きたむら・まこと）第5章・第14章
　　1976年　生まれ。
　　2006年　一橋大学大学院商学研究科博士後期課程単位取得退学。
　　2008年　博士（商学，一橋大学）。
　　現　在　東京経済大学経営学部准教授。
　　主　著　『1からの消費者行動』（共著）碩学舎，2016年。
　　　　　　『ソロモン　消費者行動論』マイケル・R・ソロモン（共訳）丸善出版，2015年。
　　　　　　「美容代理消費者起用の制度化メカニズム」『商品研究』第57巻3・4号，2010年。

涌田龍治（わくた・りゅうじ）第6章・第12章
　　1976年　生まれ。
　　2006年　一橋大学大学院商学研究科博士後期課程単位取得退学。
　　現　在　京都産業大学経営学部経営学科准教授。
　　主　著　『現代マーケティング論　第2版』（共著）実教出版，2018年。
　　　　　　『広告と販売促進』文部科学省検定済教科書商業325（共著）実教出版，2015年。
　　　　　　『スポーツ政策論』（共著）成文堂，2011年。

武谷慧悟（たけたに・けいご）第7章・第13章
　　1989年　生まれ。
　　2018年　早稲田大学大学院商学研究科博士後期課程満期退学。
　　現　在　駒澤大学経営学部講師。
　　主　著　『現代マーケティング論 第2版』（共著）実教出版，2018年。

大平修司（おおひら・しゅうじ）第9章・第15章
　　1973年　生まれ。
　　2007年　一橋大学大学院商学研究科博士後期課程修了，博士（商学，一橋大学）。
　　現　在　千葉商科大学商経学部教授。
　　主　著　『消費者と社会的課題──ソーシャル・コンシューマーとしての社会的責任』千倉書房，
　　　　　　2019年。
　　　　　　『ソーシャル・ビジネス・ケース』（共著）中央経済社，2016年。
　　　　　　『ソーシャル・イノベーションの創出と普及』（共著）NTT出版，2013年。

福冨　言（ふくとみ・げん）第10章・第11章
1975年　生まれ。
2004年　一橋大学大学院商学研究科博士後期課程修了，博士（商学，一橋大学）。
現　在　京都産業大学経営学部教授。
主　著　『日本企業のマーケティング力』（共著）有斐閣，2012年。
　　　　『なぜ，あの会社は顧客満足が高いのか――オーナーシップによる顧客価値の創造』（共著）同友館，2012年。
　　　　"Dysfunction from Focusing on Overseas Business"（共著）*GSTF Journal on Business Review*, Vol. 5 (No. 1), Global Science & Technology Forum, 2017.

《編著者紹介》

神原　理（かんばら・さとし）
1965年　生まれ。
1995年　兵庫県立大学大学院経営学研究科博士課程修了。
現　在　専修大学商学部マーケティング学科教授。
主　著　『ソーシャル・ビジネスのティッピング・ポイント』（編著）白桃書房，2011年。
　　　　『現代商品論』（共編著）白桃書房，2010年。
　　　　『コミュニティ・ビジネス』白桃書房，2009年。

　　　　　　　　サービス・マーケティング概論

　　　　2019年4月30日　初版第1刷発行　　　　〈検印省略〉

　　　　　　　　　　　　　　　　定価はカバーに
　　　　　　　　　　　　　　　　表示しています

　　　　　　　　編著者　神　原　　　理
　　　　　　　　発行者　杉　田　啓　三
　　　　　　　　印刷者　坂　本　喜　杏

　　　　　　　発行所　株式会社　ミネルヴァ書房
　　　　　　　　607-8494 京都市山科区日ノ岡堤谷町1
　　　　　　　　　　電話代表 075-581-5191
　　　　　　　　　　振替口座 01020-0-8076

　　　　　© 神原理ほか, 2019　　冨山房インターナショナル

　　　　　　　　ISBN 978-4-623-08590-3
　　　　　　　　　Printed in Japan

ケースで学ぶマーケティング〔第2版〕

井原久光著 A5判 288頁 本体3150円

マーケティング関連の基礎的用語や概念・理論を簡潔に解説しながら「マーケティングのエッセンス」についてわかりやすく紹介。マーケティングの定義と変遷→核心的テーマ（戦略論）→新しい分野→個別マーケティング論という構成で，全体にストーリー性をもたせ，多くのケーススタディを盛り込み，読みやすく，わかりやすい。独学にも最適。今回，「広告」の章を設け増補改訂。

よくわかるスポーツマーケティング

仲澤 眞・吉田政幸編著 B5判 196頁 本体2400円

スポーツの文化性，公共性をふまえ，スポーツマーケティングの基礎理論と応用事例をわかりやすく解説する。「これからのスポーツマーケティングに必要な情報と基本的考え方」が身に付くテキスト。

実践的グローバル・マーケティング

大石芳裕著 46判 268頁 本体2000円

こうすれば海外事業展開は成功する！ 花王，ハウス食品，LVMH，日本電産，ダイキン工業，Jリーグ，コカ・コーラ，資生堂，コマツ，イトーヨーカ堂，ユニリーバ……生きた成功事例18から地球規模のマーケティング戦略を学ぶ。

グローバル競争と流通・マーケティング
流通の変容と新戦略の展開

齋藤雅通・佐久間英俊編著 A5判 264頁 本体2800円

流通・マーケティングをめぐるグローバル競争は，製造業や流通業などの産業構造をいかに変容させたのか，ひいては人々の消費活動や社会にどのような影響を及ぼしたのか。小売業，卸売業の新展開など様々な観点から分析・考察する。

―― ミネルヴァ書房 ――
http://www.minervashobo.co.jp/